U0557219

俄 国 史 译 丛 · 经 济

Серия переводов книг по истории России

Российский фондовый рынок в начале XX в.: факторы курсовой динамики

20世纪初俄国证券市场

［俄］ 列·约·鲍罗德金 *Л.И.Бородкин*
安·弗·科诺瓦洛娃 *А.В.Коновалова* /著

刘玮 李旭/译

社会科学文献出版社
SOCIAL SCIENCES ACADEMIC PRESS (CHINA)

«Российский фондовый рынок в начале XX в.: факторы курсовой динамики».

С.-Петербург: Изд-во «Алетейя», 2010.—296 с.

本书根据阿列捷伊亚出版社 2010 年版本译出。

著者简介

列·约·鲍罗德金（Л. И. Бородкин） 俄罗斯科学院通讯院士，历史学博士，莫斯科国立大学功勋教授，吉林大学名誉教授。

苏联著名历史学家 И. Д. 科瓦利琴科院士学术思想的追随者，俄罗斯计量史学研究的领衔学者，对俄罗斯历史编纂学的新范式及数学理论与计算机技术的开发应用做出了重要贡献，发表各类研究成果近500篇，出版专著10余部。先后担任俄罗斯科学院俄罗斯与世界经济史科学委员会联合主席，《历史与计算机》国际协会理事，世界经济史大会执行委员会（IEHA）、俄罗斯历史学家全国委员会成员，多家历史学期刊责任编辑，“纪念莫斯科850周年”勋章、“为国立功”二级勋章获得者。

安·弗·科诺瓦洛娃（А. В. Коновалова） 莫斯科国立大学历史系历史信息学教研室高级讲师，历史学副博士。主要研究领域包括历史信息学、俄国社会经济史等。历史与计算机协会成员。出版专著1部，发表学术论文10余篇。

译者简介

刘 玮 吉林大学公共外语教育学院副教授，历史学博士，主要从事俄语语言文化学、俄国经济史的研究与教学工作。出版译著1部，发表论文10余篇。

李 旭 百色学院马克思主义学院马克思主义一流学科建设团队骨干教师，历史学博士，主要研究方向为俄国经济史、马克思主义价值观建设等。先后在《世界历史》《俄罗斯东欧中亚研究》等学术期刊发表论文4篇，主持及参与各类基金项目2项。

总　序

我们之所以组织翻译这套“俄国史译丛”，一是由于我们长期从事俄国史研究，深感国内俄国史方面的研究严重滞后，远远满足不了国内学界的需要，而且国内学者翻译俄罗斯史学家的相关著述过少，不利于我们了解、吸纳和借鉴俄罗斯学者有代表性的成果。有选择地翻译数十册俄国史方面的著作，既是我们深入学习和理解俄国史的过程，还是鞭策我们不断进取的过程，培养人才和锻炼队伍的过程，也是为国内俄国史研究添砖加瓦的过程。

二是由于吉林大学俄国史研究团队（以下简称我们团队）与俄罗斯史学家的交往十分密切，团队成员都有赴俄进修或攻读学位的机会，每年都有多人次赴俄参加学术会议，每年请2～3位俄罗斯史学家来校讲学。我们与莫斯科大学历史系、俄罗斯科学院俄国史研究所和世界史所、俄罗斯科学院圣彼得堡历史所、俄罗斯科学院乌拉尔分院历史与考古所等单位学术联系频繁，有能力、有机会与俄学者交流译书之事，能最大限度地得到俄同行的理解和支持。以前我们翻译鲍里斯·尼古拉耶维奇·米罗诺夫的著作时就得到了其真诚帮助，此次又得到了莫大历史系的大力支持，而这是我们顺利无偿取得系列书的外文版权的重要条件。舍此，“俄国史译丛”

工作无从谈起。

三是由于我们团队得到了吉林大学校长李元元、党委书记杨振斌、学校职能部门和东北亚研究院的鼎力支持和帮助。2015 年 5 月 5 日李元元校长访问莫大期间，与莫大校长萨多夫尼奇（В. А. Садовничий）院士，俄罗斯科学院院士、莫大历史系主任卡尔波夫教授，莫大历史系副主任鲍罗德金教授等就加强两校学术合作与交流达成重要共识，李元元校长明确表示吉林大学将大力扶植俄国史研究，为我方翻译莫大学者的著作提供充足的经费支持。萨多夫尼奇校长非常欣赏吉林大学的举措，责成莫大历史系全力配合我方的相关工作。吉林大学主管文科科研的副校长吴振武教授、社科处霍志刚处长非常重视我们团队与莫大历史系的合作，2015 年尽管经费很紧张，还是为我们提供了一定的科研经费。2016 年又为我们提供了一定经费。这一经费支持将持续若干年。

我们团队所在的东北亚研究院建院伊始，就尽一切可能扶持我们团队的发展。现任院长于潇教授上任以来 3 年时间里，一直关怀、鼓励和帮助我们团队，一直鼓励我们不仅立足国内，而且要不断与俄罗斯同行开展各种合作与交流，不断扩大我们团队在国内外的影响。在 2015 年我们团队与莫大历史系新一轮合作中，于潇院长积极帮助我们协调校内有关职能部门，与我们一起起草吉林大学东北亚研究院与莫斯科大学历史系合作方案（2015 ~ 2020 年），获得了学校的支持。2015 年 11 月 16 日，于潇院长与来访的莫大历史系主任卡尔波夫院士签署了《吉林大学东北亚研究院与莫斯科大学历史系合作方案（2015 ~ 2020 年）》，两校学术合作与交流进入了新阶段，其中，我们团队拟 4 年内翻译莫大学者 30 种左右学术著作的工作正式启动。学校职能部门和东北亚研究院的大力支持是我们团队翻译出版“俄国史译丛”的根本保障。于潇院长为我们团队补充人员和提供一定的经费使我们更有信心完成上述任务。

2016 年 7 月 5 日，吉林大学党委书记杨振斌教授率团参加在莫斯科大学举办的中俄大学校长峰会，于潇院长和张广翔等随团参加，会议期间，杨振斌书记与莫大校长萨多夫尼奇院士签署了吉林大学与莫大共建历史学中心的协议。会后莫大历史系学术委员会主任卡尔波夫院士、莫大历史系主任杜奇科夫（И. И. Тучков）教授（2015 年 11 月底任莫大历史系主任）、莫大历史系副主任鲍罗德金教授陪同杨振斌书记一行拜访了莫大校长萨多夫尼奇院士，双方围绕共建历史学中心进行了深入的探讨，有力地助推了我们团队翻译莫大历史系学者学术著作一事。

四是由于我们团队同莫大历史系长期的学术联系。我们团队与莫大历史系交往渊源很深，李春隆教授、崔志宏副教授于莫大历史系攻读了副博士学位，张广翔教授、雷丽平教授和杨翠红教授在莫大历史系进修，其中张广翔教授三度在该系进修。与该系鲍维金教授、费多罗夫教授、卡尔波夫院士、米洛夫院士、库库什金院士、鲍罗德金教授、谢伦斯卡雅教授、伊兹梅斯杰耶娃教授、戈里科夫教授、科什曼教授等结下了深厚的友谊。莫大历史系为我们团队的成长倾注了大量的心血。卡尔波夫院士、米洛夫院士、鲍罗德金教授、谢伦斯卡雅教授、伊兹梅斯杰耶娃教授、科什曼教授和戈尔斯科娃副教授前来我校讲授俄国史专题，开拓了我们团队及俄国史方向硕士生和博士生的视野。卡尔波夫院士、米洛夫院士和鲍罗德金教授被我校聘为名誉教授，他们经常为我们团队的发展献计献策。莫大历史系的学者还经常向我们馈赠俄国史方面的著作。正是由于双方有这样的合作基础，在选择翻译的书目方面，很容易沟通。尤其是双方商定拟翻译的30种左右的莫大历史系学者著作，需要无偿转让版权，在这方面，莫大历史系从系主任到所涉及的作者，克服一切困难帮助我们解决关键问题。

五是由于我们团队有一支年富力强的队伍，既懂俄语，又有俄国史方面的基础，进取心强，甘于坐冷板凳。学校层面和学院层面一直重视俄国史研究团队的建设，一直注意及时吸纳新生力量，使我们团队人员年龄结构合理，后备有人，有效避免了俄国史研究队伍青黄不接、后继无人的问题。我们在培养后备人才方面颇有心得，严格要求俄国史方向硕士生和博士生，以阅读和翻译俄国史专业书籍为必修课，硕士学位论文和博士学位论文必须以使用俄文文献为主，研究生从一入学就加强这方面的训练，效果很好：培养了一批俄语非常好，专业基础扎实，后劲足，崭露头角的好苗子。我们在组织力量翻译米罗诺夫所著的《俄国社会史》《帝俄时代生活史》方面，以及在中文刊物上发表的70多篇俄罗斯学者论文的译文，都为我们承担“俄国史译丛”的翻译工作积累了宝贵的经验，锻炼了队伍。

译者队伍长期共事，彼此熟悉，容易合作，便于商量和沟通。我们深知高质量地翻译这些著作绝非易事，需要认真再认真，反复斟酌，不得有半点的马虎和粗心大意。我们翻译的这些俄国史著作，既有俄国经济史、社会史、城市史、政治史，还有文化史和史学理论，以专题研究为主，覆盖的问题方方面面，有很多我们不懂的问题，需要潜心翻译。我们的翻译团队将定期碰头，利用群体的智慧解决共同面对的问题，单个人所无法解决的问题，以及人名、地名、术语统一的问题。更为重要的是，译者将分别与相关作者直接联系，经常就各自遇到的问题用电子邮件向作者请教，我们还将根据翻译进度，有计划地邀请部分作者来我校共商译书过程中遇到的各种问题，尽可能地减少遗憾。

我们翻译“俄国史译丛”能够顺利进行，离不开吉林大学校领导、社科处和国际合作与交流处、东北亚研究院领导的坚定支持和可靠后援；莫大历史系上下共襄此举，化解了很多合作路上的难题，将此举视为我们共同的事业；社会科学文献出版社的恽薇、高雁等相关人员将此举视为我们共同的任务，尽可能地替我们着想，我们之间的合作将更为愉快、更有成效。我们唯有竭尽全力将“俄国史译丛”视为学术生命，像爱护眼睛一样呵护它、珍惜它，这项工作才有可能做好，才无愧于各方的信任和期待，才能为中国的俄国史研究的进步添砖加瓦。

上述所言与诸位译者共勉。

吉林大学东北亚研究院

张广翔

2016 年 7 月 22 日

目　录

代序　股票、基金和债券的时代 …………………………………………… 001

前　言 ……………………………………………………………………… 001

第一章　19世纪末20世纪初俄国证券市场：组织结构及职能发挥的历史条件 …………………………………………… 001

第二章　1900～1914年俄国工业股票市场：政治事件对交易行情的影响 …………………………………………… 078

第三章　影响20世纪初俄国交易所演化进程的经济因素 …… 117

第四章　混沌还是预见？20世纪初俄国圣彼得堡交易所行情的协同效应分析 …………………………………………… 176

结　语 ……………………………………………………………………… 208

附录　财政大臣П. Л. 巴尔克关于1894～1914年俄国金融和证券市场危机的国情报告 ………………………… 211

代序

股票、基金和债券的时代

A. A. 勃洛克《报应》

引言

俄国走上发展资本主义道路的时间明显晚于大多数的西欧国家。但是，俄国 1861 年改革还是在一定程度上解放了劳动力，有利于资本主义工业的发展，为国家经济建设提供了动力。这一时期进行的社会制度变革旨在加速实现始于 19 世纪 80 年代的国家工业革命，改革成为一种有力的促进因素，为国家工业化的实现铺平了道路。19 世纪 90 年代，俄国国家经济建设，特别是工业的发展厚积薄发、成就斐然。10 年间，俄国工业快速发展，涌现出大量新兴的大型工业公司，金融资本、金融寡头对经济、政治和社会生活具有越来越重要的意义。20 世纪初，俄国社会经济已步入相当高的发展阶段，民族资本尤其是投资工业有价证券的资本获得实质性增长，交易所成为国家经济生活一个极为重要的组织机构。

交易所是国家和社会必要的一种经济制度和证券交易场所。交易所在企业主与资本持有人之间搭建起相互沟通的桥梁，发挥中介的职能作用。如果没有交易所的存在，没有交易所发挥的中介作用，那么许多工商企业以及信贷机构，诸如向借款人发放质押、抵押贷款的城市信贷社、地方自治银行等的业务经营将难以持续下去。此外，作为“在一天当中的规定时间内，能够提供某种有价证券大宗交易信息，能够实现大规模集中交易，由此，在订立交易契约时，对交易双方来说总是最有利可图的”① 交易所，它是公众交易所必需的场所。因此，交易所不仅对于资本家和企业主，而且对于绝大多数具有投资意向或具有有价证券买卖需求的公众来说，都是一个十分必要的机构组织。

根据上市流通销售的商品和有价证券资产价值的性质，交易所可划分为商品交易所及证券交易所两大类。当代人认为，20 世纪初的俄国交易所在国家经济发展中占有重要地位，交易所集中了大量游资，确保大笔资金能够投资工业企业并按比例配置，使资本资产能够合理标价，这一点具有极为重要的意义。如果没有证券市场投融资大笔资金，那么，“国家经济难以获得实质性增长，不可能进一步发展，工业现代化的宏伟蓝图将无法实现”②。诚然，银行也是大笔游资的存储器。但是，无论银行经营成功与否，也无论其成就有多么辉煌，它都无法替代交易所的职能作用。因为在通常情况下，银行储户的目的主要是为自有资金寻求一个临时存放地，吸收公众存

---

① Туган – Барановский М. И. Значение биржи в современном хозяйственном строе//Банковая энциклопедия: Биржа. История и современная организация фондовых бирж на Западе и в России. Биржевые сделки. Биржи и война. Под общ. ред. Л. Н. Яснопольского. Т. 2: Биржа. Киев, 1917. С. 40.

② Туган – Барановский М. И. Значение биржи в современном хозяйственном строе // Банковая энциклопедия: Биржа. История и современная организация фондовых бирж на Западе и в России. Биржевые сделки. Биржи и война. Под общ. ред. Л. Н. Яснопольского. Т. 2: Биржа. Киев, 1917. С. 37.

款是银行经营的主要业务之一①。交易所的任务是将大笔游资参与工商企业的投融资或用于购买各类企业债券。凭借这些职能作用，交易所成为“整个资本主义经济体系的中心成分”②。正如 М. И. 杜岗－巴拉诺夫斯基指出的：“正是由于证券交易所的诞生，许多中小资本才得以汇集成巨额资本，交易所成为资金汇集的主战场，这也是资本主义经济发展所必需的。资本积累速度越快，证券交易所在资本主义社会经济生活中发挥的职能作用就越重要，整个社会生产对证券市场的依赖性就越强。”③

在谈到交易所在国家经济生活中的作用时，20 世纪初的著名经济学家 Ю. Д. 菲利波夫认为，如同一个重要的经济组织部门，“交易所蕴藏着最丰富的市场供求信息，交易所也是对商品价格形成最有影响力的因素”④。这一时期还有一位著名学者、交易所实务教材的编撰者 А. А. 瓦西里耶夫指出：“究其本身，交易所是国家最复杂的也是最重要的经济活动产物。经济活动就像灵敏的电表一样总会捕捉到最微弱的电波，哪怕是社会政治经济生活中最

① Туган－Барановский М. И. Значение биржи в современном хозяйственном строе // Банковая энциклопедия：Биржа. История и современная организация фондовых бирж на Западе и в России. Биржевые сделки. Биржи и война. Под общ. ред. Л. Н. Яснопольского. Т. 2：Биржа. Киев，1917. С. 37.

② Туган－Барановский М. И. Значение биржи в современном хозяйственном строе // Банковая энциклопедия：Биржа. История и современная организация фондовых бирж на Западе и в России. Биржевые сделки. Биржи и война. Под общ. ред. Л. Н. Яснопольского. Т. 2：Биржа. Киев，1917. С. 38.

③ Туган－Барановский М. И. Значение биржи в современном хозяйственном строе // Банковая энциклопедия：Биржа. История и современная организация фондовых бирж на Западе и в России. Биржевые сделки. Биржи и война. Под общ. ред. Л. Н. Яснопольского. Т. 2：Биржа. Киев，1917. С. 39.

④ Филиппов Ю. Д. Биржа. Ее история，современная организация и функции. СПб.，1912. Предисловие.

细微的波澜。”① 按照20世纪初期俄国著名经济学家И.И. 列文的话说：“如果抛开交易所或者假设交易所不存在，那么股份公司和大工业企业生产的增长、现有企业规模的扩大和数量的增多以及企业的新建几乎变得不可能。交易所将引领国家工业发展的前进方向，也将有助于实现这一愿景。”② 当时，杜岗-巴拉诺夫斯基曾写道：“对于资本主义经济体系而言，现代经营企业中没有哪一家比交易所更典型和更具有代表性的了。”③ 按照他的思想观点，一个国家经济制度的资本主义特点越鲜明，交易所对整个国家经济发展所具有的意义就越大。因此，凭借交易所在国家经济生活中占据的地位及其发挥的职能可以判断这个国家的资本主义已发展到何种程度。发展相对完善的交易所证明了20世纪初俄国经济的高度资本主义化，这一经济发展水平使作为投融资工具的交易所成为国家市场机制的核心组成部分。

总体而言，俄国证券市场具有自身特点和独特性，与欧洲其他国家的情况一样，其对国家经济发展起到了重要的作用。早在19世纪90年代，M. 韦伯就曾指出：“无论在世界何地，交易所发挥的主要职能作用都是一样的，因为任何地方的交易所都具有同样的职能，负有相同的使命。”但就自身组织结构来说，不同国家的交易所又存在各自不同的变体④。在描述“交易所在国民经济发展中起到巨大作用，具有重大意义时”，韦伯的总结是：“交易所越来

① Васильев А. А. Биржевая спекуляция, теория и практика. СПб., 1912. С. 70.

② Левин И. И. Петербургская биржа в 1899 – 1912 гг. и дивидендные ценности (Материалы для исследования) // Вестник финансов, промышленности и торговли. 1914. Т. 1, № 3. С. 603.

③ Туган – Барановский М. И. Периодические промышленные кризисы. С. 157.

④ Вебер М. История хозяйства. Биржа и ее значение / Пер. с нем.; М., 2007. С. 354.

越成为国家经济发展的调节器和组织者，否则，在今天或类似于今天的社会制度下，如果离开了交易所，一切都将难以运转下去。”交易所有价证券牌价表上展示的一串串枯燥而又不断变化的数字表明：“维系着成千上万人民福祉的社会生产是如何逐步发展壮大，随后又再次倒退回缩的。”①

交易所的有价证券公开标价，全部有价证券都可以在自由市场上流通交易。为此，交易所全部有价证券中，首先可以划分出两类彼此存在原则性差别的有价证券：股票和债券。究其实质，这里的债券是指一种长期债券，能够按事先规定的利率带给债券持有人固定收益②。

俄国发行的所有债券中占有重要地位的是国家债券，这类债券构成的基础是国家公债③。所有国家债券都是交易类有价证券，因为这类债券都在俄国本土或国外的交易所挂牌上市④。其中，利率为4%的国家公债占据绝大多数。截至1913年1月1日，总额共计2.82亿卢布的利率为4%的国家公债被视为俄国证券市场上有固定收益的国家公债的领头羊⑤。

另一组有价证券主要由“有担保证券”构成⑥。这里主要是指俄国铁路公司的股票和债券，这类证券的发行得到了政府的担保。有担保证券排在国家公债和私人有价证券中间。截至1913

---

① Вебер М. История хозяйства. Биржа и ее значение / Пер. с нем.; М., 2007. С. 354.

② Русские биржевые ценности, 1914 – 1915 г. Пг., 1915. С. 15.

③ Русские биржевые ценности, 1914 – 1915 г. Пг., 1915. С. 21.

④ Русские биржевые ценности, 1914 – 1915 г. Пг., 1915. С. 30.

⑤ Русские биржевые ценности, 1914 – 1915 г. Пг., 1915. С. 22.

⑥ Русские биржевые ценности, 1914 – 1915 г. Пг., 1915. С. 34.

年 1 月 1 日的数据显示，俄国共计 22 家铁路公司的 50 只铁路债券获得政府的担保，总额约为 17.415 亿卢布①。此外，还有城市信贷社和地方自治信贷社发行的债券，这类债券构成红利股票中的另一部分。

起初，债券占据俄国证券市场的绝对优势地位，其中包括发行数量的优势。但是，19 世纪 90 年代，俄国证券市场的这一状况发生了改变："股票开始在市场占据上风，开始取代先前债券占据的优势地位。"② 正如《俄国交易所有价证券》一书的作者所写："往往现在的股票才是最有利可图的有价证券代表，不仅在既得利益上，而且就其潜在机遇而言，均可被视作未来能够带来丰厚收益的有价证券。从投资股民的角度看，这类证券都可以转变成像债券那样具有稳定收益的有价证券。其结果，股票最终赢得了广阔的市场并成为交易市场中最流行、最受公众欢迎的投资对象。"③

到 20 世纪初，通过上市发行股票并实现股票交易转让的股份公司成为证券市场融资的主体。俄国股份公司数量增长的统计数据能够说明证券市场成长的情况：截至 1861 年，股份公司总计有 128 家，总股份资本 2.56 亿卢布；到 1917 年，股份公司总数超过 3000 家，总股份资本达 67 亿卢布④。根据 С. Г. 斯特鲁米林院士的评价，俄国工业企业，包括手工业在内，1913 年生产总值已达 59.53 亿卢布⑤。А. Л. 魏因施泰因在自己的一部经典之作中列举

---

① Русские биржевые ценности, 1914 – 1915 г. Пг. , 1915. С. 37.

② Русские биржевые ценности, 1914 – 1915 г. Пг. , 1915. С. 15.

③ Русские биржевые ценности, 1914 – 1915 г. Пг. , 1915. С. 15 – 16.

④ Деньги и искусство накопления / Ред. Л. И. Лифлянд. М. , 2004. С. 228.

⑤ Струмилин С. Г. Проблема промышленного капитала в СССР. М. , 1925. Табл. 7 и 11.

出下面一组统计数据：截至1913年12月31日，俄国全部工业财富累计达60.829亿卢布①。Л. Е. 舍佩列夫则估计：1908～1914年俄国工商企业资本总额达20亿卢布②。1914年，俄国股份公司蓄积了全国生产资本总值的71.5%③。

股份公司的产生和信用制度的发展是证券市场形成的基础。股票在资本所有者和股份公司之间起到基础的中介作用。股票是一种有价证券，是上市股份公司和工商企业为筹集资金发行的所有权凭证，证明股票持有人投入该工商企业的资金数额，股东借此持股凭证有权获得相应比例的企业利润收入，即获得股息和红利。这种所有权是一种综合性的权利，持股人参与企业融资，根据持股比例获取相应权利，在某种程度上影响甚至左右企业的经营管理，其参与重大决策，获得股息或分享红利，参加股东大会，有权对各项制度进行投票，但也要共同承担企业经营不善带来的风险。在实行股份制的情况下，股份公司创办人的目的是通过上市流通有价证券来实现投融资，募集扩大生产所需的资本。股东的利益在于分享红利，其获取的有价证券收益应超出银行存款的利息收益。有价证券行情越好，市值越高，企业信誉越好，股东投资获利的机会就越多，增发股票的可能性也越大。股份公司的企业管理制度可以简短地表述为：股份公司是股东在股份中以及在与资本的参与成比例的利润额和债务责任中的权重分配，并且仅在股份价值的范围内分配（而普通企业主以其所有的财产负责所有债务）。

---

① Вайнштейн А. Л. Народное богатство и народнохозяйственное накопление предрево люционной России. М. , 1960. С. 312.

② Шепелев Л. Е. Акционерные компании в России. Л. , 1973. С. 235.

③ Шепелев Л. Е. Акционерные компании в России. Л. , 1973. С. 235.

俄国最初的交易所只是商品交易所。18 世纪初，彼得大帝下谕成立了圣彼得堡交易所。发展至今，俄国交易所已有 300 多年的历史①。接下来近一个世纪的时间里，圣彼得堡交易所是俄国唯一一家官方承认的交易所。1789 年，阿尔汉格尔斯克设立了商品交易所②。1796 年，敖德萨商品交易所设立。1816 年，华沙商品交易所设立。莫斯科商品交易所设立于 1837 年，之后开始实行交易所委员会规则③。1811 年设立的雷宾斯克商品交易所仅限于公布组织机构，几乎从未运营过，没有任何人光顾过这家交易所，不过，该交易所于 1842 年重新开放营业④。接下来，1838 年，下诺夫哥罗德集市交易所诞生。19 世纪 50 年代，俄国未新增交易所。农奴制废除后，俄国市场经济快速发展，陆续开设了多家商品交易所：1864 年开设伊尔库茨克交易所，1866 年开设图拉交易所、喀山交易所和里加交易所，1869 年开设萨马拉交易所以及基辅交易所。其中，伊尔库茨克交易所和图拉交易所十分萧条，开业不久就倒闭了⑤。19 世纪 70 年代又先后设立了多家交易所：1870 年设立阿斯特拉罕交易所和萨拉托夫交易所，1872 年设立雷维尔（塔林）交

---

① 通常认为，俄国第一家官办交易所成立于 1703 年〔см.：*Лизунов П. В.* Биржи в России и экономическая политика правительства（XVIII – начало XX вв.）. Архангельск，2002. С. 27〕。

② См.：Лизунов П. В. Биржи в России и экономическая политика правительства... С. 56 – 57；Лизунов П. В. Архангельская купеческая биржа в XVIII – XIX в. //Российская история. 2009. № 3. С. 57 – 66.

③ Кардашев В. П. Фондовые биржи в России. // Банковая энциклопедия. Т. 2. Киев，1917. С. 215.

④ Филиппов Ю. Д. Биржи в России. Приложение к кн.：Штиллих О. Биржа и ее деятельность. СПб.，1912. С. 281.

⑤ Филиппов Ю. Д. Биржи в России. Приложение к кн.：Штиллих О. Биржа и ее деятельность. СПб.，1912. С. 281.

易所，1874 年设立派尔努交易所，1876 年设立哈尔科夫交易所，1877 年设立奥廖尔交易所。19 世纪 80 年代同样设立了 5 家交易所，分别是 1880 年设立的利巴瓦交易所，1885 年设立的尼古拉耶夫交易所，1886 年设立的巴库交易所，1888 年设立的叶列茨交易所和塔甘罗格交易所。19 世纪 90 年代又设立了 5 家交易所，分别是 1895 年设立圣彼得堡卡拉什尼科粮食交易所，1896 年设立莫斯科粮食交易所，1897 年设立沃罗涅日粮食交易所，1898 年设立罗兹交易所，1899 年设立察里津交易所①。1900 ~ 1904 年，俄国共计诞生 14 家交易所，分别是：1900 年设立的鲍里斯格雷贝斯克交易所、新尼古拉耶夫斯克交易所、比尔姆粮食交易所和托木斯克粮食交易所，1901 年设立的伊丽莎白格勒、维达夫、辛比尔斯克和符拉迪沃斯托克 4 家粮食交易所，1903 年设立的库尔斯克交易所，1904 年设立的巴拉绍夫、坦波夫、阿尔汉格尔斯克、叶卡捷琳堡和新罗西斯克 5 家粮食交易所②。从 1905 年开始，俄国交易所数量开始大幅上升，这一切反映了一战前经济高速发展的良好态势。第一次世界大战爆发前，俄国共计有 90 余家交易所③，同期法国有交易所 72 家，奥地利 6 家，而普鲁士是 16 家④。

从上面列举的史料可以看出，俄国交易所最初的发展速度十分缓慢，19 世纪末 20 世纪初才得到全面迅速的发展。但是，在上述

---

① Филиппов Ю. Д. Биржи в России. Приложение к кн. : Штиллих О. Биржа и ее деятельность. СПб. , 1912. С. 281 – 282.

② Филиппов Ю. Д. Биржи в России. Приложение к кн. : Штиллих О. Биржа и ее деятельность. СПб. , 1912. С. 282.

③ Деньги и искусство накопления. . . С. 233.

④ Шепелев Л. Е. Акционерные компании в России: XIX – начало XX века. СПб. , 2006. С. 189.

列举的诸多交易所中，仅有圣彼得堡交易所、莫斯科交易所、华沙交易所、基辅交易所、敖德萨交易所、哈尔科夫交易所以及里加交易所等为数不多的几家交易所在开展商品业务的同时还在操作有价证券业务①。俄国交易所中占据最重要地位的就是圣彼得堡交易所，每年有大量的股票在这里顺利签约并实现交易。20 世纪初著名的交易所史研究专家、经济学家 В. П. 卡尔达舍夫将圣彼得堡交易所描述为“就自己地位、功能和意义而言是整个帝国最大的也是唯一的一家证券交易所”。他指出：“即使是作为一家省级交易所的莫斯科交易所，也只能独自确定自己本地有价证券和外汇交易的牌价，但是各方面的实践操作均明显受到来自圣彼得堡交易所的影响。”②

资本主义工商业的发展，股份公司流动资金的增加以及资本积累的深化，这一切促使交易所成长为俄国社会经济生活独特的焦点，并成为19 世纪末 20 世纪初俄国社会经济发展不可分割的有机要素。今天，运用大量丰富的档案文献及研究方法展开交易所相关研究极具现实意义。

史学史

虽然对俄国交易所演变史的研究兴趣萌生于十月革命前，但遗憾的是，苏联时期这项研究工作并未取得任何实质性的进展。早在 19 世纪后 30 年，有关交易所演变史及业务操作的著作就已问世。

① Кардашев В. П. Указ. соч. С. 185.

② Кардашев В. П. Указ. соч. С. 186.

我们可以将当时的研究专著划分出两大主流方向：一是研究俄国和西欧各国交易所立法以及交易实务等的对应关系和关联性；二是进行具体交易操作的对比分析。接下来陆续出版的有关俄国交易所实务的文献虽然数量众多，但研究视野仍未超出传统的立法、经营惯例以及交易实务等范围，涉及俄国交易所相对于国家政府以及外国交易所的独立程度方面的问题①。从 19 世纪末到 20 世纪最初 10 年，具体交易操作的对比分析这一研究方向不断拓展深化，在此期间，俄国出版了大量有关交易所题材的专著，作者纷纷探讨与其说研究性不如说实践性的问题。类似出版物中许多都可以划归为有关交易所投机业务的教材类著作②。这些研究成果的总体特点是，对交易所投机业务的具体财务、技术操作以及投机交易的性质和实质定性问题给予了格外关注，但对俄国股份公司行业部门的经营状况、交易所的业务流程等并没有认真地展开分析。可以说，交易所专题论著出版数量的增长足以证明社会各界对交易所产生了越来越

① Дмитриев А. Биржа, биржевые операции и биржевые посредники. СПб., 1863; Малышев К. И. О биржевых фондовых сделках на срок. Журнал гражданского и торгового права. 1871, кн. 3.; Гаттенбергер К. К. Законодательство и биржевая спекуляция. Харьков, 1872; Нисселович Л. Н. О биржах, биржевых установлениях и мерах ограничения биржевой игры. СПб., 1879; Тигранов А. Биржа, биржевая спекуляция и положительные законодательства. СПб., 1879; Безобразов В. П. Биржевые операции. М., 1886; Бишов А. Краткий обзор истории и теории банков с приложением учения о биржевых операциях. Ярославль, 1887.

② Студентский М. С. Биржа, спекуляция и игра. СПб., 1892; Судейкин В. Т. Биржа и биржевые операции. СПб., 1892; Монигетти В. И. Современная биржа. М., 1896; Слиозберг И. Б. Русские биржевые дивидендные бумаги. СПб., 1896; Белинский *В. С.* Акции и биржевая игра. СПб., 1900; *Васильев А. А.* Биржевая спекуляция, теория и практика. СПб., 1912.

浓厚的兴趣①，而教材具备的实用性也是民众具体的交易利益和交易兴趣的直接体现。总之，20 世纪初不断推出的有关交易所的文献具有重要意义，这些著述既反映了作者职业化的观察与思考，又内含对当代人而言极为珍贵的历史见证性的史料，为今天从事交易所研究的学者描绘了一幅真实的交易所生活全景。

今天，俄国交易所的相关研究始于有关交易所萌生、演变、业务实践和立法等各种不同性质内容的档案资料的公开出版②。A. Г. 季莫菲耶夫的《1703～1903 年圣彼得堡交易所演变史》是一部关于圣彼得堡交易所极有分量的概括性著作③。为纪念圣彼得堡交易所成立 200 周年，圣彼得堡交易所委员会特别委托季莫菲耶夫撰写此书。在这部堪称浮雕纪念版的著作里，作者详尽研究了圣彼得堡交易所立法史、交易所成立背景及过程以及早期的业务实践，列举出交易所直接领导人的大量信息。作者在自己的著作里增添了 1903 年圣彼得堡交易所委员会委员名录，时至今日这份名录仍然是极为珍贵的档案资料。不过，应该指出的是，这部专著对圣彼得堡交易所证券部的研究深度远远不够，其中只涉及圣彼得堡交易所组织结构及圣彼得堡交易所改革前夕所处的状况。1917 年十月革命前，俄国又陆续出版了几部有关交易所演变史的著作，但在绝大

① 社会对交易所抱有的兴趣如此强烈，以至于翻译出版了大量相关的外国文献。例如，布罗克豪斯和叶夫龙出版公司出版了 O. 施蒂利赫所著《交易所及其业务活动》俄文译本，圣彼得堡，1912。此举被认为极具现实意义。

② Невзоров А. С. Русские биржи. Вып. 1 – 4. Юрьев，1887 – 1900；Немиров А. Г. Опыт истории С. – Петербургской биржи в связи с историей С. – Петербурга，как торгового порта. Вып. 1 – 12. СПб.，1888.

③ Тимофеев А. Г. История С. – Петербургской биржи：1703 – 1903. История биржевого законодательства，устройства и деятельности учреждений С. – Петербургской биржи. СПб.，1903.

多数情况下，其研究局限于交易所组织结构及交易立法等方面①。

虽然 1917 年前俄国出版的许多有关交易所的著作基本是从总体上研究交易所的组织形态，即主要关于交易所交易业务的细节问题，而对证券市场特别是对股票市场的状况几乎并未涉及。作为特例，唯一可以提到的是 Б. А. 尼克尔斯基对 1884 ~ 1904 年交易所牌价变化的研究，但也仅限于俄国国家公债的行情变化，并没有涉及工业企业股票的情况②。1914 年，列文曾写道："俄国资本主义快速向前发展，提出了一个崭新的问题：如何阐明俄国交易所的业务经营状况。然而直到今天，我们也没有任何有关俄国交易所经营的综合性数据和信息。"③ 第一次世界大战前夕俄国出现的有关交易所的著作和文章中，占据重要地位的就是列文和杜岗 – 巴拉诺夫斯基二人的著作④。在研究周期性工业危机时，杜岗 – 巴拉诺夫斯基深入地研究和分析了 20 世纪初俄国工业发展状况。杜岗 – 巴拉诺夫斯基取得的研究成果堪称该研究领域的奠基之作。列文的文章《1899 ~ 1912 年圣彼得堡交易所及红利股票（供研究使用）》具有同等重要的意义⑤。列文的文章的确算得上是一份珍贵的"研究材料"，其中作者援引了大量的交易所有价证券数量等统计数据以及有关所研究时期交

---

① Петражицкий Л. И. Акции, биржевая игра и теория экономических кризисов. СПб. , 1911; Филиппов Ю. Д. Биржа. Ее история, современная организация и функции. СПб. , 1912.

② Никольский Б. А. Причины колебания курсов русских государственных бумаг в 1884 – 1904 гг. СПб. , 1912.

③ Левин И. И. Указ. соч. С. 603.

④ Туган – Барановский М. И. Состояние нашей промышленности за десятилетие 1900 – 1909 гг. и виды на будущее / Периодические промышленные кризисы. М. , 1997. С. 487 – 512.

⑤ Также см. : Левин И. И. Рост Петроградской фондовой биржи//Банковая энциклопедия. Т 2. С. 221 – 234.

易所运营状况的其他重要信息。

在有关金融市场的书籍中，首先值得一提的就是 М. И. 博戈列波夫编撰的参考式出版物《1914～1915 年俄国有价证券》。该出版物为我们全方位了解一战前俄国货币市场打开了方便之门，除此之外，它还详尽描述了俄国有价证券的数量及种类等。

毫无疑问，由 Л. Н. 雅思诺博尔斯基主编、1917 年基辅出版的《银行大百科全书》得到了界内的高度评价。该书概括性地总结了十月革命前俄国有关交易所的史料和文献所取得的成就。百科全书第二卷里有大量篇幅专门关注交易所问题，里面收集了诸如 Я. М. 格森、列文、В. П. 卡尔达舍夫、杜岗－巴拉诺夫斯基、博戈列波夫、В. А. 穆科谢耶夫等著名经济学家的文章著述。有关俄国交易所的文章具有特别重要的意义，尽管这些文章在许多方面只做了初步的综述性研究，因为它们毕竟受到百科出版物版面大小的限制。应该指出的是，其中法律类①和经济类②这两大类的文章具有较高水平。此外，关于欧洲主要交易所的文章同样为我们下一步的对比研究提供了良好的素材③。

1917 年十月革命后有关交易所问题的研究工作几乎停顿下

① Гессен Я. М. Биржевые сделки по русскому праву. С. 347 – 367.；Зак А. Н. Допущение ценных бумаг к биржевому обороту // Банковая энциклопедия. Т. 2. С. 275 – 291.

② Туган – Барановский М. И. Значение биржи в современном хозяйственном строе. С. 24 – 39；*Боголепов М. И.* Биржа и банки. С. 368 – 384；*Мукосеев В. А.* Война и фондовые биржи. С. 385 – 412 // Банковая энциклопедия. Т. 2.

③ Смирнов А. М. Фондовые биржи в Великобритании. С. 76 – 97；*Кауфман Е.* Фондовые биржи во Франции. С. 98 – 124；*Штиллих О.* Фондовые биржи в Германии. С. 125 – 151；*Шор А. С.* Фондовые биржи в Австро – Венгрии. С. 152 – 168；*Кардашев В. П.* Фондовые биржи в России. С. 185 – 220；*Прион В.* Образование цен и установление курса на важнейших биржах. С. 235 – 261 // Банковая энциклопедия. Т. 2.

来，连同研究对象一起随着交易所的取缔而自行消失。苏联时期最有意义的出版物就是1973年出版的舍佩列夫关于俄国股份公司的一部专著①。作者集中精力阐述俄国股份公司发展全景图及其发展过程的客观规律性，这一点必然导致作者进一步深入研究交易所经营活动的立法基础及历史演进规律。书中详尽分析了十月革命前俄国股份资本发挥职能的机制，以及相关立法活动的演进情况，并列举了俄国股份公司创设、业务经营等方面的概括性统计数据。舍佩列夫的专著成为该领域史学研究的经典力作，该书于2006年再版②。

应该指出的是，在所有有关俄国金融史的著作中，诸如Б. В. 阿纳尼奇、В. И. 鲍维金、И. Ф. 根金、Ю. А. 彼得罗夫等知名学者的专著均不同程度地涉及证券交易所职能发挥的问题。在俄国十月革命前的工业化进程中，政府加大金融支持力度已成为工业各部门飞跃发展的有力保证，在此过程中交易所和银行互相协调并通力合作，形成一股合力。俄国历史编纂学广泛地研究了交易所和银行各个方面的相互联系，反响很大。根金从20世纪20年代下半期开始，对1917年十月革命前俄国银行体系发展和运行机制等问题展开深入研究。对于我们来说，根金的专著中极为重要的一点就是阐述了20世纪初俄国工业和银行垄断经营活动的一些问题③，将俄国银行置于整个欧洲大背景下研究，列举了大量关于外国金融资本和本土金融资本的对比分析数据。俄国政府奉行的金

① Шепелев Л. Е. Акционерные компании в России. Л. , 1973.

② Шепелев Л. Е. Акционерные компании в России: XIX – начало XX века. СПб. , 2006.

③ Гиндин И. Ф. Русские коммерческие банки. М. , 1948; Он же. Банки и экономическая политика России (XIX – начала XX в.): Очерки истории и типологии русских банков : Избранное / Отв. ред. Л. И. Абалкин. М. , 1997.

融政策，首先是关于外债的政策，在阿纳尼奇的专著《1897～1914年的俄国和国际金融资本：金融关系概论》中得到很好的阐述，该书是根据作者20世纪60年代的研究成果写成①。鲍维金的专著《俄国金融资本的形成》② 为我们提供了一幅战前俄国经济高速发展的全景图，揭示了外国资本在国家经济生活中起到的作用，详尽地研究了俄国的银行货币政策。鲍维金和彼得罗夫的合著《俄国商业银行》③ 还专门研究了俄国商业银行发展演化史，其中含有极为重要的关于十月革命前俄国商业银行，或者广义上说，俄国金融体系演化发展特点等内容，并论及商业银行在保障交易所交易顺利进行、开展透支账户业务等方面所起到的作用。近年来，俄罗斯先后出版了两部集体创作的专题著作——《圣彼得堡：银行演化史》④ 和《20世纪初的俄国银行与信贷：圣彼得堡和莫斯科》⑤，其中一些章节专门介绍了银行和交易所的相互关系、作用和影响，这两部专著使我们对十月革命前俄国金融体系的运行情况有了全方位的认识和了解。在深入剖析一战前夕俄国经济的增长以及金融市场发展时，作者列举了大量有关19世纪末20世纪初俄国有价证券发

① Ананьич Б. В. Россия и международный капитал: 1897 – 1914 гг. Очерки финансовых отношений. Л., 1970.

② Бовыкин В. И. Формирование финансового капитала в России. М., 1984; *Он же*. Финансовый капитал в России накануне Первой мировой войны. М., 2001.

③ Бовыкин В. И., Петров Ю. А. Коммерческие банки Российской империи. М., 1994.

④ Петербург. История банков / Б. В. Ананьич, С. Г. Беляев, З. В. Дмитриева, С. К. Лебедев, П. В. Лизунов, В. В. Морозан. СПб., 2001.

⑤ Кредит и банки в России до начала XX века: Санкт – Петербург и Москва / Б. В. Ананьич, М. И. Арефьева, С. Г. Беляев, А. В. Бугров, М. М. Дадыкина, О. В. Драган, З. В. Дмитриева, С. К. Лебедев, П. В. Лизунов, В. В. Моразан, Ю. А. Петров, С. А. Саломатина. СПб., 2005.

行的数据和行情动态信息，极具参考价值。

通过对俄国大资产阶级成长发展史的研究，А. Н. 博哈诺夫为我们提供了20世纪初活跃于俄国实业界的大企业主成员名单，为我们提供了有关股份制企业创设活动以及高级官僚直接参与资本投资与资本流通的极为珍贵的数据信息①。资本和资产阶级实业界的相互关系、出版业同企业主经营活动的相互关系在博哈诺夫的专著《俄国资产阶级实业界和大资本：19世纪末至1914年》（1994年，莫斯科）中得到详尽阐述。

从20世纪90年代初开始，俄罗斯国内掀起了一股学术热潮，对十月革命前俄国的交易所问题表现出浓厚的兴趣且目标明确地展开研究。时至今日，俄罗斯已经陆续出版了大量的著述，这些研究成果具有信息含量大和综述性强等特点②。其中表现突出的就是Ю. П. 戈利岑于1998年出版的《革命前俄国的证券市场》这部著作③。作者在书中详尽描述了俄国证券市场萌生、成长、立法建制与政府调控等发展过程。正如作者指出的那样，如果说十月革命前俄国金融史或多或少地得到了研究的话，那么，对这一历史时期俄国证券市场的挖掘还远远不够完全和深入。引起我们兴趣的正是："有价证券的面值估值是如何确定的?"④ 此问题取决于股市行情的波动情况，可是作者只将注意力集中在有价证券发行、交易所对外

① Боханов А. Н. Крупная буржуазия России（конец XIX – 1914 г.）М.，1992. Он же. Деловая элита России. 1914 г. М.，1994.

② См.，например：Осадчая А. И. Биржа в России // Вопросы истории. 1993，№ 10.

③ Голицын Ю. П. Фондовый рынок дореволюционной России：очерки истории. М.，1998.

④ Коммерческая энциклопедия М. Ротшильда / Ред. С. С. Григорьев. Т. III. СПб.，1900. С. 326.

公开业务等问题描述上，而有关交易所行情波动情况并不是其研究的兴趣和重心所在。与此同时，俄罗斯国内掀起了对俄国交易所与其他工商业领域相互关系发展史浓厚的研究兴趣①。

在近些年涌现的有关俄国时期交易所的研究成果中，П. В. 利祖诺夫的专著②和文章③处于特别显著的地位。作者详尽研究了18世纪至20世纪初漫长的历史进程中，俄国交易所委员会的活动、

① 例如，这时期出现了 Л. Е. 叶皮凡诺娃关于莫斯科交易所及莫斯科交易所委员会业务活动主题的专著。См.：*Епифанова Л. Е.* Московская биржа как представительная организация буржуазии（1870 – 1913 гг.）// Экономическая история. Ежегодник. 2000. М.，2001. С. 201 – 8240. Об Архангельской бирже см.：*Лизунов П. В.* Архангельская купеческая биржа в XVIII – XIX вв. // Российская история. 2009，№3. С. 57 – 66.

② Лизунов П. В. Биржи в России и экономическая политика правительства（XVIII – начало XX вв.）. Архангельск，2003；Он же. Санкт – Петербургская биржа и российский рынок ценных бумаг（1703 ~ 1917 гг.）СПб.，2004.

③ Лизунов П. В. Биржевая реформа 1901 г. С. Ю. Витте//Исторический ежегодник. 1999. Омск，2000. С. 63 – 73；Он же. Биржевой ажиотаж и кризис 90 – х годов XIX в. в России//Английская набережная，4：Ежегодник，2000. СПб.，2000. С. 241 – 268；Он же. Санкт – Петербургс кий биржевой комитет：от органа управления биржей к представительской организации//Пути познания истории России：новые подходы и интерпретации. М.，2001. С. 252 – 272；Он же. Русские ценные бумаги на российских и европейских фондовых биржах（конец XIX ~ начало XX в.）//Экономическая история：Ежегодник. 2001. М.，2002. С. 206 – 241；Он же. Российское общество и фондовая биржа во второй половине XIX ~ начале XX в. //«Экономическая история：Ежегодник. 2005. М.，2005. С. 257 – 288；Он же. Банкирские заведения Петербурга и биржевая спекуляция（середина XIX ~ начало XX в.）//История предпринимательст ва в России：XIX ~ начало XX века». Вып. 2. Материалы II Всероссийской научной конференция 9 – 10 сентября 2005 г. СПб.，2006. С. 313 – 346；Он же. Банкирский дом«Г. Лесин»，его операции и владелец//Фирмы，общество и государство в истории российского предпринимательства. Материалы ме ждународной научной конфер енции. СПб.，2006. С. 104 – 108；Он же. Захарий Жданов：Судьба «короля（转下页注）

政府对交易所业务经营的调控政策、交易所有关法规的制定及执行、国际和国内行业惯例及业务实践等一系列问题。利祖诺夫著述的撰写基于公开出版、未公开出版的史料文献，其中包括圣彼得堡交易所委员会基金支持下的丰富的档案文献、国家各级各类机关和部门的档案文献、期刊类出版物以及专业性强的交易所行业出版物。当涉及19世纪末20世纪初这一历史阶段时，作者写到19世纪90年代经济的蓬勃发展令其再次萌生对红利股票的研究兴致，他开始深入研究交易所重组及后续经营的一些问题。利祖诺夫描述的交易所股民的特点以及П. П. 齐托维奇的交易所立法委员会的期刊材料极为重要，利于我们深入探讨圣彼得堡交易所的组织结构及运营制度、《交易公报》的现行法律等问题。利祖诺夫深入地研究了20世纪初圣彼得堡交易所改革的背景原因及具体内容，对圣彼得堡交易所在1909~1912年经济高涨时期的运营情况展开了详尽分析。作者引用了大量鲜活的交易所业界专业媒体通讯报道，其连续性的论述使我们得以深入地了解俄国交易所相关报刊创刊的特点及理念。利祖诺夫详尽地描述了当时俄国证券交易界的名流，诸如И. П. 马努斯、З. П. 日丹诺夫等大交易商。即便是今天，利祖诺夫的著述仍然堪称关于圣彼得堡交易所演化史研究内容最为丰富深入的学术专著。

然而，直至今日，俄罗斯国内有关19世纪末20世纪初特别是两次工业高涨时期俄国交易所股票行情动态变化的史料文献、统计数据依旧少之又少。本书创作的特点即集中研究俄国交易所工业公

（接上页注③）биржевых спекулянтов»//Экономическая история. Ежегодник. 2006. М.，2006. С. 222 – 262. *Он же.* «Великий Манус»：Взлет и падение петербу ргского биржевого короля//Английская набережная，4：Ежегодник，2006 г. СПб.，2007.

司类有价证券市场行情动态变化的性质特点及原因等。这一重心和视角使我们能够更加深入地理解所研究历史时期俄国工业同证券市场的互动性及关联性。

西方历史编纂学始终对20世纪初俄国的工业和金融市场统计报以浓厚的兴趣，这一研究兴趣的出发点具有深刻的国际背景，不排除俄国国内吸引并有效配置外国资本这个促成因素①：截至1914年，大约有1/3的外国资本投资到俄国的有价证券上②。一战前，外国资本在用于生产的总投资中所占比例超过50%，而1900年这一比例几近2/3③。1973年巴黎出版的P. 日罗的著作成为西方史学界研究俄国证券市场的重要材料，日罗本人也是一个俄国证券市场的投资者④。该书首先对俄国有价证券占法国证券市场的投资资本比例及投资资本量进行了深入的研究。俄国有价证券的高收益率以及它们在法国证券市场销路畅通并一路受到追捧，这一切令俄国本土证券市场具有了国际参照标准，法国证券市场一度成为俄国证券市场发展速度的标尺。日罗指出了法国媒体在塑造法国社会对俄国政权稳定、

① 俄罗斯历史编纂学一直从事外资入股俄国工业企业的研究（см.，например: Зив В. С. Иностранные капиталы в русской горнозаводской промышлен ности. Пг.，1917；Оль П. В. Иностранные капиталы в России. М.，1922；ВанагН. Н. Финансовый капитал России накануне первоймировой войны. М.，1925）. Об участии иностранного капитала в российских металлургических предпри ятиях см.：Бовыкин В. И. Формирование финансо вого капитала...；Он же. Французские банки в России. Конец XIX ~ начало XX в. М.，1999。

② Бовыкин В. И. Введение//Иностранное предпринимательство и заграни чные инвестиции в России. М.，1997. С. 10.

③ Бовыкин В. И. Введение//Иностранное предпринимательство и заг раничные инвестиции в России. М.，1997. С. 10.

④ Girault René. Emprunts russes et investissements francais en Russie. 1887 – 1914. Paris，1973. Rpt.：Paris，1999.

经济良性发展的集体信任方面的作用［俄国社会变革导致法国“食利者”社会阶层几乎消失，法国黄金时代（Belle Epoque）结束了。“食利者”这一社会角色延续了一个神话，即法国小资产阶级和企业主将自己的黄金托付给了俄国，结局是被欺骗、遭到破产］①。在指出俄国证券市场形成于1887～1894年后，日罗根据档案文献资料进一步论证，该证券市场的形成是俄法同盟缔结的最主要原因之一。法国资本迅速渗透俄国的各大经济领域，首先是煤炭开采、石油以及冶金工业部门，并对俄国工业快速发展带来深远的影响。法国政府对俄国政府予以大力支持，帮助其规避因日俄战争战败而引发的政权危机。1905年，俄国政府向法国政府大举借债。同时，俄国政府也不止一次地支持和维护法国大资本家的利益②。此外，俄国红利股票在一定时期的高收益率和高回报率不仅完全符合法国投资者的既得利益目标，同时也抵消了他们所承受的投资风险和压力。

在分析法国资本对俄国证券市场投资的具体情况时，日罗列举了大量珍贵的有关俄国证券市场运行情况的资料和数据。从中我们发现，20世纪70年代苏联对十月革命前俄国交易所的研究工作实际上并未取得任何进展和收获（仅有上面提及的舍佩列夫的著作问世），而日罗在自己的著作中列举的资料和数据不仅对世界上其他国家的研究者来说是全新的，而且对于俄罗斯国内从事专项研究的学者而言也是全新的。例如，从这部专著中我们第一次了解到布良斯克冶金工业公司股票、俄国外贸银行股票以及日俄战争时期发

① Girault René. Emprunts russes et investissements francais en Russie. 1887 - 1914. Paris, 1973. Rpt.: Paris, 1999. Preface, V.

② 布良斯克冶金工业公司股票是这类情况最鲜明的例证，关于这一点可以参见本书第二章。

行的利率为4%的国债的行情动态变化图①。当然，作者并没有将俄国证券市场组织机构这一专题纳入自己的研究范围，因为作者主要是为了研究俄国证券市场全部法国资本的运行情况。但是，日罗的这部专著对于从事十月革命前俄国证券市场研究的学者来说无疑具有重要的参考价值和现实意义。日罗的研究重点一直停留在战前俄国的经济高涨以及新引进外国资本等问题上并详加分析，这对于我们今天从事的俄国证券市场研究弥足珍贵。

下面再次回到执政当局及政权这个话题。十月革命胜利后，布尔什维克宣布废除俄国全部的内外债务。根据1917年12月23日人民委员会命令，禁止从事所有证券市场及有价证券的关联业务。国家公债、工业股票、铁路债券以及失去了国家和政府担保的股份公司股票及债券业务一时间全部予以取缔。但是，包括法国证券市场在内的欧洲证券市场，对俄国证券市场仍满怀希望，投资兴趣并未减退，这是因为俄国有价证券一直在欧洲的证券市场挂牌上市，交易一直持续到20世纪20年代初，这时期的《交易公报》上仍然保留了俄国有价证券成交的信息。比利时研究者金·乌斯特林克②就曾在自己的文章中详尽阐述了俄国债券在巴黎证券市场遭受的命运。作者指出，在苏俄拒绝履行沙皇政府清偿债务的义务后的两年时间里，在巴黎交易所交易的俄国债券的行情动态具有如下特点：苏俄政府的公告发布后，最初俄国债券价格下降的幅度不是很大，接下来，俄国债券价格仍然保持在较高水平，甚至有时还有所上扬。金·乌斯特林克通过比索假说，即有效市场假说解释了这一现象：现实中

① Girault René. Указ. соч. p. 398.

② Oosterlinck Kim. “Why Do Investors Still Hope? The Soviet Repudiation Puzzle (1918 – 1919)”. http://econpapers.repec.org/paper/wpawuwpeh/0409002.htm.

并未发生的预期事件势必影响有价证券行情的动态变化，但有时这种影响是消极的，它将抑制整个证券市场行情的走向。

我们发现，各国学者对不同国家交易所演变史的关注度日益提升①。这一宏大的课题要求各国学者进行独立的史学分析。除传统的研究方法，即对交易所组织机构、制度、立法的萌生和演进等进行传统的研究②，近20年来又不断地推出经济史学家的研究成果，这些学者将历史上交易所的业务活动视为一个用以验证经济理论的“场”，也就是用以验证有关市场经济下金融组织机构发挥职能作用的相关经济理论的“场”③。从这个层面看，学者们极为关注长

① 作为参考实例，这里我们可以列出几部关于伦敦、巴黎和纽约交易所史的专著：Michie, R. C., *The London and New York Stock Exchanges*, 1850 - 1914. London, 1987; Lehmann, P. J., *Histoire de la Bourse de Paris*. Paris, 1997; Sobel, R., *The Big Board: A History of the New York Stock Market*. New York, 1965。

② Morgan, E. V., Thomas, W. A., *The Stock Exchange: Its History and Functions*. London, 1962; Stedman, E. C., *The New York Stock Exchange: Its History, Contribution to the National Prosperity, and its Relation to American Finance at the Outset of the Twentieth Century*. New York, 1969.

③ Davis, L., Neal, L., "Micro Rules and Macro Outcomes: The Impact of Micro Structure on the Efficiency of Security Exchanges, London, New York, and Paris, 1800 - 1914" // *American Economic Review*, 1998, 5. pp. 40 - 45; Kiehling, H., "Nonlinear and Chaotic Dynamics and Its Application to Historical Financial Markets" // *Historical Social Research*, 1996, 21 (2); Sornett, D., Why Stock Markets Crash? Princeton, 2003. В работе американских исследователей Р. Силлы, Р. Райта и Д. Кауэна рассматривается феномен финансового кризиса в США 1792 г. Биржевой кризис 1929 г. в США, положивший начало《Великой депрессии》, — в центре внимания доклада А. Ритчля и М. Эбелл (ФРГ). Кризисныеситуации на возникающих финансовых рынках анализировалис ь К. Митче нером и М. Вейденмиером (США) на примере финансового кризиса в странах Латинской Америки в 1890 - х гг., а также С. Бат тилосси и С. Хоуптом (Испания) на примере фондового рынка в Бильбао в период 1916 - 1936 гг. Тезисы докладов этих исследователей на XIV Международном Конгрессе （转下页注）

期投资者和交易所投机分子行为表现上的差异，包括投资周期、市场反应时间等有何不同①。应当补充的是，目前，证券交易所的长期行情动态越来越引起经济史专家的高度关注。从2000年开始，各个国家纷纷重新构拟20世纪初全球主要交易所的行情动态图。在耶鲁大学，这是一个旨在创建相关数据库并对来自伦敦、上海和纽约的交易公报中的回顾性资料进行数字化的项目的一部分。同样，该项目框架还包含收集圣彼得堡交易所的行情动态数据信息，但该项目的起草人暂时并没有设定类似的任务和目标②。

可以确定的是，关注普通金融业务、证券市场运转以及它的不合常规性③已成为金融史问题研究的主流方向④。证券市场的异常反应、运转的不合常规以及它的偏离、离奇现象成为证券市场研究的重要内容之一，其中经济史研究取得的重大成果和发现将有助于

（接上页注③）Экономической истории（Хельсинки，2006）доступны по адресу：http：//www. helsinki. fi/iehc2006/sessions1_ 40. html.

① Frank，M.，Stengos，T.，"Chaotic Dynamics in Economic Time Series" // *Journal of Economic Surveys.* 1988，2；Goodwin，R. M.，*Chaotic Economic Dynamics.* Oxford，1990；Rosser，J. B.，*From Catastrophe to Chaos：A General Theory of Economic Discontinuities.* Kluwer Academic Publishers，Boston，1991.

② 关于这方面的信息详见耶鲁大学网站：http：//icf. som. yale. edu/financial_data/historicaldsets. shtml。

③ 当资本规模小的公司股票行情比资本规模大的公司股票行情顺利的时候，不能用有效市场理论揭示证券市场发育异常的原因，这是《市场规模效应》的一个例证。关于这一点参见 Й. Батена（Jörg Baten）和 M. 柯罗连科的著作《战争、危机与资本市场：德国规模效应的异常（1872～1990）》。另外几个鲜为人知的谜题是："力矩效应"（最近几个月股票销售策略成功，其收益在市场上却是最低的）、"有奖中签"股票、"广告效应"（广告后有价证券的价格发生变化），以及俄国证券市场发展历史上经典的"交易所泡沫"现象。当代对这一领域的研究借助了计量经济学方法。

④ 例如，交易所演变史专题分组第十四届赫尔辛基世界经济史大会的工作成果，http：//www. helsinki. fi/iehc2006/sessions. html。

我们去验证证券市场行情动态变化图的种种假设和理论阐释。

证券市场的“泡沫”“急剧恶化”甚至难以预测的崩盘在有关论述19～20世纪俄国证券市场动态变化的专著中越来越受到重视。正是这个缘故，人们对协同学理论及科研方法深感兴趣。协同学理论观点极为流行，它向我们提出了人文社会科学相当丰富的数学建模及使用等问题。这些数学模型是在非线性动态系统理论以及混沌数学理论框架下构建的，与协同学理论的关系极为密切。美国研究家Э. 彼得斯于1996年出版了《资本市场的混沌和秩序》(2000年推出俄文版)①，其中在分析资本市场可能经历的发展过程时，作者充分考虑到了证券市场参与主体的主观决策行为。作者运用研究资本市场的分形分析、非线性动力学方法（包括充分利用史料和文献)，详尽研究了交易所行情动态的各种不同分析方法。

本书的一项重要任务是在理解交易动态的内部因素或者说内源因素所起的作用上迈出实质性的一步，这些因素与协同效应息息相关，协同效应决定了交易所的行为依赖于微小的波动。同时，本书厘清了证券市场发展过程中内外影响因素的相互关系。特别感兴趣的是使用计算机程序来检测反映经济动态的时间序列中的混沌状态，最后一章将对此进行更详细的讨论。

在总结历史概述时，可以指出的是，关于19世纪末20世纪初俄国证券市场组织运营及法律建设的研究到目前为止已相当全面，但是，对20世纪初交易所行情走势及波动原因的分析尚有不足，这个领域还没有成为学者专项研究的重点。

---

① Петерс Э. Хаос и порядок на рынках капитала. Новый аналитический взгляд на циклы, цены и изменчивость рынка. М.，2000.

文献史料

前文指出的历史编纂学研究现状部分是由于史学家严重缺失关于证券市场行情动态的相关统计数据。需要明确的一点是，按照某些观点看，尽管俄国工业统计规模和水平早已远超欧洲其他国家①，但交易所统计的规模和水平远远不够，较之欧洲相距甚远②。正如舍佩列夫指出，或许，俄国证券市场行情动态信息主要摘自行业出版物、财政部及其他政府机构发布的各类相关文件等资料中对交易所及整个宏观经济形势的述评③。舍佩列夫认为，所有这些史料文献都缺乏足够客观准确的数据及标准来评估交易行情走势，这一缺憾往往会影响到股市评估和预判的客观准确性，另外也给相关研究工作带来了不利影响④。由于人们的股评存在主观片面性，因此在我们关注有价证券行情这个问题之前，应该首先了解有价证券价格的真正走势。

当代人似乎认为没有必要透彻地考察较长时期内每日股价的变动情况。但在接下来的几十年里，这却成为极具现实意义的、十分紧迫的一项课题。几份十月革命前红利股票的咨询手册里已指明了红利股票一年内行情涨幅的最高点和最低点，以及红利股票发行前

---

① Gregory, Paul R. Before Command. An Economic History of Russia from Emancipation to the First Five-Year Plan. Princeton University Press, 1994. P. 16.

② Левин И. И. Петербургская биржа в 1899 – 1912 гг... С. 603.

③ Шепелев Л. Е. Акционерные компании... Л., 1973. С. 6.

④ Шепелев Л. Е. Акционерные компании... Л., 1973. С. 6.

的价格①。这类参考资料编写者指出了选择可供参考的交易价格的复杂性："在多数情况下，红利股票价格抽样选取以及交易所指数标明这些问题令我们十分为难。我们手中掌握的只有同一只红利股票一年内大量的价格数字，并且，红利股票的价格波动往往取决于许多复杂因素，这些因素与该股票价格的稳定性、市场收益等并没有太大的关系，纯属一种偶然，即恰恰是因为某人突然间抛售这只股票，在交易日当天这只股票又很偶然地没有交易成功，没有走出独立行情，毕竟交易行情取决于多种不确定因素。将一年内全部红利股票的价格数字都刊登出来，这几乎不可能做到。因而，确定一年内红利股票价格走势的最高点和最低点是不合理的，也不切合实际，上面指出的偶发原因足够影响到交易所牌价上可能出现的一年内红利股票价格的最高点或是最低点。出于上述考虑，我们选取了一只非红利股票的价格，即这只非红利股票按照该价格卖出前在牌价上标示的价格。如果我们注意到，牌价上立即显示的非红利股票价格仅在股东大会后才公布的话，即实际上，当买卖双方已经知道股息是多少的情况下，那么，我们将获得更具特点、更稳定的价格，尽管这一价格很容易受到随机因素的影响，但与其他价格同样，这一价格更接近该只非红利股票价值的精确衡量标准。"②

可见，上面指出的股票交易牌价标记的真实度和有效性令参考资料的编写者尴尬不已。

因此，在提出20世纪初圣彼得堡交易所红利股票交易牌价这个问题时，应该查询类似《圣彼得堡交易所票据及有价证券官方

① Слиозберг И. Б. Указ. соч.；Русские биржевые ценности 1914 – 1915 гг. Пг.，1915.

② Слиозберг И. Б. Указ. соч. С. XII – XIII.

交易公报》这种20世纪初多家媒体刊出的较为客观的资料信息①。绝大多数期刊报纸都会刊登每日牌价信息，此外，还有一些期刊报纸独辟交易所专栏，换个角度再次证明了俄国社会和公众对投机交易的热情已达到相当高的程度。

随着有价证券交易业务的深化，俄国工商业资产阶级开始对证券、工业、贸易等领域的经济统计分析与观察产生浓厚兴趣。社会需求日益旺盛，人们认为有必要创办经济类专刊以便及时报道国内外交易所的时事新闻。19世纪60~70年代，俄国初步尝试出版发行交易所类主题的期刊和报纸，一时推出《股东》《交易公报》《证券报》等。但是，这时期出版的有关交易所的期刊和报纸要么命运短暂迅速地从人们视野中消失，要么为了追求发行量一味地取悦读者而放弃了财经专题这一办刊主旨和特色。直至交易所在国民经济发展中占据越来越重要的地位，且更加广泛的社会阶层和团体参与投机交易的热情大增，俄国才再次诞生一系列证券类报刊。

证券类报刊是俄国战前工业快速发展时期一个显著的社会现象：经过了漫长的萧条期，俄国证券市场开始复苏，人们对证券市场信息的渴求造就了1912~1913年证券类报刊的蓬勃发展。社会各界越来越多的人被吸引入市，他们带着极大兴趣和热情参与其中。这支“炒股”大军也是证券类报刊的读者群体，其中绝大多数读者就聚集在国内最大的一家交易所，也就是圣彼得堡交易所附近，正所谓“近水楼台先得月”。从事多年证券交易活动的富有实践经验的记者通常会成为证券类报刊的撰稿发行人，他们当中有相

① 1893年及1895~1913年，俄国出版了圣彼得堡交易所委员会的《交易公报》，全称为《圣彼得堡交易所票据及有价证券官方交易公报》（该出版物现存俄罗斯民族图书馆）。

当大一部分是中小股东。报纸《货币》的广告宣传语表达得直言不讳："编辑部工作人员直接参股多家工商企业。"① 证券类报刊将部分银行或金融财团联合起来。尽管商业银行没有直接参与证券类报刊的融资活动，但是毫无疑问，经常发生商业银行通过价格昂贵的广告代言向那些大型股份公司抛出橄榄枝并间接收买它们的事情。此外，证券类报刊经常采用付费刊登不实传闻或虚假宣传的手段公开变相地敲诈勒索股份公司。这种混乱局面迫使财政大臣П. Л. 巴尔克于1914年建议内务大臣Н. А. 马克拉科夫"制定行业整顿措施以制止和消除证券类出版物的不实报道"。毫无疑问，由于认为各种交易投机套路和骗招有利可图，证券类报刊的出版机构对交易所的有价证券业务将会施加一定的影响②。证券媒体报道经济时事新闻、每日交易行情、交易所开盘价格行情、股市预测、股评等内容，其经常刊载各股份公司股票和债券买空卖空的传闻、证券市场行情走势以及相关业务资讯等。

见诸媒体报端的每日新闻是否真实无误这个问题始终处于公开状态。媒体能够获取它们感兴趣的银行信息或投资者信息。正如一位证券报编辑所写："当然，这里不必谈及上述两种情况下的客观性问题。但是银行，特别是那些大银行，本应该一直遵守一定的行业规范，这样，交易所经纪人不必为自己不假思索的言行负责而去承担任何风险。"③

在无法运用证券类报刊去研究俄国银行对工业的影响以揭示工

---

① Боханов А. Н. Буржуазная пресса в России и крупный капитал. Конец XIX в. – 1914 г. , М. , 1984. С. 107.

② Боханов А. Н. Буржуазная пресса в России и крупный капитал. Конец XIX в. – 1914 г. , М. , 1984. С. 107.

③ Боханов А. Н. Буржуазная пресса в России. . . С. 107.

业企业同银行的具体联系等问题后，根金指出："直到1915年，俄国实际上一直缺少'权威的'金融证券专刊。"①不过我们认为，有部分证券专题的报刊对经济时事报道内容的可信度值得期待。况且，一些隐蔽的股票交易机制只能从专业证券类报刊中挖掘。媒体提供了证券市场以及交易人关于公文处理不一样的鲜明例证，而这些例证在其他商业公函中并不存在。因此，在这个研究领域，关注证券类媒体报道不仅是正确的选择，而且也是必要的举措，新闻媒体对证券交易的时事报道成为本书研究的一个重点。

期　刊

期刊将提供最为系统和深入的史料以便分析我们感兴趣的交易行情变化过程：大量每日交易新闻内含的实际信息，此外还有重要的股市行情述评。这类评论性报道和分析报告的价值就在于，它们反映了俄国股市投机交易每日行情变化以及圣彼得堡交易所的时事新闻。全部刊号的证券类报刊并没有完整保存下来，而且出版刊号断断续续，图书馆实际馆藏的都是缺失不全的史料②。因此，我们从现存全部证券类报刊中挑选最具代表性的《交易公报》③，《交易公报》确保了本书几乎整个研究考察时期所需信息的连续性，可信度相当高。俄国政

① Гиндин И. Ф. Банки и экономическая политика... С. 159.

② Боханов А. Н. Буржуазная пресса в России... С. 15.

③ 当然，由于报纸出版印刷有歇业的情况，图书馆保存的报纸刊号并不完整。此外，1905～1907年革命期间，印刷工人罢工严重破坏了出版发行工作，但是，缺失的这些报纸无关紧要。唯一一次重大的停刊是从1905年10月下旬到12月，关系到《交易公报》的销售，当时的责任编辑是1905年的立宪民族党人C. M. 普罗珀。

府严格检查证券类报刊刊登的全部信息，对报道失实或信息失误的报刊处以罚金，如果违法违规情节较为严重，则有可能责令其停刊。

根据《交易公报》登载的交易行情表，本书集合了1900～1914年俄国最重要的冶金和石油公司股票牌价每日动态的信息资料①。除了《交易公报》，我们还使用了一系列专业证券类报刊，诸如《银行与交易所》《交易信息报》《交易日》《银行与交易所生活》等刊出的信息，这些报刊提供的资料丰富了俄国有价证券交易市场的生活全景图。

《金融工商时报》中描述交易活动的经济述评同样吸引了我们的注意。毫无疑问，《金融工商时报》编辑部掌握最充足的信息，他们能够直接从工商部获取信息并公开政府命令，“开辟经工商部批准的财经述评栏目，刊登大量的工商资讯”②。《金融工商时报》是俄国第一份国家级财经类综合期刊，报道有关俄国以及其他国家经济发展所面临问题的综合评论，国内外工商界时事新闻，系统的财政金融、信贷、证券交易、工业、进出口贸易述评，当日商讯，政府官方文件资料和统计信息等。

《金融工商时报》的财经述评往往附带分析性资料。这类述评含有银行董事会年报，例如，本书曾使用了亚速－顿河商业银行董事会年报。

这里引起我们极大兴趣的是1914～1917年任财政大臣的巴尔克撰写的有关俄国金融和证券市场危机的报告。

如果不关注工业企业的利润表，那就无法研究证券交易所同工

① 我们收集到石油、冶金和机器制造工业的股票行情信息，具体包含的工业企业有科洛缅斯克机器制造公司、普季洛夫冶金工业公司、加尔特曼工业公司、布良斯克冶金工业公司，石油工业公司有巴库石油公司、诺贝尔兄弟联营公司、里海石油公司及曼塔舍夫石油公司。

② РГИА. Ф. 564. Оп. 1. Д. 110，1908（Доклады министру торговли и промышленности）.

业的联系，因为这类统计数据能够让我们在某种程度上对市场交易价格水平的确立是否适当加以评判。股份公司的资产负债表可以提供企业收益率的必要信息，每年刊登在《金融工商时报》副刊《责任公开工商企业财务报表年度报告》上①。俄国股份公司有责任公开自己的资产负债表。1886～1917 年，财政部期刊总编室负责校阅股份公司的资产负债表并将其刊登在《金融工商时报》的副刊上。大工商企业和金融财团有义务公开财务信息，这项业务给出版社带来了固定收益，出版社用这笔收入继续拓展业务，创办半官方刊物。由于这项出版实务，《金融工商时报》便拥有了最全的公司资产负债表汇总资料。显然，这些数据信息也是了解我们挑选出的股票红利发放以及相应企业经营状况等必需的史料②。

为比较研究俄国红利股票在圣彼得堡交易所以及欧洲主要交易所的行情变化，头等大事就是收集整理相关数据信息。多数俄国股票主要在巴黎交易所和布鲁塞尔交易所上市流通③。具有代表性的布鲁塞尔《有价证券行情信息资料通报》④ 成为本书考察 20 世纪初

---

① 例如，参见正文第一章专栏一中表 1－14 所示的 1907 年普季洛夫冶金工业公司的年度财务报表。

② 列有俄国资产负债表统计评价的专著有：Шепелев Л. Е. Акционерная статистика в России//Монополии и иностранный капитал в России. М. － Л.，1962；Гиндин И. Ф. Балансы акционерных предприятий как исторический источник//Малоисследованные источники по истории СССР XIX － XX вв. М.，1964；Голиков А. Г.，Наумова Г. Р. Источники по истории акционирования промышленности//Массовые источники по социально － экономической истории СССР периода капитализма. М.，1979。

③ Русские биржевые ценности... С. 96，115.

④ 该版本的《有价证券行情信息资料通报》在俄罗斯的图书馆收藏不全。俄国股票在巴黎交易所和布鲁塞尔交易所的系统性行情信息收藏在法国国家图书馆（巴黎）。

巴黎交易所和布鲁塞尔交易所的俄国有价证券行情动态变化的信息源。该期刊每周都刊登欧洲主要交易所的各国股票价格行情走势表。

上文指出的期刊资料能够帮助我们重构工业红利股票行情以及利润收益的走势图。这些资料为我们提供了丰富的确切的信息，为我们研究交易所每日行情走势、分析牌价表制成的政治和经济等诸多影响因素、探讨欧洲交易所对俄国交易所的影响力等问题奠定了坚实的基础。

此外，本书还援引了具有重要意义的公文文献。此类文献主要保存在俄罗斯国家历史档案馆。和交易所相关的绝大部分史料收藏在财政部文献库：工商业厅（Ф. 20）①、财政大臣总办公厅（Ф. 560）②、财政委员会（Ф. 563）③、期刊编辑部（Ф. 564）④、财政部特别信贷办公厅（Ф. 583）⑤、俄国国家银行（Ф. 587）⑥。

① 俄罗斯国家历史档案馆（下面 РГИА）. Ф. 20. Оп. 4. Д. 4231，1899 – 1900.（各类外国股份公司在俄国开展业务许可，各类俄国本土股份公司和合伙企业章程草案核准，延长股份资本募集截止日期）。

② 俄罗斯国家历史档案馆 Ф. 560. Оп. 26. Д. 36，1895 – 1916（财政部驻外代表通信集）。

③ 俄罗斯国家历史档案馆 Ф. 563. Оп. 2. Д. 500，1912（财政大臣关于 1912 年俄国货币市场和外国货币市场的总结报告）。

④ 俄罗斯国家历史档案馆 Ф. 564. Оп. 1. Д. 103，1904 – 1906（财政大臣关于制铁工业运行情况月报告）；Там же. Ф. 564. Оп. 1. Д. 693，1906（驻巴黎记者通信录和信息通报）。

⑤ 俄罗斯国家历史档案馆 Ф. 583. Оп. 19. Д. 95，1914（Обзор финансовых и биржевых кризисов в России с 1894 по 1914 г.，составленный министром финансов П. Л. Барком для доклада царю）。

⑥ 俄罗斯国家历史档案馆 Ф. 587. Оп. 60. Д. 48，1901（Об условиях образования и деятельности синдиката，создаваемого под руководством Банка для поддержания биржевого курса акций некоторых банков и обществ）；Там же. Ф. 587. Оп. 56. Д. 324，1899 – 1903（Дело об образовании и деятельности синдиката Петербургских банков для противодействия колебаниям цен ценных бумаг некоторых фирм на Петербургской бирже）。

工商部文献库（Ф. 23）保存了几个有关交易所经纪人成员以及工商部关于证券交易调控政策的公文卷宗①。司法部文献库（Ф. 1405）可以查询到圣彼得堡交易所筹备改革时立法修订案方面的史料②。

这些档案资料为研究圣彼得堡交易所证券部组建问题创造了条件，使我们能够关注圣彼得堡交易所证券部发挥职能的基本问题，从整体上考察圣彼得堡交易所交易业务的缺点及不足，其中许多文献涉及俄国工业发展状况以及整个国家财政金融政策的演变。

法国经济、金融和工业部文献库收藏的档案类史料文献最珍贵，也最有价值。这里最吸引我们注意的是阐述布良斯克冶金工业公司的经营状况及其与法国兴业银行关系的史料。

调控交易所经营方针的法规是另一组重要文献。这些法律文献收录到《帝俄法律汇编》第三卷中③。这些法律文献使我们得以深入探寻俄国交易所交易活动的立法机制。

回忆录类文献对于本书的研究工作无疑具有珍贵的价值。首先就是已出版的《维特回忆录》④。作为财政大臣和总理大臣，维特

① 俄罗斯国家历史档案馆 Ф. 23. Оп. 7. Д. 5，1905（交易所经纪人名录）；Там же. Д. 41，1905 - 1907（交易所委员会关于大罢工和镇压的通告）；Там же. Ф. 23. Оп. 24. Д. 263，1895 - 1907（有关采取措施削弱投机交易工商企业股票不良行为）。

② 俄罗斯国家历史档案馆 Ф. 1405. Оп. 542. Д. 1525，1900（关于司法部编写财政部向大臣委员会提交的拟修改圣彼得堡交易所章程部分条款以及组建圣彼得堡交易所证券部的法律意见书）。

③ 《帝俄法律汇编》第三卷（ПСЗ - 3）. Т. 22。

④ Витте С. Ю. Воспоминания. Т. 1 - 3. М.，1960；Он же. Собрание сочинений и документальных материалов. М.，2006.

始终处于国家经济、社会和政治生活的中心地位，管理俄国财政金融工作长达11年之久。《维特回忆录》为我们提供了国家重大政治事件发生的翔实背景材料，同时，还对政治事件爆发的经济因素详加分析解释，其中包括扰乱市场秩序的交易所投机交易行为，回忆录类文献对本书的创作极具参考价值。

著名国务活动家《科科夫佐夫回忆录》也是同样重要的历史文献①。1896～1902年，科科夫佐夫历任代理财政大臣、财政大臣；1911～1914年，他担任部长会议主席。《科科夫佐夫回忆录》覆盖1903～1919年这段历史时期，其中重点谈到他在财政部的工作细节，如俄国政府对外借款条约的订立，影响俄国财政金融的各种因素分析等。科科夫佐夫直接参与了俄国金融和经济政策的制定，因此他对俄国金融市场及发展因素的评价无疑是十分重要的。

***

将交易所视为有效的动态的指标，同时也是国家经济发展过程的调节器，运用现代技术和方法有效地研究和评估各种政治、经济因素对20世纪初俄国证券市场股票行情变化的作用及影响似乎很有成效。

本书共包含前言、正文四章、结语和附录。第一章“19世纪末20世纪初俄国证券市场：组织结构及职能发挥的历史条件”总结了俄国证券市场的总体特征，阐述了20世纪初圣彼得堡交易所

① Коковцов В. Н. Из моего прошлого. Воспоминания. 1903 – 1919. Т. 1 – 2. М.，1993.

证券部组织结构运营的情况，分析了交易所交易业务的组织形式及职能发挥，借助第一手的史料和文献向我们展示了圣彼得堡交易所上市股票的概览。本章重点关注的是俄国有价证券交易的典型特点，诸如有价证券标价制度以及《交易公报》的意义。

第二章“1900～1914 年俄国工业股票市场：政治事件对交易行情的影响”分析了这一历史时期俄国主要的冶金、金属加工和石油工业的股票价格动态。20 世纪 20 年代初的期刊揭示了俄国经济周期不同阶段的外交政策及国内政治因素如何影响证券市场的行情动态，例如，日俄战争和俄国十月革命对经济危机和萧条期间的工业价格变化所产生的影响。

第三章“影响20世纪初俄国交易所演化进程的经济因素”以俄国冶金和石油这两大行业的股票分析为突破口，论述了证券市场行情动态演变中内部经济环境的重要性。考虑到各大工业股份公司的经济表现，充分探讨决定证券市场行情演变趋势的基本因素。俄国和欧洲证券市场的相互联系和紧密互动成为我们分析和研究的主要方向：我们对俄国工业企业在圣彼得堡交易所证券部及欧洲巴黎交易所、布鲁塞尔交易所等主要交易所的行情动态变化进行了比较分析。

第四章“混沌还是预见？20 世纪初俄国圣彼得堡交易所行情的协同效应分析”讨论了圣彼得堡证券交易所行情动态的影响因子具有“反射性”，与小股东之间的投机、谣言、自我组织效应有关。这一章的内容触及了证券市场研究人员的传统讨论问题：证券市场究竟是赌场还是有效市场？本章讨论了协同作用的概念及协同方法在 20 世纪初有价证券非线性行情动态研究方面的可行性。

前 言

本书是俄罗斯莫斯科罗蒙诺索夫国立大学（简称“莫斯科大学”，也称“莫大”）历史系经济史研究中心 20 世纪 90 年代中期推出的俄国证券市场系列化研究专题之一。通过对 19 世纪末 20 世纪初俄国交易所演变史的研究，可以更加深入地理解革命前俄国资本市场形成以及工业化进程中的投融资机制。近年来，全面研究 19、20 世纪之交俄国证券市场形成与发展的路径，深入挖掘相关档案史料的趋势日益明显，但是对俄国工业股票行情变化的性质及影响因素的研究分析依然匮乏。

关注交易所行情动态数据分析，将为进一步研究一系列涉及革命前俄国交易所发展的问题提供重要依据，从而更加全面地揭示俄国证券市场的职能发挥机制，填补关于 19 世纪末 20 世纪初俄国社会经济发展图景的空白。究竟哪些交易所职能是 20 世纪初证券市场最为重要的职能？是否真的像当代一些学者认为的那样，圣彼得堡交易所是动员股份资本的有效机制以及大肆投机交易的舞台？动荡的时局以及风云变幻的经济形势究竟在何种程度上决定证券市场交易的成败？俄国股票在圣彼得堡交易所和在巴黎交易所的行情相关性究竟到什么程度？

直到前不久这些问题仍然未引起人们足够的重视。但是到21世纪，上述问题已引起了不只是史学界还有其他学术领域的广泛关注。当代俄罗斯证券市场形成并获得实质性发展，这一切都在客观上要求我们不断地回顾和总结市场经济条件下俄国交易所业务实践积累下来的宝贵经验。

山雨欲来风满楼。经济危机的爆发往往伴随着金融市场的巨大波动甚至是崩溃，经济危机也将席卷各经济领域和部门。面临这样的经济形势，深入分析和研究有价证券行情动态变化的影响因素等综合问题极具现实意义。

依据有关圣彼得堡交易所工业股票市场行情变化的翔实档案文献，本书对在俄国股份资本形成中起到重要作用的圣彼得堡交易所的运营情况进行了具体的、历史的分析。

俄国各大交易所上市股票的每日行情数据引起我们莫大的兴趣。正是这些完好保存至今的数据，使我们能够展开“即时式”科学研究，细致分析和论证俄国交易所对外界所传递各种信息的反应，揭示各种政治事件及社会发展进程对证券市场行情动态的影响，分析并预测作为宏观经济形势晴雨表的证券市场的长期发展趋势。

其中，我们运用了数学的包括现代非线性系统和协同性分析方法，以破解俄国大型工业公司股票（主要是冶金股和石油股）价格时间序列相关性之谜。

本书的撰写及出版工作得到了各位前辈尊长、同事及朋友热情无私的帮助，承他们多方指导，笔者获得了不少极有价值的启示。在此，谨向为本书提供了有益的评价意见、数据信息及文献资料的

Б. В. 阿纳尼奇、М. И. 列万多夫斯基、Ю. А. 彼得罗夫、圣弗朗西斯科大学的 Г. Е. 佩雷尔曼、索邦大学的 С. 库兹明娜 - 贝尔纳、蒂宾根大学的 Й. 巴坚及日内瓦大学的 М. 弗兰德罗等表达最真诚的谢意！需要一并致谢的还有我们的研究团队——莫斯科大学历史系经济史研究中心科学小组的全体成员！特别感谢 П. В. 利祖诺夫，他费心阅读了我们的手稿。我们认真考虑了帕维尔・弗拉基米罗维奇的宝贵意见和建议。当然，本书可能存在的所有欠缺和不足之处均由作者本人负责。

列・约・鲍罗德金　安・弗・科诺瓦洛娃

莫斯科，2009

第一章
19世纪末20世纪初俄国证券市场：组织结构及职能发挥的历史条件

本章详细阐述了19世纪末20世纪初俄国证券市场的历史形成条件，以及1900~1914年在俄国交易所上市的有价证券概况，重点关注圣彼得堡交易所证券部成立及其20世纪初的运营状况。本章旨在阐述交易所职能发挥的一系列问题，从股份资本投融资机制的角度详细分析圣彼得堡交易所证券部的组织结构问题，关注有价证券上市发行的机制以及交易所《交易公报》的意义。

一　19、20世纪之交俄国证券市场的组织结构

19世纪60年代大改革后，俄国在短期内诞生了多家交易所。接下来10年良好的经济形势促使“全部铁路公司、轮船公司及其他工业企业股票、有奖中签股票及其他种类的有价证券开始收获极为可观的投资红利，致使包括没有任何资本的普通人在内的广大交易人纷纷抢购各类有价证券，并将自己的资产抵押给银行办理抵押

贷款以获取资金投资有价证券。圣彼得堡、莫斯科、敖德萨……总之，几乎所有大城市全部卷入狂热的投机风潮中。”① 俄国前所未有的有价证券交易投机精神随即诞生②。19 世纪 70 年代初，投机热潮更为强劲。正如列文指出的：“股市成交额放量增长，整个股市受此影响而群情激奋，投机风潮就像染上了传染病似的席卷社会各个阶层。”③

但是，对于俄国而言，真正的股市投机热出现在 19 世纪 90 年代中期。杜岗－巴拉诺夫斯基曾深刻地描述过证券市场雪崩式的发展过程：“1894 年全球证券市场变化多端。几乎全部有价证券行情大涨，交易每每遇到大翻转的行情，投机狂潮如同离弦的箭一般狂飙。1895 年证券市场行情较前期发展势头更加迅猛，根本不用看什么牌价表，每个圣彼得堡人都会轻易相信投机有价证券交易能够快速积累财富的神话。19 世纪 90 年代初，只要经过圣彼得堡交易所大楼，交易所广场就像是一片沙漠，周围不会有任何人流攒动的景象。可是现在，望着交易所开市时在交易所大楼旁那绵延无尽的人员和马车队伍，人们确信国内证券市场发生了天翻地覆的变化。投机交易商对股市的狂热蔓延到广泛的社会各阶层，俄国官方交易所已经无法容纳所有想参与股市开市的人，一些高档餐厅热情地向

① Из воспоминаний Е. И. Ламанского（1840 – 1890 гг.）.// Русская старина，октябрь 1915 г.，кн. X，C. 60，68；декабрь 1915 г.，кн. XII，C. 404.

② Из воспоминаний Е. И. Ламанского（1840 – 1890 гг.）.//Русская старина，октябрь 1915 г.，кн. X，C. 60，68；декабрь 1915 г.，кн. XII，C. 404.

③ Левин И. И. Рост Петроградской фондовой биржи//Банковая энциклопедия：Биржа. История и современная организация фондовых бирж на Западе и в России. Биржевые сделки. Биржи и война. Под общ. ред. Л. Н. Яснопольского. Т. 2：Биржа. Киев，1917. C. 223.

那些证券市场的玩家，即没有在官方交易市场占有一席之地的公众敞开了大门。"①

19 世纪 90 年代俄国交易所投机风潮的产生首先与国家实施的相关政策密切相关。国家赎回私人铁路时，铁路债券持有人享有选择权，他们可以将自己手里的债券卖给国家，也可以调换为 4% 的国家公债，这就导致了市场对所有铁路债券的旺盛需求。由于当时铁路债券的普通收益率不低于 5%，因而，绝大多数债券持有人更愿意抛售手持的旧债券，转而再去购买新国债。对买入国家公债始终拥有强烈意愿的主要是银行、保险公司、慈善机构、官方承包商等。19 世纪 80 年代末 90 年代上半期发行的国家公债和国家担保债券的收益率从 4.5% ~5% 下调至 4%，银行抵押债券的收益率从 5% ~6% 下调至 3.5% ~4%，这一切变化有力地促进了俄国证券市场更加广泛地发展。

（一）20世纪初俄国股份公司和股份资本

19 世纪最后 10 年，俄国进入了前所未有的股份公司创设发展时期，这一大好形势相应地带动了证券市场的蓬勃发展。根据财政部和大臣委员会的统计数据计算，1893 ~1901 年，全俄股份公司数量增加 892 家，其总股份资本增长 16.05 亿卢布，也就是说在 9 年的时间里，股份公司数量增长 2.5 倍，而其股份资本几乎增长了 3 倍②。

① Туган – Барановский М. И. Избранное. Русская фабрика в прошлом и настоящем. М. , 1997. С. 347.

② Шепелев Л. Е. Акционерные компании в России: XIX – начало XX века. СПб. , 2006. С. 171.

19 世纪末，俄国股份公司企业取得的成就与维特推行的财经政策有着直接的联系。维特体制施行不久前，俄国成功地实现了金融体系变革，此次变革有力地促进了铁路大建设的蓬勃开展以及大量外资的引入，在很大程度上确保了俄国工业的高速发展。

19 世纪 90 年代中期，俄国工业实现了第一次腾飞，紧随其后迎来了 1896 ~ 1899 年连续 3 年证券市场行情缓慢下滑期。杜岗 - 巴拉诺夫斯基解释说，资本市场上的闲置资本减少是造成这一切的主要原因，“游资已不像先前那样大量流入银行和交易所”①。不过，到 1899 年，俄国股份公司数量直线上升，屡创新高，并且当年新建股份公司 378 家②。

19 世纪 90 年代下半期，俄国投机类股份公司盛行：如果说 90 年代初正式注册的俄国股份公司开办比例大约占总数量的 70% 以上，那么，在经济发展高峰期却仅为 50% 左右。财政部试图消除这种不正常现象，因而允许股份公司创办人在不早于第一个年度报告核准后的时间里卖掉股份。到 1895 年夏季，财政部发布命令禁止股票上市流通，直到第一个年度报告核准为止。只能根据相对于面值来说上涨的价格审批新股发行，这里赚取的差价收入可用作公司准备金。但是这些措施对于股份制创设活动的快速发展并没有决定性影响。

20 世纪初，国际证券市场行情受世界经济危机影响急转直下。虽然战胜了证券市场危机，但俄国股份制公司创设的速度仍然停留在较低水平，直到 1907 年才基本恢复 1901 年的水平③。1909 年，

---

① Туган - Барановский М. И. Указ. соч. С. 349.

② Шепелев Л. Е. Указ. соч. С. 171.

③ Шепелев Л. Е. Указ. соч. С. 273.

俄国开始了新一轮股份公司创建热潮：如果说 1902～1909 年平均每年诞生 63 家股份公司，总股份资本金合计 6400 万卢布，那么，1910～1914 年平均每年诞生 193 家股份公司，总股份资本金达到 2.78 亿卢布①。可以指出的是，俄国股份公司的快速创建与交易所行情的上涨总体上是相符合的，两者几乎同步进行。

据舍佩列夫统计，20 世纪初，股份公司股份资本的份额占商业和工业企业的 88% 左右②。1914 年，股份资本占总生产资本的比例达到 71.5%③。股份公司的经营需参照 1836 年 12 月 6 日颁布的《俄国股份公司法》开展④。1901 年俄国通过了《关于组织和召集股份制信贷机构、商业和工业公司（不包括铁路）、合伙公司（除未在证券交易所上市的合伙公司）、股份保险公司的股东大会和审计委员会的临时规则》⑤。根据这部法律，股份公司的组建是“通过将一定数量的私人存款联合成为合股资本，这限制了每一家

---

① Шепелев Л. Е. Указ. соч. С. 274.

② Шепелев Л. Е. Частнокапиталистические торгово – промышленные предприятия России в конце XIX – начале XX веков и их архивные фонды//Информационный бюллетень Главного архивного управления МВД СССР. М., 1958, № 10. С. 76.

③ Шепелев Л. Е. Акционерные компании в России... С. 283.

④ См.: Шепелев Л. Е. Из истории русского акционерного законодательства (закон 1836 г.) /Внутренняя политика царизма (сер. XVI – нач. XX века). Л., 1967. С. 168 – 196; *Кушнирук А. С.* Правовой статус акционерных компаний в дореволюционной России (институциональные аспекты экономического развития) //Экономическая история: Ежегодник. 2006. М., 2006.

⑤ Голиков А. Г. Регулирование делопроизводства российских акционерно – паевых торгово – промышленных предприятий (общее законодательство) //Вестник Московского университета. М., 1972. № 4. С. 88.

股份公司的经营范围及责任划分”①。

股份公司只有依据俄国政府颁发的特别许可证才可以创建，这是创建股份公司必须考虑的关键问题。为了获得这一特别许可证，股份公司创始人需要向主管部委或相关管理总局申请，并提交创始人成员起草的股份公司章程草案②。最终经主管部委和创始人成员双方协商的股份公司章程草案连同财政大臣的总结报告一起呈递大臣委员会审核通过。股份公司创建意向书得到批示后，股份公司创始人重新修订章程草案并签字生效，最终版本的股份公司章程需提交参政院备案公告③。尽管股份公司的股份资本实际上很可能是后来筹集成功的，真正开始运营的股份公司总数约为成立公司的60%④，但是股份公司正式成立日期以其章程最后通过沙皇核准日期为准。

俄国股份公司的存在形式主要有股份制公司和合伙人制公司两种。无论是哪一种形式的股份公司，其组织原则和法律基础是相一致的。通常情况下，股份公司发行的股票面值比较低，一般为100卢布或250卢布，有时也会遇到面值较高的股份公司股票，这些股

① Голиков А. Г. Регулирование делопроизводства российских акционерно－паевых торгово－промышленных предприятий（общее законодательство）//Вестник Московского университета. М.，1972. № 4. С. 88.

② Голиков А. Г. Регулирование делопроизводства российских акционерно－паевых торгово－промышленных предприятий（общее законодательство）//Вестник Московского университета. М.，1972. № 4. С. 88.

③ Голиков А. Г. Регулирование делопроизводства российских акционерно－паевых торгово－промышленных предприятий（общее законодательство）//Вестник Московского университета. М.，1972. № 4. С. 89.

④ Шепелев Л. Е. Акционерная статистика в России / Монополии и иностранный капитал в России. М. －Л.，1962. С. 173.

票能够自由交易①。合伙公司发行自己的股票，面值从 500 卢布到几千卢布不等。根据股份公司的章程规定，这类股票往往是记名股票②。此外，股份公司股票分为普通股（普通股红利的发放由公司利润额决定）和优先股（在利润分红权益方面优先于普通股，至少不取决于公司当年经营状况）两种。全体股东大会是股份公司的最高管理机构，股东大会选举产生股份公司董事会、具有监督职能的理事会、监察委员会等常设机构。对公司管理和决策起主要作用的是控股股东，即那些大股东③。由于能够自由买进卖出，除了其票面标明的名义价格外，股票还获得了一个价值，或者说是牌价、市场价格，这一价值的确定与公司支付的股息红利多少直接相关。由于股票牌价抬升而获得的利润收入大大超过红利分配额，这就吸引了成千上万渴望一夜暴富的投机商。在某些情况下，根据公司财务报告结果，股票面值总会出现涨跌互现的情况④。

从历史上看，最早的股票一般都是记名股票。在购买有价证券以便长期投资并储存自己的资本时，记名股票更为合理些，因为记名股票不能按照普通程序转让，不能按照股票发行价格转卖⑤，这样就为股东提供了更有力的担保以便及时止损或避免受骗。但是，

① 但是我们发现，与在其他国家发行的股票价格相比，俄国本土发行的股票价格非常高。不过，在俄国有价证券牌价表上，面值 250 卢布的股票始终占有相当重要的地位：20 世纪初俄国工业企业工人的年均工资水平也不过如此。

② Деньги и искусство накопления / Под ред. Л. И. Лифлянда. М. , 2004. С. 231.

③ Деньги и искусство накопления / Под ред. Л. И. Лифлянда. М. , 2004. С. 231.

④ Деньги и искусство накопления / Под ред. Л. И. Лифлянда. М. , 2004. С. 233.

⑤ Русские биржевые ценности. 1914 – 15. Пг. , 1915. С. 16.

当股票成为长期的固定的流通物时，记名股票自身的缺点和不足就会暴露无遗——这类股票很难在证券市场实现交易。因此，20 世纪初，无记名股票，也就是普通股在证券市场越来越流行。股东的一个基本权利就是参加股份公司召开的一年一度的全体股东大会，一般来说，能够提供 1/5 及以上股份资本的股东将获得参加股东大会的资格①。

19、20 世纪之交，俄国股份公司股份资本的平均规模为 100 万卢布，同期外国股份公司为 200 万卢布。最常见的股份资本金额为 50 万卢布和 100 万卢布，共计 43 家股份公司，占股份公司总数的 24%；股份资本金额为 20 万卢布和 30 万卢布的股份公司有 42 家，占股份公司总数的 23%。股份公司的股票面值一般确定为 100 ~ 5000 卢布。全俄共计 128 家股份公司的章程规定准许发行记名股票和不记名股票，53 家股份公司的章程规定只准许发行记名股票②。在俄国有价证券交易行情高涨的前夕，证券市场畅销的是最低面值为 250 卢布的股票③。当时官方统计部门将持有股票面值为 250 卢布的股份公司同那些不十分重要的持有股票面值为 125、150 和 187.5 卢布的股份公司合并统计。其结果是，这两大类股份公司占截至 1911 年俄国境内全部运营股份公司的 33%。只有 13% 的股份公司——主要是一些小公司，持有面值 100 卢布甚至比这更低的股票④。

---

① Голиков А. Г. Указ. соч. С. 89.

② Сапилов Е. В. Акционерные общества в дореволюционной России. М., 1993. С. 8.

③ Шепелев Л. Е. Акционерные компании в России... С. 300.

④ Шепелев Л. Е. Акционерные компании в России... С. 300.

想要调查清楚并揭示股份公司全体股东手中持有的股票配比额总量，实际上是一件不可能的事情，因为股票自由流通，这就排除了确定持股人范围和数量的可能性，要知道 20 世纪初俄国证券市场上最受追捧的就是无记名股票，这类股票实际上可以毫无任何障碍地在交易人手中转来转去被倒手买卖。尽管一些工业集团还在发行或手中握有记名股票及合伙股份，但是这类有价证券的割让程序办理起来相当复杂——即使原则上其买卖交割并不受任何条件限制①。股份公司有价证券持有人相对可以划分为以下几类：操作股票交易并从中获得一定收益；同公司及董事会之间的联系仅限于接受股息，单纯地依靠股息生活②。凭借一定的社会名望、实业精神以及控股地位，股份公司有价证券持有人能够进入公司管理层担任领导岗位，但却有某种依附性，因为企业越大、越强，其控股数量的要求就越高。例如，在 20 世纪初俄国境内运营的 37 家商业银行中，有 25 家的控股数量要求定在 50 股或是更高的数额③。其中俄亚银行、圣彼得堡国际商业银行、圣彼得堡私营商业银行和圣彼得堡贴现 - 贷款银行 4 家圣彼得堡最大的银行的控股数量规定在 100 股④。20 世纪初，那些俄国大官僚纷纷入股大型股份公司已经成为一种广泛的普遍的社会现象，这一社会事实足以让我们做出判断，即股份公司已获得相当丰厚的利润⑤。

股票上市交易是很自然的经济现象，不过，俄国交易所究其规

---

① Боханов А. Н. Деловая элита России. М. , 1994. С. 63.

② Боханов А. Н. Деловая элита России. М. , 1994. С. 62.

③ Боханов А. Н. Деловая элита России. М. , 1994. С. 66.

④ Боханов А. Н. Деловая элита России. М. , 1994. С. 66.

⑤ Боханов А. Н. Деловая элита России. М. , 1994. С. 32.

模早已超越自己时代的发展水平。19 世纪中叶以前，圣彼得堡交易所几乎绝对是商品交易所，但是，19 世纪 50～60 年代，俄国国内经济形势发生了巨变，到 19 世纪末，俄国经济发展历经几次涨跌浪潮，交易所已成为国家吸引外资的重要调节器。由于交易所的媒介作用，国内外资本迅速地集结，纷纷投资购买俄国红利股票，首先就是工业公司的红利股票。1893～1899 年经济高涨年代，工业公司股份资本从 5 亿卢布增长到 13.2 亿卢布，同时，俄国全部股份公司的股份资本从 9 亿卢布增长到 19.6 亿卢布①。

为工商企业融资，向它们提供股票担保抵押贷款和配售股份，这已成为绝大多数圣彼得堡银行和莫斯科银行的主营业务②。从 19 世纪 70 年代开始，银行拓展出一些新型贷款业务。有别于普通定期贷款，圣彼得堡银行和莫斯科银行向客户的经常账户上注入贷款资金，这样，该客户就能根据需求灵活使用这些贷款，并且他只需要支付自己从账户实际支出的那部分贷款的利息。这类贷款被称为永久贷款、特别活期（特别往来账户）贷款、通知贷款（活期贷款）或透支贷款③。遗憾的是，这种投机性透支贷款账户④是一个以商品和证券为抵押品的银行账户。圣彼得堡银行的投机性透支贷款账户几乎专门用于证券业务，虽然已列入实业银行的业务系统中，但实际上，

① Деньги и искусство накопления... С. 239.

② Туган - Барановский М. И. Избранное. Русская фабрика в прошлом и настоящем. М., 1997. С. 351.

③ Саломатина С. А. Коммерческие банки в России: динамика и структура операций. 1864 - 1917 гг. М., 2004. С. 43 - 44.

④ 透支贷款账户是存款户在银行开立的必须用商品和有价证券作为抵押品，签订抵押透支契约的抵押透支账户。圣彼得堡银行开立的投机性质的透支账户几乎都是有价证券抵押透支账户。

财务报表中并未披露这些账目①。

透支贷款账户（抵押贷款账户）变得非常受欢迎，研究证券交易业务的理论家和实践家都曾建议“只有在没有其他运营机会的情况下才能开立透支贷款账户”，并认为“这是一种最好的方式，能够频繁操作有价证券交易，而不是将股票始终存放在账面上保管”②。

由于对工商企业投融资这项业务极为有利可图，银行积极投身新建股份公司的投机交易热潮。正如 C. A. 萨拉玛季娜指出的：“19 世纪 90 年代工业高涨的特点是，这时期新工业企业发行的股票首先涌入证券市场。实业银行开始积极炒作这类股票，就像操作面值通常能够快速飙升的绩优股一样。”③ 可是，1899 年爆发的经济危机终止了这一次工业的快速发展。当代人只看到经济危机的原因是银行信贷业务规模缩减，这一点导致了大批小企业破产，因为获取银行贷款恰恰是这些企业生存的命脉所在。

而其实，“危机爆发是由于工业大规模增长而迅速消耗大量流动资本，需要将流动资本转变为股份资本。资本市场的流动资本告急，这一缺口当年并没有显现出来，而是后期人们通过银行贴现业务才慢慢地察觉到”④。

值得注意的是，杜岗－巴拉诺夫斯基认为这场经济危机见证了下面事实的发生：19 世纪末的俄国多半是一个资本主义国家，工

① Саломатина С. А. Указ. соч. С. 164.

② Васильев А. А. Биржевая спекуляция，теория и практика. СПб.，1912. С. 101.

③ Саломатина С. А. Указ. соч. С. 162.

④ Афанасьев Г. Е. Денежный кризис. Одесса，1900. С. 30. Цит. по：ТуганБарановский М. И. Указ. соч. С. 359.

商贸易的繁荣发展与停滞不前相互交替，但是这一发展特点并不取决于农业丰收与否，而是由工业的周期发展所决定。例如，1899年，俄国农业迎来了大丰收，可即使处于粮食高产这样的好年景，工业发展还是进入了停滞期①。

毫无疑问，19世纪末20世纪初，工业有价证券的交易规模在俄国交易所的全部流通市值中占有相当高的比例。大量有价证券的交易和委托代理业务成为俄国实业银行业务开展的“外部特点”，在证券市场发展的高峰期，这几类资产业务占到实业银行全部资产业务的1/4甚至1/3②。

（二）俄国交易所：俄国证券市场概述

俄国的证券业务和外汇业务主要在圣彼得堡交易所、莫斯科交易所、敖德萨交易所、华沙交易所、基辅交易所、里加交易所以及哈尔科夫交易所等开展③。毫无疑问，圣彼得堡交易所是俄国有价证券的交易中心。圣彼得堡是俄国绝大多数银行信贷机构、股份公司、轮船公司及铁路公司董事会，俄国国家银行总部以及国库等重要职能部门的所在地，这一切决定了圣彼得堡交易所在全俄交易所中所处的头号地位，几乎所有红利股票都在圣彼得堡交易所上市流通。这一高度集中在一处发行流通红利股票等有价证券的特点决定了圣彼得堡交易所是俄国国内最重要的一家交易所，各地区的工商企业借助该交易所上市发行股票和债券，这样就能够筹集到本地区

① Туган – Барановский М. И. Указ. соч. С. 360.

② Саломатина С. А. Указ. соч. С. 163.

③ Кардашев В. П. Фондовые биржи в России//Банковая энциклопедия. Т. 2. С. 189.

工业发展所需的资金。

俄国交易所有价证券业务的总特点是各具独特性以及专业化分工鲜明。例如，莫斯科交易所是俄国铁路债券及土地抵押银行股票上市交易的领军者。正如《俄国有价证券》一书的作者所指出的，对于这类有价证券来说，“似乎，莫斯科交易所算得上是俄国最好的证券交易市场，甚至堪比圣彼得堡交易所”①。

莫斯科交易所对于具有一定收益的国家公债和股票来说具有更加重要的意义，这也正是莫斯科交易所有别于较具投机性的圣彼得堡交易所的不同之处。虽然从私营工商企业有价证券的成交金额来看，莫斯科交易所的发展程度和规模远不及圣彼得堡交易所，但对交易所行情走势起到极为重要作用的不仅是计息证券，更多情况下还有国家担保的具有稳定收益的国家公债，市场上大量游资投资在这上面。通常，当国家公债上市销售时，其大部分份额会分配给莫斯科交易所，部分公债可以根据财政部命令直接挂牌上市。这一切反映了革命前俄国有价证券交易业务极为复杂的区域差异性特点②。

截至 1913 年，莫斯科交易所官方公报上可见 146 只各种名目的债券。

到 1914 年初，在莫斯科交易所挂牌上市的有固定收益的股票超过 120 只，红利股票约占 80 只。1913 年在莫斯科交易所挂牌上市的一组股票结构比例详见表 1 – 1。

---

① Русские биржевые ценности... С. 85.

② Лизунов П. В. Фондовая торговля в Российской империи//Финансовый рынок дореволюционный России (В печати).

表 1－1　1913 年莫斯科交易所上市股票

单位：家，百万卢布

股票	股份公司数量	股份资本
铁路	5	70.11
银行		
商业银行	20	402.00
土地抵押银行	9	78.52
公司		
轮船公司	6	30.13
保险公司	5	15.70
工商企业	24	187.78
合计	69	784.24

资料来源：Русские биржевые ценности. 1914 – 1915 г. Пг. , 1915. С. 85。

除了在其他交易所上市的股份公司股票，在莫斯科交易所上市流通的只有 12 只股份公司股票，其股份资本总额为 4181 万卢布，其中多数为莫斯科当地企业的股票，而且全都具有家族事业的性质。因此，这些家族企业的流动资本奇缺，他们经常处于流动资本断流的状态。有趣的是，莫斯科交易所委员会不止一次地申请要求修订相关法规，因为根据原有条例，接受办理有价证券抵押贷款的银行有义务参照有价证券牌价走势炒作股票，未在交易所上市流通的有价证券不能用于办理银行抵押担保贷款①。这一请求充分反映了莫斯科地区工业发展的特点。该地区有多家大型工业企业具有封闭股份公司的性质，特别是像纺织工业这样发展势头强劲的工业部门，但在《交易公报》里并未实际提出来，因为这些大工业企业

① РГИА. Ф. 23. Оп. 24. Д. 263, 1909. Л. 54 – 57об.

的全部股份都掌握在大股东手里。

在获准上市的全部银行股票中，股份资本为 1000 万卢布的莫斯科贸易银行股票只在莫斯科交易所上市。其余 19 家商业银行的股票在莫斯科交易所和圣彼得堡交易所同时上市。

排在莫斯科交易所之后的是敖德萨交易所。据俄国商业和手工工场委员会证实，为从事有价证券交易业务，敖德萨制定了“敖德萨交易所有关股票、黄金、汇票及其他有价证券交易特别规则”。敖德萨交易所官方《交易公报》的规模不是很大。该交易所有价证券的成交量极为有限，只有包括私营银行在内的一部分银行从事这项业务，公众个人操作股票的行为较为少见。

到 1914 年，敖德萨交易所上市的有价证券以国家公债、贵族土地银行抵押债券、农民土地银行抵押债券和土地银行股票为主。敖德萨城市信用社和基什涅夫城市信用社债券为 1.0879 亿卢布，利率为 4.5% 的敖德萨城市债券为 2086 万卢布，数十家股份工业企业的股票和债券为 1720 万卢布。在敖德萨交易所上市的全部国家公债，以及农民土地银行、贵族土地银行的抵押债券等同时也在圣彼得堡交易所、莫斯科交易所、华沙交易所、基辅交易所、雷瓦尔交易所、里加交易所和哈尔科夫交易所等其他交易所上市流通。此外，在敖德萨交易所上市的股份资本达 1720 万卢布的数十家股份工业企业股票还同时在圣彼得堡交易所和莫斯科交易所流通交易①。

华沙交易所的独有特点是其直接受柏林交易所而不是圣彼得堡交易所的影响，在华沙交易所上市的主要是波兰本土的股票。1914

① Русские биржевые ценности... С. 90.

年在华沙交易所上市的73家工业企业总市值为2.1394亿卢布的股票中，只有市值达4600万卢布的4只股票不是波兰本土的，但是这几只股票与地方工业企业关系极为密切①。在这里挂牌上市的6家商业银行股票中只有里加商业银行不是当地银行，而19只冶金工业股票中只有3只不是地方冶金企业发行的。银行、冶金、手工工场、制糖等工业企业的股票占据多数。全部抵押债券、城市债券及工商企业债券等都是地方发行的债券②。

不仅如此，华沙交易所上市发行的绝大多数有价证券同时在俄国其他交易所流通交易，其中主要是圣彼得堡交易所。这些有价证券甚至还登陆柏林交易所和巴黎交易所，总体情况非常复杂。截至1914年，华沙交易所上市流通的73只股票中，有17只总市值为1.4624亿卢布的股票同时在圣彼得堡交易所、柏林交易所和巴黎交易所上市③。

就像俄国所有其他交易所一样，里加交易所的有价证券中，位居重要地位的是国家公债、国家铁路公司和私营铁路公司债券、土地银行的抵押债券、城市债券、城市信用社债券等。里加交易所牌价表上总计107只有价证券④。

里加交易所上市的工商企业有价证券中，地方企业发行的有价证券占据多数。里加交易所上市的全部20只工商企业股票的总市值达6.25万卢布，并且，其中总市值1.66万卢布的13只工商企业股票只在里加交易所流通，余下几只股票同时在圣彼得堡交易所

① Русские биржевые ценности... С. 86.

② Русские биржевые ценности... С. 86 – 87.

③ Русские биржевые ценности... С. 86.

④ Русские биржевые ценности... С. 89.

上市交易①。

基辅交易所有价证券成交量不是很大。例如，在答复财政部提出的修订交易所业务规则时，基辅交易所委员会指出，既然“基辅交易所属于省级交易所，在该交易所上市的只有本地发行的股票，其他股票交易的技术操作规范参照圣彼得堡交易所标准进行，那么，在没有任何实践操作经验的情况下，圣彼得堡交易所委员会提出广义地理解交易所业务规则是让人很为难的事情”②。所有在基辅交易所上市的国家公债同时还在圣彼得堡交易所、莫斯科交易所、华沙交易所以及其他交易所上市流通。

到 1914 年，共有 26 家总市值为 2.3029 亿卢布的工业股票经批准在哈尔科夫交易所上市，其中居主导地位的是 5 只煤矿工业企业总市值为 1598 万卢布的股票、6 只冶金工业企业总市值为 7724 万卢布的股票以及 6 只制糖工业企业总市值为 625 万卢布的股票。此外，还有 3 只圣彼得堡大型商业银行，即国际商业银行、伏尔加 - 卡玛银行及亚速 - 顿河银行的股票在这里流通交易，这 3 家银行曾积极致力于俄国南部新兴工业基地的建设与快速发展。

在 1913 年，共有 33 只不同债券在哈尔科夫交易所流通交易，包括国家公债、贵族土地银行抵押债券和农民土地银行抵押债券③。

制糖工业股票只在哈尔科夫交易所上市，除此之外，其他各大股份公司的股票还同时在圣彼得堡交易所上市，部分在布鲁塞尔交易所和巴黎交易所上市。

---

① Русские биржевые ценности... С. 89.

② РГИА. Ф. 23, оп. 24, 1895. Д. 263. Л. 18 – 18 об.

③ Русские биржевые ценности... С. 88 – 89.

从流通市值、挂牌上市有价证券的数量、地位和意义等方面看，圣彼得堡交易所始终处于俄国证券市场第一和中心的地位，世界排名第五。圣彼得堡交易所对证券市场的影响力不仅辐射全俄，甚至波及欧洲诸多国家和地区。圣彼得堡交易所的有价证券行情动态、交易信息对欧洲各大交易所及资本市场而言都至关重要，因为第一次世界大战爆发前，除了本土交易所，俄国无论是国家的还是私人的有价证券同时还在法国、英国、荷兰、德国、比利时、奥匈帝国以及美国等国家的 12 家世界最大证券交易所上市交易。

圣彼得堡交易所挂牌信息表的有价证券主要由国家公债、私人股票和政府担保的股票、债券（主要是铁路债券）等构成①。

据 1913 年 1 月 1 日《金融工商时报》统计，1907 年获准在圣彼得堡交易所挂牌的有价证券共计 515 只，其中债券 266 只，股票和政府控制或清理的企业股份 249 只（详见表 1－2）。

表 1－2　1907～1912 年圣彼得堡交易所有价证券市场结构

单位：只

有价证券	1907 年	1910 年	1911 年	1912 年	涨跌
债券					
国家公债	40	41	41	43	+3
国家铁路债券	31	31	31	34	+3
私营铁路债券	48	56	60	76	+28
专用交通线债券	9	7	8	8	−1
城市债券	36	45	47	51	+15
（不动产）抵押债券	24	32	34	35	+11

① Лизунов П. В. Русские ценные бумаги на российских и европейских фондовых биржах （конец XIX – начало XX века）//Экономическая история. Ежегодник. 2001. М. ， 2002. С. 210.

续表

有价证券	1907 年	1910 年	1911 年	1912 年	涨跌
土地银行抵押债券	20	21	21	21	+1
工商企业债券	50	49	51	50	0
轮船公司债券	8	7	5	5	-3
总计	266	289	298	323	+57
股票					
轮船、保险和城市交通公司股票	15	16	16	18	+3
	19	19	19	20	+1
铁路公司股票	10	12	13	14	+4
商业银行股票	28	29	28	27	-1
股份土地银行股票	10	10	10	10	0
手工工场工业股票	18	21	21	23	+5
水电燃气供应股份公司股票	14	13	12	13	-1
典当银行股票	5	4	5	5	0
酒类加工工业股票	10	11	11	11	+1
煤炭和采矿工业股票	8	11	11	13	+5
石油工业股票	14	15	16	17	+3
冶金和机械制造工业股票	32	33	35	38	+6
玻璃工业股票	3	3	3	6	+3
水泥建材工业股票	6	6	7	8	+2
多种经营企业股票	35	41	46	54	+19
总计	227	244	253	277	+50
政府控制或清理的企业	22	24	22	18	+4
债券、股票合计	249	268	275	295	+46
	266	289	298	323	+57
总计	515	557	573	618	+103

资料来源：Торгово - промышленная газета. 1913. 1 марта. Цит. по: Лизунов П. В. Русские ценные бумаги на российских и европейских фондовых биржах（конец XIX — начало XX века）//Экономическая история. Ежегодник. 2001. М., 2002. С. 208 - 209。

从表 1 – 2 中得知：1907 ~ 1912 年，圣彼得堡交易所流通的债券数量与同期股票数量相比，1907 年债券总数为 266 只，而股票是 227 只。接下来 5 年的时间里，债券的数量增加 57 只，而股票增加 50 只。我们注意到，正如上文已指出的，股票成为圣彼得堡交易所全部有价证券中最受投资者欢迎的一种有价证券。重要的是，恰恰是股份资本对十月革命前俄国工业化投融资起到了关键作用。

1899 ~ 1912 年，圣彼得堡交易所牌价表上有 213 只各种工业股票①。从表 1 – 3 中可以看出：除多种经营企业，冶金和机械制造工业、商业银行以及石油工业股票的市场需求表现最旺盛。

表 1 – 3　1899 ~ 1912 年圣彼得堡交易所上市流通股票：行业部门结构

单位：只，%

行业部门	股票数量	占比
冶金和机械制造工业	36	16.9
商业银行	30	14.09
石油工业	22	10.33
煤炭开采和采矿业	16	7.51
手工工场和现代工业	13	6.11
轮船公司	9	4.23
铁路公司	8	3.76
电机工业	7	3.29

① Левин И. И. Петербургская биржа в 1899 – 1912 гг. и дивидендные ценности. Материалы для исследования//Вестник финансов, промышленности и торговли. 1914. № 13. С. 606.

续表

行业部门	股票数量	占比
水泥及建筑材料工业	7	3.29
保险公司及城市道路交通公司	5	2.35
动产抵押贷款	3	1.41
酒类加工工业	3	1.41
采金工业	3	1.41
水燃气供应工业	3	1.41
玻璃工业	2	0.94
多种经营企业	46	21.56
总计	213	100

资料来源：Левин И. И. Петербургская биржа в 1899 – 1912 гг. и дивидендные ценности. Материалы для исследования//Вестник финансов, промышленности и торговли. 1914. № 13. С. 606. Цит. по: Лизунов П. В. Санкт – Петербургская биржа и российский рынок ценных бумаг (1703 – 1917 гг.) СПб., 2004. С. 413。

1888 年和 1892 年，在圣彼得堡交易所上市的分别是 24 家和 32 家股份公司，1908 年已经达到 249 家，1910 年达 268 家，1911 年达 275 家①。20 世纪最初 10 年，圣彼得堡交易所的流通市值大幅增长。俄国几乎整个工业领域和行业部门都实行了股份制。1912 年，在圣彼得堡交易所上市的只有 295 家工业企业的股票（当时全俄运营的股份公司数量超过 2000 家），股份资本总计 15 亿卢布。到 1913 年，全俄交易所上市流通的有来自各行各业共计 383 家股份公司的股票，而国内市场销售的股票总面值达 16.5 亿卢布，总股份资本

① Лизунов П. В. Русские ценные бумаги на российских и европейских фондовых биржах... С. 208 – 209.

约合 36 亿卢布①。试比较：沙皇政府 1913 年度财政支出是 33.83 亿卢布②。

到 1914 年初，据圣彼得堡交易所官方《交易公报》公布，该交易所上市共计约 700 只有价证券。总体上，整个俄国交易所上市的有价证券共计 800 多只。到 1914 年初，俄国配售的全部有价证券市值已高达 150 亿卢布③。与 1912 年底相比，世界各个国家有价证券的流通总市值达到 8500 亿法郎，其中，英国 1500 亿法郎，美国 1400 亿法郎，法国 1150 亿法郎，德国 1100 亿法郎，俄国 350 亿法郎，奥匈帝国 260 亿法郎，意大利 180 亿法郎，而日本是 160 亿法郎④。

我们运用一组统计数据对上面的概述内容做出总结：1913 年，在 5 家拥有证券部并从事有价证券业务的莫斯科交易所、华沙交易所、哈尔科夫交易所、里加交易所和敖德萨交易所等外省交易所中，有 218 家股份公司的股票开盘上市交易，其中有大约 110 只股票只在上述 5 家交易所中的一家挂牌交易⑤。

1913 年，俄国交易所共计有 397 家股份公司的股票上市交易（见表 1－4）⑥。

---

① Деньги и искусство накопления... С. 245.

② Грегори П. Экономический рост Российской империи（конец XIX – начало XX в.）. Новые подсчеты и оценки. М.，2003. С. 146.

③ Левин И. И. Петербургская биржа в 1899 – 1912 гг. и дивидендные ценности... С. 607.

④ См.：Русские биржевые ценности. 1914 – 1915 гг. С. 13.

⑤ См.：Русские биржевые ценности. 1914 – 1915 гг. С. 13.

⑥ Банки и биржа. 1913. № 52. С. 10.

表 1 - 4 1913 年俄国交易所上市工业股份公司股票

单位：家，千卢布

交易所	企业数量	股份资本
1. 圣彼得堡交易所	295	1503600
2. 华沙交易所	56	67700
3. 莫斯科交易所	12	41810
4. 里加交易所	13	16600
5. 敖德萨交易所	14	11300
6. 哈尔科夫交易所	7	7950
总计	397	1648960

资料来源：Торгово - промышленная газета. 1913. 28 дек.; Банки и биржа. 1913. № 52. С. 10. Цит. по: Лизунов П. В. Санкт - Петербургская биржа и российский рынок ценных бумаг（1703 - 1917 гг.）СПб.，2004. С. 413。

正如上文指出，外省交易所与圣彼得堡交易所的行情走势十分相似，但外省交易所的行情动态变化有限，影响范围并不很大，而且，通常只是对当地有价证券的行情产生影响。

为证明这一见解并不只是一般的概括性观察结果，我们对同时在圣彼得堡交易所、莫斯科交易所以及华沙交易所等各大交易所上市的几只股票行情做了比较分析。财政部年鉴公布了各外省交易所每月大盘交易数据统计情况。遗憾的是，将全部板块的有价证券进行比较分析是件相当复杂的事情，因为对于各外省交易所而言，数据统计主要依据当地有价证券牌价表及成交价完成。作为可以即刻找到三大交易中心对比节点的鲜明例证，我们援引了普季洛夫冶金工业公司面值 100 卢布的股票牌价数据（见图 1 - 1）。

该曲线图清楚地表明，上述研究分析的 3 家交易所行情走势几乎完全相同。外省交易所几乎在复制圣彼得堡交易所的行情走势，

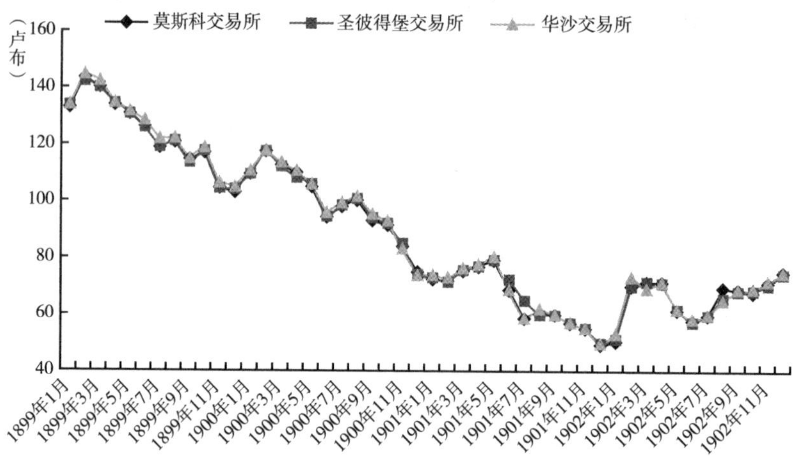

图 1－1　1899～1902 年普季洛夫冶金工业公司股票分别在圣彼得堡交易所、莫斯科交易所和华沙交易所的最低行情动态

注：财政部年鉴里指出的是月成交价最高点和最低点。此曲线图按最低牌价表编制。

资料来源：Источник：Ежегодник Министерства Финансов. СПб.，1901－1903 гг。

其他工业企业的统计数据也能证实这一点，详情见图 1－2 显示的布良斯克冶金工业公司股票的行情动态。

上述比较分析使我们确信，圣彼得堡交易所在俄国证券市场稳坐第一把交椅，起到主导作用，全国其他各交易所的行情走势与圣彼得堡交易所的行情动态高度同步变化。我们可以关注圣彼得堡交易所这家俄国最大、最主要的交易所，以便研究俄国证券市场整体的发展趋势。

（三）19、20世纪之交俄国证券市场的主要有价证券

19 世纪最后 10 年，俄国经济取得了巨大成功，特别是工业发展突飞猛进，大量股份公司应运而生。20 世纪初，俄国经济已达到相当高

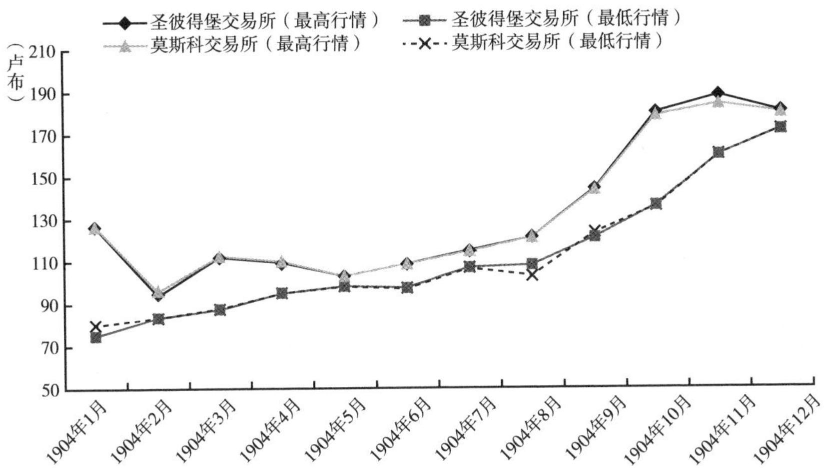

图 1－2　1904 年布良斯克冶金工业公司股票在莫斯科交易所和圣彼得堡交易所的最低和最高行情动态

注：财政部年鉴里指出的是月成交价最高点和最低点。此曲线图已举出两组指数。

资料来源：Ежегодник Министерства Финансов. СПб.，1904。

的发展水平，部分投资到股份公司有价证券上的民族资本得到实质性增长，而交易所也成为工商企业投融资的一种真正机制。俄国工业有价证券的主要市场是圣彼得堡交易所，每年成交额达数亿卢布。

根据财政部年鉴的统计数据，可以制作不同行业部门股份公司资本比例图。1900 年财政部年鉴内含 931 家股份公司 1898 年的股份资产负债表。财政部年鉴确定的全部工业企业 1898 年的总资产为 31 亿卢布，其中 14 亿卢布为企业资产，7 亿卢布是各类商品和生产材料。试比较，1898 年俄国国民生产总值净值为 103 亿卢布①。表 1－5 列举的是 1898 年、1905 年和 1910 年俄国不同行业部门股份公司的资产数据，按照生产部类统计得出。

① См. Gregory，Paul，R.，Russian National Income，1885 － 1913. Cambridge University Press，1982. p. 56.

表 1－5　1898 年、1905 年和 1910 年俄国不同行业部门股份公司资产

工业部门	公司数量(家)			资产（百万卢布）			占全国总资产比例（%）		
	1898 年	1905 年	1910 年	1898 年	1905 年	1910 年	1898 年	1905 年	1910 年
化纤工业	191	214	262	861	1318	1849	27.6	24.8	24.3
化学工业	41	78	73	100	309	365	3.2	5.8	4.8
造纸工业	41	47	68	70	97	479	2.3	1.8	6.3
采矿业	102	179	186	639	1112	1184	20.5	20.9	15.6
金属工业	103	163	209	444	745	1235	14.3	14.0	16.3
制陶业	45	69	57	70	111	110	2.3	2.1	1.4
农业	9	10	—	8	9	—	0.2	0.2	—
林业	18	31	41	33	50	90	1.0	0.9	1.2
食品工业	175	230	274	338	513	823	10.9	9.6	10.8
畜牧业	13	19	13	35	45	39	1.1	0.9	0.5
贸易	42	71	140	133	246	481	4.3	4.6	6.3
运输业	35	47	51	96	214	337	3.1	4.0	4.4
城市公用事业	82	109	117	177	252	460	5.7	4.7	6.1
混业经营	34	94	42	112	302	142	3.6	5.7	1.9
总计	931	1361	1533	3116	5323	7594	100	100	100

资料来源：Ежегодник Министерства финансов России：данные за 1898 год：Вып. 1902 г.（издан в 1903 г.），С. 588－649；данные за 1905 год：вып. 1906 г.（издан в 1907 г.），С. 286－359；данные за 1910 год：выпуск 1912 г. С. 594－697。

并非所有工业行业部门都能平等地在圣彼得堡交易所上市交易，有太多红利股票只是名义上在圣彼得堡交易所挂牌。事实上，这些股票掌握在少数人即控股大股东手中，包括资本雄厚的外国大买家和大股东。外国资本主要投向冶金、煤炭和机电等工业部门。例如，所有圣彼得堡交易所上市的股票中有 13 只煤炭工业企业股票，其中股份资本 3200 万卢布的企业有 7 家，它们控制在法国投

资者手中。在圣彼得堡交易所上市的 7 家拥有 6300 万卢布股份资本的大型机电工业企业中，有 3 家的股份资本达 5760 万卢布，为德国资本家控股。俄国石油工业和采金业的绝大部分股份最终落入英国投资者手中。

总之，所有在圣彼得堡交易所上市交易的股票中，仅有少数几只红利股票算得上是绩优股，它们买入卖出频繁，成交量大，其每日牌价信息都被记入官方《交易公报》。股份商业银行股票、冶金工业股票和石油工业股票最先被定期地记入《交易公报》。

本书重点关注的是工业板块，因此将对冶金工业股票和石油工业股票做单独分析。

19 世纪末 20 世纪初，俄国冶金工业和金属加工工业稳步发展，始终保持着国内三大上市行业之一。

南俄冶金工业基地是 20 世纪初俄国最重要的冶金工业基地。南俄冶金工业基地按照现代股份制形式建成。工业基地能够迅速崛起多半是缘于发展迅猛的铁道工业，冶金工业和铁道工业两者相互依存，互为发展条件，南俄冶金工厂的多数轧钢设备主要用于生产钢轨以及其他的铁路建材。

旺盛的市场需求和大量国家订单对钢轨生产业以及运输机械制造业的发展起到至关重要的作用，1882 年，钢轨生产业以及运输机械制造业的产量占南俄工业生产总量的 60%。国家采购以及必要的私人订单确保了旺盛的市场需求，这是政府在加速发展运输机械制造业以及钢轨生产业方面实施的第一项举措。该措施的出发点是，以公开和隐蔽方式发放政府补贴以部分覆盖产品成本，但这项举措对于实现所树立的目标来说远远不够，因此，政府转而通过国家层面的多种融资渠道向企业提供必要的大部分发展基金。在各类国家融资中，我们看到国家订单（又称隐性补贴）这一项直接参与资本构成，也就是说政府首先是用铁路债券基金，然后是用一般预算基金，最后是用长期贷款出面购买系列发行的债券，特别是那些帮扶企业的债券①。

到1879年，全俄共有5家蒸汽机车、12家车厢和8家钢轨生产企业。这些企业为俄国国内大规模的铁路建设创造了良好的基础条件，单凭其中一些日益兴旺的企业的收入就足以证明这一点。例如，作为俄国最大企业之一的科洛缅斯克机器制造公司，其在1873~1875年并未发放任何红利，但是，1876~1880年开始发放12%~20%的红利。再如，1874~1880年，布良斯克冶金工业公司的股东每年收获15%的红利②。

1881~1883年，上述企业的生产能力已远远超出铁路建设对铁路机车和钢轨的需求，市场明显萎缩，铁路建设规模大幅削减。19世纪80年代，旨在加速工业现代化发展的政府采购和国家融资策略转变成人为扶持较窄范围的工矿企业利益集团，使它们能够正常经营和运转③。这项由政府出面扶持工矿企业利益集团的政策极为重要，它成为一项以政府融资为主导的国家长期发展战略。

从20世纪初开始，石油在世界范围内具有越来越重要的意义。石油开采和石油加工对俄国国内市场意义重大，石油工业股票更是成为证券市场的绩优股。官方《交易公报》几乎每日都会刊出石

---

① Гиндин И. Ф. Государственный банк и экономическая политика царского правительства（1861 - 1892 годы）. М.，1960. С. 197.

② Гиндин И. Ф. Государственный банк и экономическая политика царского правительства（1861 - 1892 годы）. М.，1960. С. 197.

③ Гиндин И. Ф. Государственный банк и экономическая политика царского правительства（1861 - 1892 годы）. М.，1960. С. 198.

油工业股票的动态信息。

正如根金指出的，对于俄国来说，石油工业的金融资本主义关系得到最大限度的发展①。形成如此复杂的形势，部分原因是俄国石油工业不仅具有促进本国经济发展这一内在的意义，而且还是国际石油市场的重要组成部分。无论是俄国本土企业、俄国银行还是外国投资者，都极大地促进了俄国石油工业的发展②。

全俄石油产量50%以上最终集中在三大康采恩的手中（见表1－6）。这几家石油康采恩控制了整个石油贸易和石油产品的3/4。

表1－6 石油康采恩资本投入和石油开采量

石油康采恩	资本(百万卢布)	开采量(百万普特)
俄国石油总公司	123	124
英荷壳牌石油托拉斯	51.5	92
诺贝尔兄弟联营公司	39.3	80
总计	213.8	296

资料来源：Гиндин И. Ф. Банки и экономическая политика в России（XIX－начало XX в.）. М.，1997. С. 177。

在圣彼得堡交易所占有特别重要地位的是诺贝尔兄弟联营公司、巴库石油公司和俄国石油总公司的股票③，它们是最优质的石油股。流通稍差的有Н. Н. 捷尔－阿科波夫石油公司、希霍沃石油公司、比特洛里公司、石油高加索公司及巴拉哈诺－扎布拉斯基石

① Гиндин И. Ф. Банки и экономическая политика в России（XIX－начало XX в.）. М.，1997. С. 175.

② Гиндин И. Ф. Банки и экономическая политика в России（XIX－начало XX в.）. М.，1997. С. 175.

③ Гиндин И. Ф. Банки и экономическая политика в России（XIX － начало XX в.）. М.，1997. С. 178.

油公司等的股票。像罗普斯等其他石油公司股票在圣彼得堡交易所几乎完全没有市场需求①。有趣的是，英荷壳牌石油托拉斯中大多数企业的股票甚至都没有挂牌上市。

既然资产规模在一定程度上反映了工业企业在相应行业部门中的地位和作用，那么我们就援引这一指标来说明一些问题。运用刊载于财政部年鉴上的19世纪90年代末企业资产负债表中的数据，我们决定挑选部分股份公司。一方面，这些公司拥有巨额资产；另一方面，它们经批准在圣彼得堡交易所上市交易。正如大家所说，并非所有大企业都实行股份制，也不是所有的股份公司都在圣彼得堡交易所上市流通。例如，根据1898年决算报告，俄国有67家工业公司的资产超过1000万卢布，其中只有29家股份公司在不同时间在圣彼得堡交易所上市。

诺贝尔兄弟联营公司排在首位，1898年该公司总资产达6350万卢布②（表1－7列出的是石油工业和机器制造业1898年、1905年和1910年资产负债表中资产项的数据）。接下来应指出的是俄国两家最大的本土企业——布良斯克冶金工业公司以及普季洛夫冶金工业公司，其1898年资产分别是3780万卢布和3300万卢布。科洛缅斯克机器制造公司1898年资产为2280万卢布，其股票于1895年上市，此后长期流通。加尔特曼工业公司股票于1898年上市。

这里还需要指出的是巴库石油公司和1899年成立的曼塔

① Русские биржевые ценности... С. 13.

② 1898年，在整个我们研究的时期，诺贝尔兄弟联营公司就资产额来讲一直是俄国最大的股份公司。该公司在交易所上市的有价证券分为股份（面值5000卢布）和股票（面值250卢布）。

舍夫石油公司，其1905年资产分别为770万卢布和4280万卢布。

表1-7　1898年、1905年和1910年石油工业和机器制造业主要股份公司资产情况

单位：百万卢布

序号	股份公司	工业财团	工业部门	资产		
				1898年	1905年	1910年
1	诺贝尔兄弟联营公司	采矿工业	石油	63.5	117.6	142.3
2	布良斯克冶金工业公司	采矿工业	铁路	37.8	64.8	51.8
3	普季洛夫冶金工业公司	金属加工工业	机车车辆制造	33.0	40.9	39.6
4	科洛缅斯克机器制造公司	金属加工工业	机器制造	22.8	24.8	23.3
5	加尔特曼工业公司	金属加工工业	机器制造	11.3	17.6	18.8
6	曼塔舍夫石油公司	混业经营	—	—	42.8	27.3
7	巴库石油公司	采矿工业	石油	4.5	7.7	15.2

资料来源：«Ежегодник Министерства Финансов». Данные за 1898 г.：вып. 1900 г.，СПб.，1901，С. 588 - 649；данные за 1905 г.：вып. 1906 г.，СПб.，1907，С. 286 - 359；данные за 1910 г.：Вып. 1912 г.，СПб.，1912. С. 594 - 697。

接下来对俄国冶金工业和金属加工工业有价证券的行情动态做详尽分析①，主要包括科洛缅斯克机器制造公司、普季洛夫冶金工业公司、加尔特曼工业公司②、布良斯克冶金工业公司以及巴库石

① 根据革命前工业部门分类，官方工业统计数据包含13个行业，冶金工业和机械制造业归属排名第八的“金属工业”。

② 请注意，杜岗-巴拉诺夫斯基描述20世纪初证券市场行情动态时引用的正是前文提到的20世纪初俄国三大工业公司股票牌价的数据（还要加上索尔莫夫斯基股份公司）。Туган - Барановский М. И. Состояние нашей промышленности за десятилетие 1900 - 1909 гг. и виды на будущее//Избранное. Периодические промышленные кризисы. М，1997. С. 511。

油公司、曼塔舍夫石油公司、里海石油公司和诺贝尔兄弟联营公司等。

（四）俄国证券市场的领跑者：冶金工业、金属加工工业及石油工业

现在简要描述俄国冶金工业、金属加工工业及石油工业的股份制企业特征，以下各章节将进一步展开分析这些工业公司股票的行情动态。

1. 冶金工业、金属加工工业

就俄国工业企业资产总值来说，布良斯克冶金工业公司在全国排第二位①。

19 世纪下半叶，俄国铁路事业实现了腾飞。1868 年，通过布良斯克铺设了奥廖尔到斯摩棱斯克、布良斯克到戈梅利（白俄罗斯城）、布良斯克到利戈夫和布良斯克到莫斯科等几条铁路线。布良斯克成为俄国最大的铁路枢纽，交通便利极有利于吸引外资。此外，该铁路网周围是大型冶金企业和机器制造企业高密集区。最初，布良斯克冶金工业公司是按照一家木材制造厂的要求设计而成，并准备生产奥廖尔到维捷布斯克铁路所需要的枕木。这条铁路通车后过了 5 年，即 1873 年 6 月 20 日，沙皇做出最高批示："准许成立布良斯克冶金工业公司，开采金属、矿物质，生产生铁、熟铁和钢产品，销售制成品。"莫斯科商人、四等文官 П. И. 古博宁

① Русские биржевые ценности...... С. 289；Акционерно – паевые предприятия России. Торгово – промышленные, фабрично – заводские и торговые предприятия. Акционерные банки. М., 1917. С. 354；Экономическая история России（с древнейших времен до 1917 г.）：Энциклопедия：в 2 т. Т. 1. М., 2008. С. 293.

出资赞助修建铁路和工厂，而工程师、八等文官 В. Ф. 戈卢别夫负责组织工程建设，1 年后，В. Н. 捷尼舍夫公爵又向工厂注入自己的投资股份并很快担负起企业的领导工作，后来捷尼舍夫公爵成为该企业的主要领导人。

布良斯克冶金工业公司的董事会位于圣彼得堡。19 世纪 80 年代，该公司的钢轨产量位居全俄第一，产品种类迅速扩大，不断推出新产品或改良产品。布良斯克冶金工业公司自 1875 年开始生产桥梁以及其他钢构件。1880 年，布良斯克冶金工业公司的钢产量占全俄钢铁总产量的 30%，成为俄国国内最大一家钢铁生产厂家。其加强与政府合作这一点反映出了形势的变化。1888 年 5 月 31 日股东大会做出决议："委托董事会出面同政府及私营铁路公司达成协议，对工厂使用自家车厢运输货物实行运输费率优惠，以确保工业公司各家工厂的生产计划顺利完成，因为工厂发现用自有资金购买货运车厢使用起来更加便捷。"1890 年，在打破科洛缅斯克机器制造公司独家垄断市场的局面后，布良斯克冶金工业公司开始积极接手第一笔机车车头的生产订单，并于 1892 年加入俄国机车车头生产企业的行列。在 1889 年 3 月 30 日布良斯克冶金工业公司特别股东大会上，全体股东一致表决通过追加公司股份资本的决议，从 240 万卢布增加到 540 万卢布。这样，从 1873 年创办年开始算起，布良斯克冶金工业公司的股份资本增长了 13.5 倍。

布良斯克冶金工业公司着手在叶卡捷琳诺斯拉夫建设冶金工厂，公司还筹备在境外发行债券。俄资企业股票在境外销售掌握的第一手经验令布良斯克冶金工业公司对发行债券深感兴趣，法国动产信贷银行负责将 1.264 万卢布的布良斯克债券推向法国证券市场，双方于1890年2月6日签订了合作协议。可以说，这一系列举措利于布良斯克冶金工业公司股份资本的增长。公司债券发行取得的最初成就促使布良斯克冶金工业公司董事会高层决定调换先前发行的全部公司股票和债券，但不包括1879年发行的股票和债券，取而代之的是全新版股票和债券，用俄文和法文两种文字印制。1891年秋，俄国证券市场的交易行情急剧下滑。不过，这种下行的行情并未阻止俄国工业有价证券进军欧洲证券市场的步伐。1890年末，法国资本开始大举参与南俄煤炭和采矿冶金工业的融资活动。布良斯克冶金工业公司是法国兴业银行利益集团中最大、最重要的一家公司成员（关于其对布良斯克冶金工业公司的投融资项目详见第三章第二部分）。

20世纪最初10年，俄国银行对布良斯克冶金工业公司加紧布局，对其的影响力日渐增强，圣彼得堡贴现－贷款商业银行、亚速－顿河商业银行的投资额占布良斯克冶金工业公司股份资本的30%。1917年，H. A. 弗托罗夫银团旗下的莫斯科工业银行拥有布良斯克冶金工业公司最大的控股额。

布良斯克冶金工业公司下辖布良斯克轧钢、制铁和机械制造厂及亚历山德罗南俄工厂等大型企业。布良斯克轧钢、制铁和机械制造厂建于1873年，靠近奥廖尔省布良斯克县别热茨站，别热茨也是县的一个村庄。亚历山德罗南俄工厂从19世纪90年代开始建设，靠近叶卡捷琳诺斯拉夫边疆区的新卡伊达卡村庄，其专为供应布良斯克轧钢、制铁和机械制造厂铸铁而建。

布良斯克冶金工业公司发行记名股票和不记名股票，优先股和普通股的面值均为100卢布，公司股票还在巴黎交易所和布鲁塞尔交易所上市。

布良斯克冶金工业公司入股俄国冶金工厂产品销售辛迪加，其中型铁（条铁）销售的入股份额为5.74%，铁皮为5.04%，铁梁为8.7%，钢轨为12.62%。同时，布良斯克冶金工业公司还加入了俄国机车车辆销售辛迪加，入股份额为6.98%。

从股票的清偿力来看，普季洛夫冶金工业公司股票在冶金工业股票中的表现最为突出。该股票有别于其他股票的显著特点是在证券市场上总能够找到买主和销路，换手率极高。

1873年5月2日，普季洛夫家族创建了俄国工厂史上第一家工业公司。19世纪最后10年，普季洛夫冶金工业公司取得了前所未有的骄人业绩。1900年，普季洛夫冶金工业公司在全俄冶金和机器制造行业中稳居第一位，在西欧的排名仅次于德国克虏伯康采恩及英国阿姆斯特朗两大著名企业，与法国的施奈德和比利时的科克里两家工厂处于同一水平。20世纪初，普季洛夫冶金工业公司的产值高达1920万卢布，其中蒸汽机车产值560万卢布，车辆生产的产值460万卢布。

1890~1891年，由于工厂更新装备和扩建，普季洛夫冶金工业公司的利润先是缩减，随后大幅攀升。1895年公司利润为66.6万卢布，1896年为92.17万卢布，1898年超过100万卢布，1912年为230万卢布。1913年，普季洛夫冶金工业公司的股份资本是2540万卢布，共发行25万股，资产负债表显示的资产为8808.1897万卢布，红利6%。比起其他工业公司来，普季洛夫冶金工业公司外资所占比重较大，主要是法国的军工企业和公司。此外，还有圣彼得堡国际商业银行、俄亚银行等多家银行先后对其完成了融投资金的注入。

普季洛夫冶金工业公司的股票发行面值为100卢布，境外主要是在巴黎交易所上市。

科洛缅斯克机器制造公司的股票价格稳定，走势良好，在市场十分走俏，对投机交易商颇具吸引力。

科洛缅斯克机器制造公司的股份资本为200万卢布，于1871年11月5日创建，创办人是工程师Г. Е. 斯特鲁维和А. Е. 斯特鲁维兄弟以及莫斯科一等商人、巴伐利亚人А. И. 莱辛合伙创建。公司共同筹集的初始资本金为200万卢布，每股250卢布，共计8000股。公司董事会位于莫斯科。起初，科洛缅斯克机器制造公司专业生产铁路桥和车辆。随后开始生产锅驼机、泥炭压力机、枕木防腐工厂专用设备、轮船用机器和设备以及水泵站等。产品种类如此丰富，应用前景广泛，这一点极大地帮助了公司适应瞬息万变的经济局势，战胜经济危机。在不同年代不同地区（米兰1906年、波尔多1907年、布宜诺斯艾利斯1910年、都灵1912年）举办的商品博览会上，科洛缅斯克机器制造公司的生产制品多次荣获最高奖项。

由于20世纪初俄国对蒸汽机车的订货量急剧缩减，蒸汽机车制造企业试图走出国门，进入国外市场，可是他们的努力是徒劳的。

科洛缅斯克机器制造公司发行的股票面值分为125卢布和250卢布两种，在境外的布鲁塞尔交易所挂牌上市。公司是俄国机车车辆销售辛迪加及俄国煤炭销售辛迪加的成员。

加尔特曼工业公司的章程于1896年5月3日通过核准，其创建目的是“在卢甘斯克省、叶卡捷琳诺斯拉夫省及俄国其他地区建设工厂，生产和销售蒸汽机车、蒸汽机配件以及其他铁制工业品”。公司创建时股份资本是400万卢布，1917年增加到900万卢布。

加尔特曼工业公司下辖的卢甘斯克蒸汽机车制造厂建于1896年。1900年，该厂第一台蒸汽机车问世。工厂生产能力设计是每月20台。1905年生产高峰年，该厂共生产245台蒸汽机车，占当年全俄总产量的21%。到1914年，工厂共生产1500台蒸汽机车。到1917年，工厂生产小马力的货运机车、钢铸件和生铁铸件、轧材及固定的蒸汽锅炉。第一次世界大战前，企业工人总数超过3200人。

加尔特曼工业公司股票于1898年在圣彼得堡交易所挂牌上市。公司股票面值为100卢布和150卢布两种。除个人投资者，还有圣彼得堡国际商业银行、圣彼得堡贴现－贷款银行、俄亚银行以及德国的德累斯顿银行。加尔特曼工业公司股票的境外交易所是巴黎交易所和布鲁塞尔交易所。

加尔特曼工业公司参加了俄国冶金工厂产品销售辛迪加，入股份额是型铁1.22%、铁皮5.12%。

2. 石油工业

巴库石油公司的股票属于“深得投机分子喜爱”的一类股票。巴库石油公司创建于1874年，1874年1月18日依法通过章程，1874年6月9日开始运营，创办人是古博宁、B. A. 科科列夫。巴库石油公司的股份资本为200万卢布，每股面值为100卢布，共2万股。俄亚银行、圣彼得堡国际商业银行和圣彼得堡贴现－贷款银行是巴库石油公司最积极活跃的投资方。

巴库石油公司创建的目的是开采石油，加工、生产和销售照明用以及其他用途的石油产品。在创建公司时，科科列夫个人及同古博宁共同拥有的油田、油井、油轮等全部转归巴库公司所有。

巴库石油公司通过位于巴库的办事处和分布在莫斯科、萨拉托夫、萨马拉、察里津、喀山、辛比尔斯克、萨拉普尔、比尔姆、下诺夫哥罗德、雅罗斯拉夫、阿斯特拉罕11家带有办公楼、仓库设施的代理处以及雷宾斯克、奔萨、沃洛格达、维亚特卡4个地区的代理人开展业务。公司在阿塞拜疆的阿普歇伦半岛拥有工厂、贮气塔、长约427俄丈①的煤气管道，两条输油管道直通海滨码头。

20世纪初，巴库石油公司的油田分布在阿普歇伦半岛的巴拉哈内，占地60俄亩，萨本奇21俄亩，苏拉哈内12俄亩，以及拉马纳、比比艾巴特、卡拉丘胡尔、比尤利比尤利亚、济赫等村庄。巴库石油公司的石油产量不断增长：1874~1875年开采了96.5702万普特，1875~1876年238万普特，1882~1883年720万普特，1888~1889年1130万普特，1890~1891年1800万普特，1914年299口油井共计开采2500万普特。1874~1875年，巴库石油公司向俄国中部运出了37.34万普特的煤油，1875~1876年72.78万普特，1876~1877年375.3万普特。1881年苏拉哈内工厂煤油产量达到88.31万普特，汽油和润滑油59.99万普特，1886年煤油150万普特，润滑油29万普特。但是苏拉哈内工厂于19世纪90年代初停产。1909年巴库石油公司工人总数达2900人，1914年1430人②。

巴库石油公司发行的股票面值为100卢布，境外在巴黎交易所上市。

---

① 1俄丈约合2.134米。

② Экономическая история России: Энциклопедия... Т. 1. С. 141 – 142.

里海石油公司①1886年9月8日依法批准章程，1887年1月1日开始运营。公司创办人是巴维尔兄弟（波戈斯）、阿科普、阿尔沙克和阿布拉姆·古卡相。公司经营的目的是在靠近巴库、里海以及巴拉哈内－萨布钦斯克别墅区的石油开采区建设并发展煤油生产企业，经销俄国国产石油和石油副产品。

里海石油公司创建时股份资本是250万卢布，配2500股记名股票，每股面值1000卢布。1914年，公司股份资本是1000万卢布，发行10万股记名股票和不记名股票，每股面值100卢布，股息发放期10年。公司最初最大的股东是古卡索夫兄弟，稍后陆续加入新股东，1901年增至34人。董事会位于巴库，1901～1917年，П. О. 古卡索夫任董事会主席，董事会理事有 И. П. 特尔－马尔科索夫、А. О. 古卡索夫等。

1891年，里海石油公司开采的石油仅为2240.76万普特，占阿普歇伦半岛石油总产量的7.7%。1900年，里海石油公司在萨本奇、拉曼那和比比埃巴特拥有60口钻井、82台钻探机、23个钻台，开采3761.6万普特石油，占阿普歇伦半岛整个石油开采量的6.2%。石油从油田运送到工厂有两条输油管道。里海石油公司在巴库停泊场独家拥有两个油船码头、4艘石油驳船，还有汽艇。1910年公司的总人数是2062人②。

里海石油公司同最大的石油工业生产商诺贝尔兄弟联营公司以及罗斯柴尔德家族积极展开合作，但即便如此，公司还是力求占领

---

① Русские биржевые ценности... С. 281；Акционерно－паевые предприятия России... С. 293；Экономическая история России：Энциклопедия... Т. 1. С. 960－961.

② Экономическая история России：Энциклопедия... Т. 1. С. 960－961.

个人的营销市场。里海石油公司在英国设有自己的全权代表，且经常同曼塔舍夫石油公司联合行动。例如，1902 年，里海石油公司同曼塔舍夫石油公司在大不列颠共同创办了霍姆雷特石油公司。在俄国国内石油市场，公司甚至力求战胜自己的强劲对手：诺贝尔和罗斯柴尔德。到 1902 年，由于诺贝尔 – 马祖特获得在俄国重油市场的独家行销权，里海石油公司在全国建立了其他石油产品的销售网络，销售分公司分布在圣彼得堡、叶卡捷琳诺达尔、罗斯托夫 – 顿河、察里津、梯弗里斯以及其他城市①。

里海石油公司是康采恩俄国石油总公司的一名成员。

曼塔舍夫石油公司②是俄国最大的石油工业股份公司之一，诞生于 1899 年。

曼塔舍夫石油公司创建时股份资本 2200 万卢布，配股 8.8 万股，每股面值 250 卢布。由于 1905 ~ 1907 年巴库油田衰落，该公司股份资本 1911 年缩减到 1100 万卢布，1915 年又回升到 2000 万卢布，每股面值 100 卢布，在境外交易所挂牌上市，1917 年股份资本增至 2800 万卢布③。

曼塔舍夫石油公司的大股东包括圣彼得堡国际商业银行、俄亚银行、西伯利亚贸易银行，以及大企业主 Т. В. 别洛泽尔斯基、П. О. 古卡索夫、С. Г. 利安诺佐夫、曼塔舍夫家族、А. И. 普季洛夫、Г. М. 利安诺佐夫父子等④。

---

① Экономическая история России：Энциклопедия... Т. 1. С. 960 – 961.

② Русские биржевые ценности... С. 283；Акционерно – паевые предприятия России... С. 297. Экономическая история России：Энциклопедия... Т. 1. С. 1278 – 1279.

③ Акционерно – паевые предприятия России... С. 297.

④ Экономическая история России：Энциклопедия. Т. 1. С. 1278.

曼塔舍夫石油公司董事会办公地点起初设在巴库，后来迁移到圣彼得堡。公司创建之初拥有147.7俄亩的含油区，同时在靠近巴库的巴拉哈内、萨本奇、拉曼那、扎波拉特、比比埃巴特等地区租赁了25.6俄亩的含油区土地。创建股份制之前的1898年，该石油公司的石油开采量达到500万普特。1911年，曼塔舍夫石油公司又获得10俄亩的含油区土地，租赁了18俄亩含油区土地，拥有183口油井，其中126口油井有相当高的产能，1915年，该公司购买了10俄亩并租赁了25俄亩的含油区。巴库的煤油生产厂以及扎布拉特一家生产石油钻井设备的机械制造厂也隶属于该公司。除此之外，曼塔舍夫石油公司还拥有位于俄国的巴拉巴诺沃、别尔哥罗德、维亚济马、维捷布斯克、沃罗涅日、维尔诺、德文斯克、叶卡捷林诺斯拉夫、基辅、立佩茨克、明斯克、奔萨、斯摩棱斯克、苏梅、图拉、乌拉尔斯克、哈尔科夫等34家居民点，埃及15家居民点的石油仓储库以及液态油气贮藏站，以及位于格鲁吉亚巴统的箱型设备厂，该厂年生产能力为800万只铁制的和400万只木制的箱子。曼塔舍夫石油公司的石油输送管道长约50俄里。曼塔舍夫石油公司1909年总资产达3140万卢布，1915年大约为2900万卢布①。

按照曼塔舍夫石油公司1904年4920万普特开采量计算，其排在诺贝尔兄弟联营公司和里海－黑海石油公司后面。曼塔舍夫石油公司向俄国本土市场出售石油及石油副产品，同时该公司还从事石油及石油副产品出口贸易，其中主要经由巴统出口煤油产品。1899年和1900年，石油平均价格分别为每普特13.7戈比和15.7戈比，曼塔舍夫石油公司相应地向各位股东发放12%和10%的红利。但

① Экономическая история России：Энциклопедия. Т. 1. С. 1278.

是到了次年，也就是1901年，由于国际石油市场油价急剧下滑，曼塔舍夫石油公司停止发放红利，1902年只发放了4%的红利。曼塔舍夫石油公司经常处在石油开采减产的状态：1904年4920万普特，1907年2530万普特，1913年2360万普特，1915年1520万普特。1908年，由于国际石油价格再次走低，曼塔舍夫石油公司再次陷入危机，收支差额仅为16.92万卢布，公司不得不再次停止发放红利。接下来几年，曼塔舍夫石油公司的财务指标始终偏离平衡。1909年总利润为140万卢布，红利4%；1910年总利润为50.16万卢布，无红利分配；1911年总利润为210万卢布，红利6%；1912年总利润为400万卢布，红利18%；1913年总利润为680万卢布，红利21%；1914年总利润为210万卢布，无红利分配①。

1909年，英荷壳牌石油托拉斯就并购曼塔舍夫石油公司一事举行商务谈判，但并未签约。1912年，曼塔舍夫石油公司向圣彼得堡国际商业银行、俄亚银行出售了自己手中的2.2万股，占资本额的50%，这一点意味着公司已并入俄国石油总公司（РГНК）。作为交换，俄国石油总公司不少于3.5万股的股票转给曼塔舍夫石油公司。随着成为俄国石油总公司的一员，曼塔舍夫石油公司退居俄国国内市场次要地位：其石油产量直线下降，销往埃及和远东地区的石油产品出口贸易额缩减，部分工厂租赁给利安诺佐夫父子公司。从1916年下半年开始，曼塔舍夫石油公司连同俄国石油总公司的部分企业逐渐成为一个联合体，成为诺贝尔兄弟联营公司康采恩旗下的一个分部。

诺贝尔兄弟联营公司是俄国最大的石油公司，公司章程于

① Экономическая история России: Энциклопедия. Т. 1. С. 1279.

1879 年依法核准。诺贝尔兄弟联营公司创建的目的是保护并扩大路德维格·诺贝尔和罗伯特·诺贝尔兄弟的蒸馏厂业务，在俄国其他地区继续研发和开采石油。

诺贝尔兄弟联营公司的创办人是瑞典人路德维格·诺贝尔和罗伯特·诺贝尔兄弟。早在 1874 年，路德维格和罗伯特就租下了巴库的一块含油区。1875 年，兄弟二人又买下巴库一家小型煤油厂并出资将之翻新，重新装备生产线。到诺贝尔兄弟联营公司正式创办前夕，诺贝尔兄弟的家族企业已经拥有巴库含油区 8.5 俄亩、钻井 8 口、炼油厂、俄国第一条从油田采油场到炼油厂再到巴库港口的输油管道、俄国第一辆石油运输油罐车，在察里津还拥有石油产品仓储库。诺贝尔兄弟联营公司创建之初股份资本是 300 万卢布，其中路德维格 161 万卢布，罗伯特 10 万卢布，艾尔弗雷德 11.5 万卢布，诺贝尔兄弟昔日的合作伙伴 П. А. 比利德尔林克 93 万卢布。1880 年，诺贝尔兄弟联营公司的股份资本增至 400 万卢布，1881 年增至 600 万卢布，1882 年增至 1000 万卢布，1884 年达到 1500 万卢布，这个数字一直保持到 1912 年。1916 年，诺贝尔兄弟联营公司的股份资本增加到 4500 万卢布。除 1884 年和 1885 年，公司的红利一直连续发放。1880 年，红利发放高达面值的 20%，1891 年和 1893 年这两年发放的红利最低，仅为 5%，1915 年和 1916 年发放的红利比例最高，达到 30%。从 1895 年开始，诺贝尔兄弟联营公司的红利发放比例从未低过 10%。1881 年，公司首次发行总额 200 万卢布的债券。1905 年，公司的债券资本最高达到 2291 万卢布，1916 年债券资本总额为 1066.8 万卢布。早在 19 世纪 80 年代，诺贝尔兄弟联营公司的股票、债券就已经在柏林交易所上市流通。

1888 年以前，Л. Э. 诺贝尔领导董事会工作，他死后由儿子 Э. Л.

诺贝尔担任董事会主席一职，此后其长期留任一直到1917年。

到20世纪初，诺贝尔兄弟联营公司的石油开采量迅速增长。1899年的产量是历年中的最高峰：171口钻井共采油9326万普特，占全俄石油总产量的17.7%，占世界石油总产量的8.6%。此外，诺贝尔兄弟联营公司一直是俄国国内煤油市场的主要供货商：1899年提供的煤油产品产量相当于全俄煤油消费总量的50.1%，1905年上升至69.7%，达到历史最高点，这是该公司从未被打破的纪录。19世纪末20世纪初，诺贝尔兄弟联营公司旗下的润滑油厂是世界上最大一家专业润滑油生产厂家，在多数情况下，该厂的产品面向国际市场出口销售。

从19世纪90年代末开始，俄国主要有两大石油公司主导着向国内市场供应石油产品，即诺贝尔兄弟联营公司和罗斯柴尔德-马祖特重油燃料油公司。1901年，这两大石油公司在里海的总出口份额是：煤油占43%，石油副产品松明占43.5%，润滑油占67.5%。从1903年开始，诺贝尔兄弟联营公司和罗斯柴尔德-马祖特公司就煤油、松明、石油和汽油的价格、参股比例、联合采购小企业的石油产品、运输方式及规章制度等签订了一系列协议，其目的是共同垄断俄国国内外石油贸易并获取高额利润，甚至商议在个别地区创建共同的销售网点。诺贝尔兄弟联营公司在国外市场的业务拓展十分顺利，公司在马赛、安特卫普、汉堡、伦敦以及国外其他城市先后建设了石油产品仓储库。到1909年，诺贝尔兄弟联营公司境外出口贸易投资额达500万卢布。

1909年，诺贝尔兄弟联营公司拥有132.5俄亩的含油区。1911年石油产量为6680万普特，占全俄总产量的11.96%；1913年为6840万普特，占全俄总产量的12.12%；1915年为6590万普特，占全俄总产量的 11.53%。1913 年，诺贝尔兄弟联营公司全部工厂工人总数超过 2500 人。

1911 年，诺贝尔兄弟联营公司获准追加股份资本，总额达 3000 万卢布。公司发行面值 250 卢布的新股票，发行价定为 449.7 卢布，旧股票持有人可以按照这一面值购买新发股票。对于面值为 5000 卢布的合股股金，公司建议每股平均定价为 8800 卢布。在股份资本增加以及发行新股的情况下，诺贝尔兄弟联营公司的股票交易辛迪加应运而生。1911 年 4～7 月，诺贝尔兄弟联营公司的股票交易辛迪加主要由俄亚银行操纵。1912 年中后期，该辛迪加转而由亚速－顿河商业银行领导。为了在境外上市配售新股票，1912 年诺贝尔兄弟联营公司股票交易辛迪加又处在德国的贴现公司领导下。到 1916 年，诺贝尔家族所有代表手中控股大约 15% 的份额，但其中每个成员独自拥有的股份比例很小，和俄国那些大型商业银行中的任何一家，如彼得格勒国际商业银行（持有合股股金及股票 294 万卢布）、俄亚银行、莫斯科银行、亚速－顿河商业银行、彼得格勒贸易银行、伏尔加－卡玛商业银行等相比，诺贝尔兄弟联营公司持有的股份要少得多。

到 1917 年，又有大约 20 家俄国石油工业公司、轮船公司及工矿企业加盟诺贝尔兄弟联营公司，其中包括切列肯－达吉斯坦石油公司、B. И. 拉哥津矿物油合营公司、科尔希达石油工业贸易公司以及卡马船运贸易公司，诺贝尔兄弟联营公司随即成为更加强大的金融－工业垄断集团。位于圣彼得堡的路德维格－诺贝尔石油公司的工厂生产蒸汽机车、石油加工设备及内燃机车等产品。

诺贝尔兄弟联营公司面值 5000 卢布的合股股份以及面值为 250 卢布的股票在交易所挂牌上市。

专栏　1900~1913年部分石油和冶金工业企业财务指标统计

表 1-8　巴库石油公司

单位：卢布

序号	年份	报告年度	股份资本	收入	支出	利润	利润分配	
							总分配额	每股分配额
32	1902	1901/2	2300000[1]	4355967.95	3727966.78	628001.17	621000	27
33	1903	1902/3	2300000	2611711.63	2078225.49	533486.14	460000	20
33	1904	1903/4	2300000	3124109.00	2578831.94	545277.06	460000	20
32	1905	1904/5	2300000	3640026.16	3092871.87	547154.29	460000	20
30	1906	1905/6	2685000[2]	4584719.06	3319499.41	1265219.65	922964	35[5],32[6]
21	1907	1906	4039000[3]	4497953.90	2537093.48	1960860.47	1410320.80	37.50[7],27.08[8]
28	1908	1907	4039000	6414885.30	4148984.10	2265901.20	1615600	40
23	1909	1908	5654600[4]	5583927.40	4510668.80	1073258.60	807800	20
26	1910	1909	5654600	5521038.50	4164122.87	1356915.63	1130920	20
25	1911	1910	5654600	3589380.39	3106880.39	482500.00	424095	7.5
28	1912	1911	5654600	5288457.15	3584803.48	1703653.67	1272285	22.5
25	1913	1912	5654600	7793494.50	4185417.73	3608076.77	2544570	45

续表

注：1. 公司股份资本 23000 股，每股面值 100 卢布。

2. 公司股份资本 23000 股，每股面值 100 卢布；额外发行 7700 股，每股面值 50 卢布。股息红利全额支付第一期全部股票，额外发行股票按 13/18 配比股分配。

3. 公司股份资本 40390 股，每股面值 100 卢布。这是 1906 年红利。全额支付第一期全部股票（300380 股）；1905 年和 1906 年额外发行股票（10010 股），股息配比 13/18。

4. 公司股份资本 56546 股，每股面值 100 卢布。

5. 发放第一期面值 100 卢布股票的股息（见注解 2）。

6. 发放额外发行面值 50 卢布股票的股息（见注解 2）。

7. 发放第一期面值 100 卢布股票的股息（见注解 3）。

8. 发放额外发行股票的股息（见注解 3）。

表 1－9　里海石油公司

单位：卢布

序号	年份	报告年度	股份资本	收入	支出	总利润	利润分配	
							总分配额	每股分配额
28	1901	1900	2000000[1]	6055961. 85	3972578. 47	2083383. 38	1600000	800
23	1902	1901	2000000	5016405. 35	3056455. 33	1959950. 02	800000	400
28	1903	1902	2000000	4519124. 74	3647426. 75	871697. 99	300000	150
28	1904	1903	2000000	6493412. 73	5246944. 56	1246468. 17	440000	220
29	1905	1904	2500000[2]	7295890. 45	5790257. 19	1505633. 26	750000	300
30	1906	1905	2500000	6842784. 30	5768842. 00	1073942. 30	375000	150
31	1907	1906	2500000	8540209. 36	6791180. 37	1749028. 99	625000	250
31	1908	1907	2500000	9985199. 60	7731431. 46	2253768. 14	875000	350
27	1909	1908	2500000	9570328. 89	7618812. 95	1951515. 94	750000	300
31	1910	1909	2500000	8832179. 65	6814258. 64	2017921. 01	750000	300
29	1911	1910	7500000[3]	7381058. 67	5934730. 40	1446328. 27	600000	80
33	1912	1911	7500000	8519649. 96	6969092. 41	1550557. 55	600000	80
33	1913	1912	7500000	10237889. 85	8899110. 47	1338779. 38	1125000	150
40	1914	1913	7500000	13387229. 03	11506527. 29	1880701. 74	1500000	200

注：1. 公司股份资本 2000 股，每股面值 1000 卢布。

2. 公司股份资本 2500 股，每股面值 1000 卢布。

3. 公司股份资本 7500 股，每股面值 1000 卢布。

表 1－10 曼塔舍夫石油公司

单位：卢布

序号	年份	报告年度	股份资本	收入	支出	利润	利润分配	
							总分配额	每股分配额
24	1901	1900	22000000[1]	23325864.39	17893893.24	5431971.15	2200000	25
23	1902	1901	22000000	19142175.80	17405802.94	1736732.86	未分配	
27	1903	1902	22000000	18914689.35	17054662.66	1860026.69	880000	10
25	1904	1903	22000000	23006499.04	21387717.83	1618781.21	440000	5
27	1905	1904	22000000	24739198.91	22825526.57	1913672.34	616000	7
26	1906	1905	22000000	14633983.00	15627415.04	－993432.04	未分配	
26	1907	1906	22000000	15529505.43	13816345.97	1713159.48	880000	10
27	1908	1907	22000000	16754073.52	14871749.99	1882323.53	1100000	12.50
26	1909	1908	22000000	13048885.66	12879650.98	169234.68	未分配	
27	1910	1909	11000000[2]	11149473.43	9733327.53	1416145.90	440000	10
30	1911	1910	11000000	8161676.43	7660046.13	501630.30	未分配	
31	1912	1911	11000000	9503480.80	7402781.15	2100699.65	660000	15
27	1913	1912	11000000	13078586.86	9045966.02	4032620.84	1980000	45
38	1914	1913	20000000[3]	17168354.54	10304586.20	6863768.34	4200000	21

注：1. 公司股份资本 88000 股，每股面值 250 卢布。

2. 公司股份资本 44000 股，每股面值 250 卢布。

3. 公司股份资本 200000 股，每股面值 100 卢布。

表 1－11　诺贝尔兄弟联营公司

单位：卢布

序号	年份	报告年度	股份资本	收入	支出	总利润	利润分配
							总分配额
30	1901	1900	15000000[1]	96171040. 27	87703814. 86	8467225. 41	3000000
29	1902	1901	15000000	87897855. 18	82355134. 40	5542720. 78	2250000
29	1903	1902	15000000	87546218. 91	83607284. 78	3938934. 13	1500000
24	1904	1903	15000000	88223174. 03	83653811. 47	4569362. 56	1800000
29	1905	1904	15000000	106909202. 18	102820674. 85	4088527. 33	1500000
42	1906	1905	15000000	97983009. 72	93079262. 74	4903746. 98	1800000
46	1907	1906	15000000	112495306. 43	105111407. 04	7383899. 39	1200000
38	1908	1907	15000000	128034697. 51	120008967. 55	8025729. 96	3000000
26	1909	1908	15000000	130684426. 00	124062391. 98	6622034. 02	2250000
27	1910	1909	15000000	132631706. 35	127238018. 38	5393687. 97	1800000
29	1911	1910	15000000	117478693. 02	111420759. 16	6057933. 86	1800000
26	1912	1911	15000000	133262402. 94	127830026. 86	5432376. 08	2100000
34	1913	1912	30000000[2]	152987631. 78	139615016. 12	13372615. 66	6600000
37	1914	1913	30000000	169749041. 03	151513291. 12	18235749. 91	7800000

注：1. 公司股份资本 20000 股，股票每股面值 250 卢布；股金 2000 股，每股面值 5000 卢布。

2. 公司股份资本 80000 股，股票每股面值 250 卢布；股金 2000 股，每股面值 5000 卢布。

表 1－12 加尔特曼工业公司

单位：卢布

序号	年份	报告年度	股份资本	总收入	总支出	利润	利润分配	
							总分配额	每股分配额
50	1901	1900/1	9000000[1]	8125528.12	8075191.34	50336.78	未分配	
47	1902	1901/2	9000000	9147370.97	7834619.98	1312750.99	420000	7
45	1903	1902/3	9000000	8494114.44	6785313.25	1708801.19	660000	11
45	1904	1903/4	9000000	8308609.14	6307271.16	2001337.98	720000	12
52	1905	1904/5	9000000	9527850.67	6715260.98	2812589.69	540000	9
51	1906	1905/6	9000000	9717975.05	6826638.99	2891336.06	1230000	20.50
50	1907	1906/7	9000000	7113815.87	5708960.97	1404854.90	720000	12[2]
50	1908	1907/8	9000000	6758046.84	5637138.01	1120908.83	540000	9[3]
47	1909	1908/9	9000000	5601670.08	4985214.25	616455.83	未分配	
48	1910	1909/10	9000000	542016.34	4526287.37	894028.97	420000	7
51	1911	1910/11	9000000	6559366.43	5482121.08	1077245.35	420000	7
52	1912	1911/12	9000000	7522425.70	6576657.72	945767.98	420000	7
51	1913	1912/13	9000000	8300821.52	7396192.71	904628.81	420000	7

注：1. 公司股份资本 60000 股，每股面值 150 卢布。

2. 法国股东获得的股息为 3 法郎 70 生丁。

3. 法国股东获得的股息为 23 法郎 65 生丁。

表 1－13　科洛缅斯克机器制造公司

单位：卢布

序号	年份	报告年度	股份资本	收入	支出	利润	利润分配	
							总分配额	每股分配额
25	1901	1900	6500000[1]	12141919.98	10875880.37	1266039.61	728000	28
26	1902	1901	6500000	11547430.58	10059770.24	1487660.34	520000	20
28	1903	1902	6500000	10724100.67	9746767.79	977322.88	598000	23
25	1904	1903	6500000	10923255.14	10088825.60	834429.54	598000	23
25	1905	1904	6500000	11642585.44	10404203.76	1238381.68	728000	28
26	1906	1905	7500000[2]	10679223.29	9126067.89	1553155.40	990000	33
31	1907	1906	7500000	18158232.23	16304073.80	1854158.43	1050000	35
23	1908	1907	10000000[3]	17979873.02	16762036.85	1217836.17	960000	12
25	1909	1908	10000000	16136266.41	15779835.71	356430.70	未分配	
25	1910	1909	10000000	17748327.25	16689646.44	1058680.81	520000	6.50
28	1911	1910	10000000	18730364.36	16921960.60	1808403.76	880000	11
32	1912	1911	12000000[4]	22285853.04	21096504.46	1189348.58	624000	6.5
35	1913	1912	15000000[5]	28351582.46	26878004.43	1473578.03	840000	7

注：1. 公司股份资本 26000 股，每股面值 250 卢布。

2. 公司股份资本 30000 股，每股面值 250 卢布。

3. 公司股份资本 80000 股，每股面值 125 卢布。

4. 公司股份资本 96000 股，每股面值 125 卢布。

5. 公司股份资本 120000 股，每股面值 125 卢布。

表 1－14　普季洛夫冶金工业公司

单位：卢布

序号	年份	报告年度	股份资本	总收入	总支出	利润	利润分配	
							总分配额	每股分配额
50	1900	1899/1900	12000000[1]	20945921.14	19951936.04	993985.10	540000	4.50
46	1902	1901	12000000	31463548.47	29856648.58	1606899.89	240000	2
27	1903	1902	12000000	20791777.27	19249055.19	1542722.08	360000	3
24	1904	1903	12000000	17245083.01	15584419.20	1660663.81	600000	5
32	1905	1904	12000000	20713413.91	18741488.76	1971925.15	900000	7.50
25	1906	1905	12000000	16710379.25	15772082.51	938296.74	480000	4
30	1907	1906	12000000	22337711.57	20303921.78	2033789.79	960000	8
31	1908	1907	12000000	18147169.89	17414913.58	732256.31	360000	3
23	1909	1908	12000000	13222351.74	13164297.17	58054.57	未分配	
29	1910	1909	12000000	12851165.08	12334372.08	516793.00	240000	2
25	1911	1910	12000000	15943247.88	14853380.80	1089867.08	510000	4.25
27	1912	1911	16000000[2]	18826690.89	16797412.98	2029277.91	1000000	6.25
31	1913	1912	25000000[3]	25805136.88	23464416.24	2340720.64	1292500	6.25
36	1914	1913	25000000	42988519.24	40113642.01	2874877.23	1562500	6.25

注：1. 公司股份资本 120000 股，每股面值 100 卢布。

2. 公司股份资本 160000 股，每股面值 100 卢布。

3. 公司股份资本 250000 股，每股面值 100 卢布。

二 19世纪末圣彼得堡交易所实施改革的必要性

19 世纪 90 年代，俄国工业企业股票价格明显波动不稳。最初，这些股票的价格呈上升行情，这符合当时国家宏观经济发展大趋势。大批工业企业和贸易公司创建，国内工业得到实质性增长，许多基础性工业功不可没。组建工业股份公司需要融入大量资本，这时期俄国的资本市场已经成熟起来，能够轻松找到闲置资本。一方面，俄国红利股票的高盈利性吸引了外国投资者的眼球，引来大量外资投资入股；另一方面，俄国广大民众的投资观念转变，他们乐于将自己手中的资金投注到企业主身上。出现这种情况部分是因为，1894 年，在大部分国家公债完成调换后，投资者开始寻找比政府担保有价证券更具收益性的投资对象。部分原因还在于，投资入股新兴企业的认识与快速致富的观念高度融合，这样的“快速致富”往往言过其实，过于夸大和鼓吹，投资者盲目跟风，热切地期盼这些工业企业高产出和高效益。正如维特在报告中指出的：“起初，公众都是自觉地将自有资金用于投资购买工业股票，可是这种自觉行为却被 1895 ~ 1896 年的投机热潮打断。当时与信誉好的企业同时存在的还有许多新兴的难以赢得人们完全信任的企业。不仅如此，许多从事看涨投机的投资者，经过多年投机交易经验的积累，已经对证券市场的风险放松警惕，同时受到一些交易界敷衍塞责的“谋士”的教唆，几乎不做任何股票研究分析，随意地投资购买新建工矿企业的股票，致使这些股票不成比例地大涨。投资者如此不小心地投机交易，满心期望新建工矿企业未来能带来丰厚的收益，这一切从下面的事例可见一斑。1895 年，票面价格 75 卢布的股票上市时一度涨到235卢布，股票市场价格和票面价格的差价达到213%。还有一个例子，票面价格250卢布的股票，发行时的建议价是705卢布，市场溢价达182%。这里举出的都是最鲜明的例子，高额溢价收入明显有利于那些企业主以及参与融资的企业及个人。工业企业的股票溢价在100%以上，这在1895年是相当平常的事情，即便是1897年，工业企业股票的溢价也达到96%。"①

俄国民众狂热地参与证券投机交易引发热潮，这一点唤醒并促使财政部采取严厉措施遏制这一病态现象。财政部不止一次地发布政府各部门联合公告以警示投资者，投资有风险，需要谨慎入市。这次投机狂潮引发了极其严重的后果。1895年，财政部再次发布命令：私营企业股票必须经由财政大臣本人审批准予上市。此外，"为了打压股票交易的投机行为"，在工业企业增加股份资本金的情况下，财政部明文规定：新增发股票要按较高票面价格发行，随着其上市流通，市场成交价和票面价格之差价形成的利润所得列入工业企业资本金收入项下，做扩大股份资本专项资金使用。尽管这些举措在一定程度上削弱了交易所的投机倒把活动，但并未达到从根本上遏制投机行为的效果。在世界货币市场呈现明显的不利行情、宏观经济逆转直下的情况下，俄国这种不加分析地视所有有价证券看涨的行情戛然而止。

接下来，如同之前的暴涨行情一样，俄国工业红利股票价格一路下跌的行情具有十分突出鲜明的特点。19世纪90年代上半期，有价证券上涨行情是由国家工业快速发展、国家公债成功转期等因素决定的。在股市交易热潮的冲击下，有价证券的行情走

① РГИА，Ф. 1406，оп. 542，1900. Д. 1525. Л. 5об.

势具有与预期方向翻转的特点，正如维特本人指出的，19 世纪 90 年代末俄国证券市场走出的跌势行情是“证券市场的一种自然反应，是实际市场交易价格严重偏离股票票面价格、实际收益和预期收益落差过大引发的后果。此外，俄国证券市场下行的走势还受国际货币市场紧缩以及粮食歉收等因素的影响。这一行情走势加速恶化的特点是由投资者人为地看跌投机（卖空）、做空头及被迫抛售股票决定的。要知道投资者借款购买股票并大肆从事投机交易，此行为导致股票交易价格过度上扬，波动幅度与实际市场价格并不相符”①。

财政大臣认为，俄国证券市场发育存在着缺陷，这一切起因于交易立法的不完善。事实证明的确如此。早在 1892 年，《交易所》一书的作者 B. T. 苏杰伊金曾指出：“西欧国家的证券交易立法经历了根本性变革，否则交易所发展不可能取得今天的成就。但是西欧证券市场几个世纪的经验证明，反‘投机交易’的斗争是徒劳的，从未取得任何实质性进展。鉴于此点，同立法者的人格尊严以及社会刚需一样，在证券交易立法上也不太可能留下这样的空白，就像俄国目前遇到的这种情况一样。因此最好制定交易所相关法令法规，一方面保护社会公众的利益和公平；另一方面又不至于阻碍贸易的广泛发展。”②

1832 年 10 月 5 日依法核准圣彼得堡交易所章程，这是俄国第一个交易所章程，该章程是1875 年 11 月 23 日大臣委员会最高条例的补充条款。1831 年，俄国依法核准通过了《关于交易所

① РГИА，Ф. 1406，оп. 542，1900. Д. 1525. Л. 6.

② Судейкин В. Т. Биржа и биржевые операции // Экономический журнал. 1892. №3 – 4. Отд. оттиск. СПб. , 1892. С. 99.

总经纪人、经纪人、拍卖商、公证人、船舶经纪人、海损清算人身份以及交易所委员会监督隶属圣彼得堡港的交易所开市交易大会依法行事的最高条例》，据此调节圣彼得堡交易所的交易实务①。

到 19 世纪末仍然发挥效力的交易法汇总收录于《商法》② 中。《商法》第三卷《贸易法规》包括四个章节。其中第一节是关于交易所的专题（591 ~598 页），第二节是关于经纪人信息以及经纪人业务账簿和记录的专题（628 ~650 页），最后，惩治条例规定了特别交易人及经纪人一系列不当行为和犯罪行为③。除上面指出的法律条文，俄国交易所的机构组织和活动依照专门管理条例执行。《商法》第 592 条规定了出版交易所法规的可能性。交易协会以及协会下设机构依照地方法令法规准予成立。财政大臣审批的工作细则是交易协会、交易经纪人、拍卖商以及其他交易所从业人员极为重要的活动准则。

不过，《商法》关于交易所的法令法规不完全，“并没有指出交易所组织机构最主要的基石”④。例如，交易所组织存在重大缺陷，《交易公报》的编制和公开等工作安排不是很令人满意，有关用自有资金订立交易契约的经纪人的权利及义务的规定存在漏洞，交易协会成员形形色色、身份不一⑤。

早在 19 世纪 60 年代，人们就已经认识到圣彼得堡交易所有序

---

① Коммерческая энциклопедия М. －Ротшильда. Том IV. СПб. , 1901, С. 97.

② Устав Торговый（Свод Законов. Т XI, ч. 2, изд. 1893 года）.

③ Коммерческая энциклопедия... С. 99. Имеется в виду содержание главы 13 Ⅷ Уложения в статьях 1275 －1279 и ст. 1304 и 1312 －1345.

④ Коммерческая энциклопедия... С. 97.

⑤ Судейкин В. Т. Указ соч. С. 162.

运营对国家经济发展具有的重要意义及存在的缺点和不足①。有关俄国证券市场立法不够完善并因此阻碍国家经济发展和交易所操作实务方面的著述不止一次阐述了这一思想，但是并没有成效。1865 年 7 月 4 日，大臣委员会颁布的最高条例中通过了赋予交易所协会拥有指定交易开市、交易时间以及对那些未及时到达交易所的经纪人处以罚金的权利。大臣委员会表示该条例只是“采取的一项临时措施，一直到圣彼得堡交易所规则依法核准为止”。但是，正如财政大臣 1900 年指出的：“从那时起已经过去了 35 年，可是时至今日，俄国工商界实施的依然是陈旧的大臣委员会最高条例，其中的法律条文保留着历史沉积的特点，已经远远不适应当今社会经济生活的需求，不符合现代经济发展的需要。”② 到 19 世纪末，解决这一问题已迫在眉睫，必须提上议事日程③。

1894 年 11 月初，维特提出从根本上修订交易所法规。他在向沙皇提交的专题报告中指出：“今日，有价证券交易这类商业契约越来越得到广泛发展，但是，现行交易所法规没有与时俱进，没有

① Дмитриев А. Биржа, биржевые операции и биржевые посредники. СПб., 1863; Малышев К. И. О биржевых фондовых сделках на срок. Журнал гр. и торг. права. 1871, кн. 3.; Нисселович Л. Н. О биржах, биржевых установлениях и мерах ограничения биржевой игры. СПб., 1879; Студентский М. С. Биржа, спекуляция и игра. СПб., 1892; Судейкин В. Т. Указ. соч.; Тигранов А. Биржа, биржевая спекуляция и положительные законодательства. СПб., 1879.

② РГИА, Ф. 1406, оп. 542, 1900. Д. 1525, Л. 2.

③ Подробнее о подготовке биржевой реформы и образовании Фондового отдела на С. – Петербургской бирже см.: *П. В. Лизунов.* Санкт – Петербургская биржа и российский рынок ценных бумаг (1703 – 1917 гг.). СПб., 2004. С. 237 – 342.

随着时代变迁和发展而实时修订，致使其法律条文条理不清，内容含糊，许多规定不够严谨完善。”①为此，财政大臣建议，最好先在国内市场成交额占全国第一位的交易所谨慎从事，从小范围开始交易立法变革，经实践检验后根据交易实务需求，进一步对新施行的交易所章程加以修正和补充，并继而向国内其他交易所推行。经尼古拉二世批准，俄国开始了新交易法和公司法的制定工作。财政部下设成立了跨部门联合立法委员会，由金融法著名学者茨托维奇教授领导，准备一年时间起草新交易所章程草案。1895 年 9 月末到 10 月初爆发的交易所危机加速推进了这项立法工作。1895 年 12 月 25 日，跨部门联合立法委员会加大力度，最终推出《交易所章程草案》，遗憾的是，《交易所章程草案》并未得到实施。1896 年 11 月，财政部再次着手新一轮的交易所立法改革。

与此同时，尽管俄国政府不止一次地警示公众，并采取行政措施力求消除不良交易现象，但是，俄国交易所的无序和立法不完善不是一时间的现象，而是长期存在的严重问题，到 19 世纪末，交易热潮终因“完全出乎俄国工商界意料的一场真正灾难爆发”② 而彻底冷却下来。1899 年 9 月 23 日这一天成为“圣彼得堡交易所的黑色交易日”，当日全部有价证券崩盘③。1899 年秋季交易所危机

---

① Цит. по：Судейкин В. Т. Указ. соч. С. 162.

② Туган – Барановский М. И. Состояние нашей промышленности за десятиле тие 1900 – 1909 гг. и виды на будущее // Периодические промышленные кризисы. М. , 1997. С. 488.

③ Туган – Барановский М. И. Состояние нашей промышленности за деся тилетие 1900 – 1909 гг. и виды на будущее // Периодические промыш ленные кризисы. М. , 1997. С. 488.

事件在媒体界引起轩然大波，《新时代》《金融工商时报》《交易公报》等报刊反响强烈，给人印象最深的一句话就是“恶意的投机交易”。显然，经济危机被狭隘地理解成突然爆发的交易所危机。一方面，是因为其具有突发的性质，完全出乎人们意料；另一方面，是因为无法找到危机爆发的根本原因，一切只能证明危机具有“投机交易”的性质。为消除交易所危机造成的货币市场恐慌并恢复投资者对交易所的信任，财政部付出了巨大的努力，但结果是徒劳无功。大多数股票的行情在 1899 年第四季度和 1900 年上半年持续震荡下跌，随后行情迎来短暂的利好。货币市场恐慌造成了严重后果，其不良影响长期无法消除。1900 年 7 月，维特在报告中谈到国内金融市场仍然处于极端危急的状态：“圣彼得堡交易所和莫斯科交易所两大交易所的有价证券持续贬值，股价下跌致使股票行情，特别是工业股和银行股的行情一路跌至前所未有的历史最低点。在许多情况下，严重贬值的有价证券与该企业的经营状况并不相符。”①

毫无疑问，圣彼得堡交易所在俄国证券市场行情的涨跌变化中起到明显的作用。许多交易所光临者都在执行交易人发出的命令，这些人用自己的账户交易，他们善于利用政治经济事件的影响，多次抬升或打压股市以操控盘面。通常，这类普通的交易所光临者对于证券市场的作用与意义并未得到正确的阐释。正如财政大臣所言：“交易所表现极度敏感，这一点大大加剧了工业红利股票的价格波动，并且，面对打压交易所混乱无序局面这个问题，即便交易协会最优秀的人士都显得苍白无力。而交易所也失去了

① РГИА Ф. 1406，оп. 542，1900. Д. 1525，Л. 21.

自己在寻求配置自有资金的投资者与企业主之间充当中介机构的优先权。”①

交易所危机带来沉重的打击，俄国证券市场因而许久未能走出低谷步入正轨，即便是在遇到良机的情况下，要么货币市场一时紧缩，要么事出有因，交易公众用卖空的手法恶意降低股票交易价格。在卖空的情况下，股价大跌致使投资者蒙受了损失，但必须指出的是，造成证券市场不稳定的因素还在于工业商贸公司的破产风波，这场风波造成俄国整个工商业领域的发展停滞不前。为此，俄国政府做出了积极有效的决定以遏制不利的交易行情。这些措施部分地发挥了促进作用，却无力消除交易所的不良现象。但是不管怎样，这毕竟是交易制度和有价证券买卖条件变革以及交易所立法等必须实施的措施和经历的过程。因此，调整修订圣彼得堡交易所现行章程的时机业已成熟②。

圣彼得堡交易所“黑色交易日”加速了交易所立法变革前进的步伐。最终，临近1900年5月，《关于对圣彼得堡交易所章程部分条款的修订及组建圣彼得堡交易所证券部的呈文》正本提交大臣委员会讨论。新版修订案与最初跨部门联合立法委员会提出的修订草案完全不同，其中对之前的草案只字未提③。

1900年6月27日，大臣委员会一致赞许的立法草案得到沙皇批准予以实施。沙皇授权财政大臣制定证券部整个经营活动规则。在此基础上，1901年1月10日，财政大臣依法通过了与交易立法草案同期制定的详尽的《圣彼得堡交易所证券部规则》。

① РГИА Ф. 1406，оп. 542，1900. Д. 1525，Л. 21.

② РГИА Ф. 1406，оп. 542，1900. Д. 1525，Л. 21.

③ Судейкин В. Т. Указ. соч. С. 164－165.

***

圣彼得堡交易所证券部的成功组建分为两个阶段。1901 年 2 月，财政大臣任命证券部委员会第一届委员，共 16 人。证券部委员会主席由交易所委员会主席 A. Я. 普罗佐罗夫兼任。4 月 26 日，维特出席证券部成立大会开幕式。圣彼得堡交易所证券部共计 60 名会员，第一批会员全部由财政大臣亲自任命。圣彼得堡交易所证券部与商品部在同一办公地点，都位于圣彼得堡市瓦西里耶夫岛的交易所大楼里。证券部开市交易的时间与商品部相同，每日上午 11 点到 12 点半。

1901 年 5 月，财政大臣依法通过了证券部委员会制定的《交易所标价委员会工作细则》①。1902 年 2 月 26 日，《交易所标价委员会工作细则》提交国务会议审核，同年 6 月 12 日该细则获得法律效力。最后一个法律文件是 9 月 5 日财政大臣依法通过的《圣彼得堡交易所证券部有价证券入市准则》。全部这些法令法规补充了 1900 年 6 月 27 日核准的《基本法》。1907 年 11 月，新的《圣彼得堡交易所外汇、无期债券和股票交易契约订立规则》再次补入《基本法》，该规则只涉及股票业务技术操作问题②。

到 1901 年 4 月末，无期公债、外汇及股票交易只能在共同的交易所开市交易大会上进行。从 1901 年中开始，证券部成为相对

---

① Тимофеев А. Г. История С. – Петербургской биржи：1703 – 1903. История биржевого законодательства，устройства и деятельности учреждений С. – Петербургской биржи. СПб.，1903. С. 263.

② Шепелев Л. Е. Акционерные компании в России... С. 166 – 167.

独立的运营部门，财务独立，利润收成由交易所自有财产收入、会员缴纳会费、交易人的交易费用、交易所委员会向个人发放证明的手续缴费以及其他收入构成，费用收取标准按交易协会章程确定①。

的确，一些经济学家并不认同圣彼得堡交易所证券部的独立性和自主性。瓦西里耶夫写道："上市股票牌价的任何变动，无论是从法律角度还是行政角度讲，均由政府在财政大臣及一般财务部门的直接影响下做出决定，财政部通过行政命令影响业务监管和调控。"但是，一般财务部门在行政命令下也受到政府方面的影响。因此，瓦西里耶夫指出，在与无期公债牌价相关的范围内呈现这样的变动趋势：每天，或更确切地说，每个开盘交易日结束时，俄国国家银行自行购买5000卢布无期公债，而这一购买价格就是当天的官方牌价。实际牌价可能（而且经常）低于这个官方报价。

其他无期公债交易的价格并未列入牌价表中，因此有必要进行持续下调以使其影响官方报价。显然，在行市下跌、无期公债交易受到威胁的情况下，一般财务部门并不限制5000卢布这一起始购买额，甚至还可以翻数倍购买②。

这样一个受到财政部行政命令影响的特例已为我们勾勒出圣彼得堡交易所证券部的总体管理系统透视图。该系统正是俄国国家经济生活服从政府类型的有力体现。正如瓦西里耶夫形象的比喻："全部有价证券的行情动态，一直在外国经济和政府财政影响力这两股

① Васильев А. А. Биржевая спекуляция. Теория и практика. СПб., 1912, С. 101.

② Васильев А. А. Биржевая спекуляция. Теория и практика. СПб., 1912, С. 94.

势力之间徘徊。”① 但是，从最新研究成果看，可以确信的是这里没有直接的违规行为。因此，总的来说，我们应该赞同 Ю. Д. 菲利波夫的观点。菲利波夫指出：“一般来说，对交易所活动的行政干预是由法律在相对紧密的框架内设定的，可以将交易所视为自治机构。”②

当然，相比之前的情况，1901 年《圣彼得堡交易所证券部规则》得到更加广泛的推行。圣彼得堡交易所由财政大臣直接领导，交易所证券部转归财政部信贷办公厅管理，这一切表明有价证券成交量与财政部金融信贷活动密切相关。此外，证券部的重要事宜都处在财政部直接和间接的监管下。直接监管，是指向编制《交易公报》的标价委员会以及审批股票挂牌上市的证券部委员会派驻财政部代表。间接监督，是指证券部第一批全体正式会员均由财政大臣亲自任命，财政大臣保有对正式会员和证券经纪人任职及奖励惩戒的权力。但是，证券部完全脱离商品部而独立存在。为此，最初甚至打算将两个交易部门的开盘时间错开，分别指定在不同的时间段开盘，但随后，财政大臣同意了两个交易部门同时开盘交易。当时，原本宽敞明亮的交易大厅被一墙两隔，密不透风的隔断墙成为证券部和商品部的外部特征和一道独特的风景线③。

总之，通过对 1901 年《圣彼得堡交易所证券部规则》基本条款的研究分析使我们得出如下结论：这些法律条文不足以支撑交易制度运行。但有一点毋庸置疑，成立专业证券部是早已酝酿成熟的

---

① Васильев А. А. Биржевая спекуляция. Теория и практика. СПб., 1912, С. 95.

② Филиппов Ю. Д. Биржа. Ее история, современная организация и функции. СПб., 1912. С. 170.

③ Тимофеев А. Г. Указ. соч. С. 260。我们发现，隔断墙很快被拆除了。

举措。圣彼得堡交易所证券部以这样的姿态一直运行到第一次世界大战爆发。

圣彼得堡交易所证券部就这样开启了新的发展阶段。接下来要研究的是进入 20 世纪后圣彼得堡交易所的成长发展、证券交易行情表如何形成以及交易人资格审核等问题。

1901 年成立的圣彼得堡交易所证券部主要由正式会员、固定客户、散客、财政部派驻代表和证券经纪人等构成，按规定证券经纪人共计有 100 人。证券部正式成员大会和证券部委员会负责管理证券部的一切经营事务。证券部正式会员的权利最大，他们参加证券部委员会委员的选举大会，参与审核证券部收支预算及预算执行情况的年度报告，只有证券部正式会员才有权在不经过证券经纪人的情况下直接订立交易契约。证券部正式会员只能是私人信贷机构代表以及“已获得手工业一级专业证明，具有经营银行业务资质的人员”①。证券部正式会员候选人需由两名正式会员推荐，经证券部委员会封闭投票选举产生。

证券部的固定客户是在圣彼得堡已获得与一等商人证书相当的手工业专业证明的人员。固定客户能够通过经纪人订立交易契约，但是他们并不参与证券部事务管理。

散客需经过在交易大厅值班的正式会员的准许才能够被放行进入交易所，这类人员没有任何权利订立交易契约。标价委员会编制《交易公报》以及证券部委员会讨论新股发行上市等问题时，财政部派驻代表有投票表决权。

圣彼得堡交易所证券部委员会是俄国证券业务管理主要的也

① Коммерческая энциклопедия... С. 108.

是唯一的机构，它直接在财政部监督下运行。财政大臣有权审核证券部最重要的工作决议，经正式会员全体大会选举产生15名证券部委员会委员候选人，财政大臣确定证券部委员会委员的最终入选名单，在某些情况下，财政部派驻代表有权出席证券部委员会会议。

证券部正式会员全体大会的活动只限于选举产生证券部委员会委员以及核准证券部收支预算。证券部其他事务管理由证券部委员会负责，证券部委员会监督外汇和有价证券交易，监督证券经纪人的交易中介工作。证券部委员会主席由圣彼得堡交易所委员会主席兼任。这种一肩双职的情况是圣彼得堡交易所商品部和证券部保持最后联系的体现。

证券部委员会的职能是有效管理交易所的业务活动，监管交易过程。证券部委员会规定开市交易的日程和时间安排，编写并出版法律规章以及经纪人行业操守，规定《交易公报》的形式，确定有价证券及外汇询价，规定证券经纪人缴纳会费的执行标准，审批有价证券挂牌上市资质等。此外，证券部委员会在交易契约发生分歧和争端时还起到中间调停的作用，并且这种调停具有强制的性质。因为当发生争议时，证券部正式会员有义务预先报请证券部委员会出面解决，而不是直接走司法程序，否则证券部正式会员有被除名的危险①。

至于交易契约的签订，则需要通过证券经纪人来完成。证券经纪人需由财政大臣任命，一般来自证券部正式会员，且拥有俄国国籍。为保障业务活动合理规范，证券经纪人应提供一定的担保，缴

① Коммерческая энциклопедия... С. 108.

纳保证金，具体金额由财政大臣规定。如果自行出资订立交易契约，证券经纪人会面临被开除的危险，这一项与先前交易所章程草案有着原则性区别。固定客户之间订立契约必须通过证券经纪人完成。证券经纪人的业务活动处于证券部委员会和财政部的双重监管之下。

证券部下设特别标价委员会，由证券部委员会主席以及从证券部正式会员中选举出来的成员主要是证券经纪人构成①。

三　有价证券标价程序以及《交易公报》的意义

如前所述，分析俄国证券市场行情动态及影响是我们研究的重点。在着手分析红利股票价格之前，首先关注股票标价的操作程序。在探讨欧洲交易所职能发挥这个问题时，M. 韦伯曾在 19 世纪 90 年代强调指出："交易所股票价格（牌价）正确地形成与确定至关重要。所有交易所都会采取措施以明确股票每日交易价格。几乎所有交易所都会刊出每日官方《交易公报》，同时，所有报纸都会转载行情表中的数据信息。"② 在这一点上，圣彼得堡交易所也不例外。

《交易公报》的重要意义在于，根据公报中的价格，按交易人给出的指令以及透支账户的资金情况进行结算。根据《交易公报》显示的数据，用于办理贷款质押、用于商业企业制作资产负债表的有价证券的估价会随时发生变化。毫无疑问，《交易公报》是交易

---

① Коммерческая энциклопедия... С. 109.

② Вебер М. История хозяйства. Биржа и ее значение/Пер. с нем.; М., 2007. С. 354.

所重要的文献资料，股票交易价格，即股票行情的高低直接受市场供求的影响。因此，在反映交易所真正的供求关系后，还有一点十分重要，即《交易公报》中标出的股价尽可能地与市场交易现实相符。

但是，19 世纪俄国私人有价证券牌价的确定以及《交易公报》编制制度的实行存在重大漏洞。从 1845 年开始，总经纪人负责官方《交易公报》的编制工作，其他经纪人有义务汇集必要信息并传递给总经纪人。1859 年，财政大臣下达书面命令给圣彼得堡交易所委员会，建议交易人从全体证券经纪人中选出 4 人，协助总经纪人“监管交易所法律规则认真执行和及时披露信息，同时签署牌价表单”。每周二和周五两个交易日的行情一览表需要提交给财政大臣过目。财政大臣发布的命令中援引了呈递到他手中的抱怨交易所管理无序和交易乱象的诉状，执行财政大臣的命令时，圣彼得堡交易所委员会和候选交易人强调指出：“时至今日，他们对总经纪人编制的《交易公报》完全满意。”根据财政大臣这个书面命令，票据牌价信息记录委员会在没有任何业务规则或指南的情况下，从事行情一览表的编制工作。1862 年，负责制定经纪人章程草案的交易所立法委员会就触及了这一问题，可惜没有人关注交易所立法委员会付出的辛苦和努力。1869 年末，票据牌价信息记录和当时出现的相当大数量的有价证券标价存在重大缺陷，这一切促使多家股份公司提议修订交易所相关规则，以便圣彼得堡交易所证券部委员会在今后的工作中遵照执行。俄国商界代表组建了个人委员会，研究票据牌价标价规则，但是此次立法草案在财政部搁浅，没有任何进展。不过就在同一年，财政大臣下达书面命令，组建圣彼得堡交易所有价证券标价委员会以编制国家公债、计息证券和股票牌价表。1869 年 7 月

21 日，财政部颁布命令，除了确定证券部委员会委员，该命令未提及任何证券部委员会的活动规则。交易人选举产生的 4 名交易所经纪人应该在总经纪人的领导下开展工作，负责从周一到周五每周 5 次在开市交易日标出有价证券交易价格。1872 年，证券部委员会委员从 4 人增至 6 人，同时还指定了 3 名候选人。

的确，交易牌价表的编制工作十分独特：根据《商法》第 110 条和第 66 条，总经纪人负责编制交易牌价表。经纪人负责每个交易日向总经纪人第 110 条传递准确可靠的信息供编制牌价表使用。接下来苏杰伊金将这个过程理解为："交易契约履行后，经纪人会将带有价格标注的交易成交记录单投放到交易所一个特制的箱子里，交易所工作结束时，标价委员会委员根据记录单上面的信息编制《交易公报》。"因此，《交易公报》的编制完全由证券经纪人管理。这就是为什么法律条款不便于赋予证券经纪人自己出资购买计息有价证券的权利的原因。不仅如此，非营利组织和人员对证券经纪人编制极具重要社会意义的交易牌价表这项业务没有特别的监督权①。

由于缺乏真实明确的理由确定极其繁杂的交易契约的价格，这一点很快导致证券市场怨声载道，各种诉状递到财政部，集体发声要求修改现行规定。1883 年俄国成立了从事国债交易的券商大会，会上选举产生研究有价证券牌价表标价制度问题的专门委员会，但该委员会却承认证券部标价委员会的工作是正确的②。

这种情形一直延续，并未得到改变，甚至不得不承认交易所委员会代表对《交易公报》的定义太过强化和统一："《交易公报》

① Судейкин В. Т. Указ. соч. С. 19.

② Кардашев В. П. Указ. соч. С. 203 – 204.

是交易所经营活动的结果，是一种股价的表达，交易所根据实际订立的契约给出这个股价。全俄各个地区遵循的都是这同一股价。”①

《交易公报》本身留下许多令人迷惑的地方，涉及“买进卖出价格”以及实际订立的“交易契约价格”的确定。舍佩列夫认为，类似情况的后果是，标注的较高和较低价格的界限过于宽泛，并且容易受到随机波动的影响。此外，还有最后一个原因，就是缺少对成交契约数量及成交额的统计②。19 世纪末，很难确定交易所计息证券的成交额，正如苏杰伊金指出的：“我们又能知道多少呢，没有也不可能有关于这个问题的确切信息。”③

就连列文也遇到了确定证券市场容量以及交易契约数量这些复杂问题。问题在于，挂牌上市的有价证券进行某种信息登录只是开始于 1898 年 12 月，当时圣彼得堡交易所总经纪人（B. A. 格茨）首次将这些数据列入一个经纪人特殊业务账簿里。从 1899 年开始账簿登记从未间断，没有任何比这更早的数据。最初，经纪人业务账簿记录极为漫不经心，并且记录在册的远非全部获准上市的股票。从 1901 年开始，按照新规则编制的行情表转交给证券部委员会后，上面谈及的账簿才开始利于使用。尽管还存在诸多不足，但是，这份史料毕竟是保存下来的为数不多的该历史时期的档案文献④。

缺少明确的资料文献编订规则和有价证券挂牌上市的法令法

---

① РГИА. Ф. 560, Оп. 43, Д. 97, С. 76. Цит. по: Шепелев Л. Е. Акционерные компании в России...... С. 160.

② Судейкин В. Т. Указ соч. С. 161.

③ Судейкин В. Т. Указ соч. С. 64.

④ Левин И. И. Петербургская биржа в 1899 – 1912 гг. и дивидендные ценности... С. 603.

规，这一切妨碍了研究者对交易所展开研究，阻碍了交易活动的正常进行。但是，交易组织制度的不完善往往被投机商利用以谋求个人最大利益，因为，一个交易日内存在几个交易价格，这些投机商常常盘算着其中最有利的牌价来完成交易并获得最大利益。这是容易理解的，因为论证这一切足够简单。标价委员会实行的工作机制引起当代人莫大的反响。例如，苏杰伊金就这一点指出："计息证券牌价编制得较为正确（作者认为，这是同票据牌价相比较而言），尽管标价委员会的标价工作缺少明确清晰的规章制度这一问题已显露出来。结果往往出现错误的交易牌价制定等情况。"①

这样看来，由于交易所买入和卖出价格以及交易契约价格标示不够清晰，在交易所交易制度存在的重大不足和缺陷中，《交易公报》的编制工作是首先需要解决的问题。

有关圣彼得堡交易所证券的《交易公报》有三个栏目：第一个和第二个栏目为"买入信息""卖出信息"，指明市场相对的紧张状态；第三个栏目为"成交信息"，显示市场的实际运行状态。这三个栏目里公示的信息彼此有实质性区别，第三栏填写时依据的是经纪人记录的数据，而第一栏和第二栏在绝大多数情况下是在交易契约还没有订立时填制的，而且显示的都是旧《交易公报》登出的时间过久的价格数据。作为估价和标价基础的这些数据，还是能够引起人们对实际交易价格虚假的幻想。为了消除《交易公报》里这些与实际不符的价格数据，财政大臣认为有必要"准许官方《交易公报》标示交易契约的成交价格，只有当该只股票在交易所开市的交易上没有订立契约的情况下，才能提供《交易公报》上

① Судейкин В. Т. Указ. соч. С. 20.

标示出来的供求价格信息。在对某只股票供求价格和数量感兴趣的人员必须提交书面声明的条件下，在签署会议记录前，按照标价委员会的要求，有义务购买或是承让符合申请条件的股票”①。

毫无疑问，相关财政管理部门十分担忧证券市场的行情：“在同一交易日往往会有几个交易契约标价，并且，这一价格会经历多次较大幅度的震荡。各种各样的标价给银行家和经纪人提供了机会，他们能够按照牌价计算公众拟签署的交易契约，以使其利益最大化。由于这个原因，交易界那些有影响力的人士，有时会通过各种手段获取《交易公报》上同一只股票交易契约的几个标价。为了消除这一现存的交易契约标价制度引发的不良现象，我们最好在圣彼得堡交易所实施柏林交易所通行的交易契约标价方式。”②

尽管维特希望实行柏林联合交易所的牌价标价规则，但是圣彼得堡交易所委员会还是一致推翻了他的提议③，因此，统一牌价始终未能执行。

除了对《交易公报》本身不清楚外，对《交易公报》编制人员的构成信息也不了解。根据圣彼得堡交易所章程第 66 条第一项规定，由圣彼得堡交易所委员会负责“编制和执行基金债券、股票、交易折扣和票据汇率牌价表标价”。

根据圣彼得堡交易所章程第 110 条和第 116 条，牌价表由总经纪人根据经纪人提供的交易信息制定，总经纪人负责交易牌价显示的有价证券价格的准确性。因此，章程的规定出现了自相矛盾的情况。但是实践中并没有遵守上述条款的规定，《交易公报》的起草

① РГИА. Ф. 1406，оп. 542，1900. Дело 1525. Л. 16 – 16об.

② РГИА. Ф. 1406，оп. 542，1900. Дело 1525. Л. 7 об.

③ РГИА. Ф. 1406，оп. 542，1900. Дело 1525. Л. 8.

编制工作委托给一个由 9 名经纪人和 3 名替补代表组成的特别委员会完成。交易所委员会的会议是私下举行的①。

财政部建议消除未来在界定《交易公报》编制机构应负责任时的矛盾心理，保留《圣彼得堡交易所证券部规则》规定的、交易所交易实务采用的组织机构，但稍加改动，即将交易所委员会的活动置于交易所证券部委员会最密切的监控之下。为此，经选举由证券部委员会一名成员出任标价委员会主席，每半年更新 1/2 标价委员会构成人员，允许有投票权的财政部派驻代表出席标价委员会会议，最后，公开标价委员会会议结果②。

为纠正这种情况，证券部委员会成员单独分离出来组建一个委员会，稍后，该委员会由巴尔克亲自担任主席一职，这个委员会负责起草交易所标价委员会工作细则。新拟订的工作细则获准临时使用，以确定其在交易实务中的适用性。1901 年 4 月，选举产生第一批交易所标价委员会成员构成名单。1901 年 5 月，财政大臣依法批准了证券部委员会起草的《交易所标价委员会工作细则》③。1902 年 2 月 26 日，《交易所标价委员会工作细则》提交国务会议审核，并于 6 月 12 日获得法律效力。最后一个法律文件是 9 月 5 日财政大臣依法批准的《圣彼得堡交易所证券部有价证券入市准则》。所有这些法令法规都是对 1900 年 6 月 27 日《基本法》的补充。1907 年 11 月，再次补充进去新的《圣彼得堡交易所外汇、无期债券和股票交易契约订立规则》，该规则只涉及股票业务操作技术问题。圣彼得堡交易所证券部委员会在有价证券牌价表的编制问

① РГИА Ф. 1406，оп. 542，1900. Дело 1525. Л. 8.

② РГИА Ф. 1406，оп. 542，1900. Дело 1525. Л. 8.

③ Тимофеев А. Г. Указ. соч. СПб.，1903. С. 263.

题上做了大量工作。《圣彼得堡交易所外汇、无期债券和股票交易契约订立规则》施行几乎5年，1912年又通过了《向标价委员会提交编制牌价表所需数据信息的规则》。圣彼得堡交易所证券部会员及证券经纪人的交易申请书构成牌价表编制工作的基础。证券部会员有权而证券经纪人有责任、有义务向标价委员会提供他们经手的有价证券交易契约信息。这些申请书里指明有价证券名称、交易数量、金额及成交价等信息。

为了获得外汇兑换挂牌价权利，需要外汇数额的最低标准是5000英镑、10万德国马克、12.5万法郎、6万荷兰盾、12.5万奥地利克朗、9万丹麦克朗。有价证券的大单成交额至少达到1万卢布，或100股起成交，每股牌价不低于100卢布，而小额交易的牌价要求相当于大单交易的1/10。交易申请截止时间为13：25，之后由标价委员会审查①。

在制定《圣彼得堡交易所证券部规则》时，由财政部批准通过圣彼得堡交易所证券部下设的交易所标价委员会发布实施工作细则。根据该细则，标价委员会共由13名成员组成，除了由证券部委员会从自己成员中选出的主席（任期一年），还有两名财政部代表。标价委员会成员和候选人由证券部委员会从正式成员主要是证券经纪人中选举产生，任期两年。标价委员会主要负责编制《交易公报》。

对于有价证券是否符合实际交易价格而提出质疑的交易声明，标价委员会有权不予理会，标价委员会以简单多数票做出决定，对其裁决不得上诉。交易所官方报价记录的是有价证券的平均价格。

① Кардашев В. П. Указ. соч. С. 211.

用这个数据系统输入《交易公报》的价格不一定是严格算术意义上的“平均价格”，但它们仍然可被视为平均值，因为“它们总是处于具体价格的极限值之间，并将自己的多样性归结为一定的统一性”①。

应该指出的是，圣彼得堡交易所立法改革后先前《交易公报》编制业务实践固有的许多缺点仍然留存下来。例如，《交易公报》没有指出圣彼得堡交易所的成交额，尽管很明显，“与之相关的数据对于描述证券市场的整个运行状况非常重要”②。

当交易不发生时，买方和卖方的牌价标示程序特别有意义。在这种情况下，证券部正式成员有义务在不迟于12：45的时间里亲自向标价委员会成员声明。如果交易契约在13：00之前仍未履行，则由证券部正式成员提出书面声明，这名正式会员继续担任该交易的义务对手方直到13：30。然后，他的陈述可用于编制买卖双方的交易牌价。

有价证券的交割手续与外汇相同，但还具有以下几个特点：当交易计息证券期货时，交割当日计息证券息票的利息对卖方有利，红利股票息票自交易之日起已经属于买方，买方同样拥有获得新股票的权利。交割的有价证券应该是完整无损的，可以流通，有一个由经纪人签署的账户，由买方投放。有价证券的发行与其转让的公告相伴进行。即使没有当日的息票，计息证券也可能交割成功，但是红利股票应该有最后一张息票。破损的有价证券可能不被接收，难以交割，拒绝接收的人必须出示证明书以便提起诉讼，由特别委

① Филиппов Ю. Д. Указ. соч. С. 44.

② Филиппов Ю. Д. Указ. соч. С. 43.

员会对有争议的有价证券做相应的鉴定和证明，并在理由不充分时要求对不接收的情况进行索赔。

另一个重要的问题是交易所牌价的程序，即交易契约的形式。圣彼得堡、莫斯科和其他交易所只能提供下列类型的交易契约：现金交易契约和期货交易契约。官方证券部门不承认任何其他的交易契约，也不承认它们的存在，牌价表上并不接收这类有价证券的登出，也不可能在标价委员会的牌价标记中发现它们的痕迹①。俄国的“股票交易技术”再次表现出一定程度上的不发达。世界上有价证券交易的技术是最先进的交易技术，但正如Ю.Д.菲利波夫指出的那样，在这一点上，俄国的交易所“远未达到外国交易所的技术水平”，无论是在交易契约多样化方面，还是在大众结算时应遵守的法规方面②。

当然，官方的否认并不意味着在官方许可之外没有进行过各种交易。正如瓦西里耶夫所言：“在交易实践中存在着这种情况，而且越来越多。事实上，这些交易契约并没有处在法律的保护范围内，即这些自由交易契约没有履行或没有正确履行并不能作为法庭提起诉讼的理由和证据。此外，自由交易契约的履行与否不可能成为交易所普通法的法律审查对象，因为作为交易所理事会和标价委员会代表的交易所，其本身并不承认这些交易契约的合法性。”③

这里应该指出的是，交易实务同法律框架两者并不总是处于兼容的状态。由于无法深入地研究交易所立法意义大于交易实务这一问题，我们只能指出，政府官方发布有价证券牌价的同时，还存在

① Васильев А. А. Указ. соч. С. 98.

② Филиппов Ю. Д. Указ. соч. С. 166.

③ Васильев А. А. Указ. соч. С. 98.

一个自我的、自由的场内交易牌价。不过，对于交易所来说，类似“双重游戏”的存在并不奇怪。

***

由此可见，到20世纪初，圣彼得堡交易所证券部有价证券交易及有价证券标价的相关法规基本确立下来。

应该指出的是，尽管19世纪末20世纪初俄国交易所实务已取得重大成就，但仍然保留有落后的特点，其中一个原因是交易所法律法规不健全。同时应该强调的是，1901年后，圣彼得堡交易所证券部就自己的业务类型而言极为接近同时代发达资本主义国家的专业证券交易所。圣彼得堡交易所证券部成立发展过程、职能发挥、立法以及交易制度的档案文献研究表明，尽管远不是一家理想的高度组织自律的交易所，但到20世纪初，圣彼得堡交易所早已成为俄国社会经济发展不可分割的有机构成部分，在国家经济生活中占有重要地位。

第二章

1900～1914年俄国工业股票市场：政治事件对交易行情的影响

布良斯克工业股在下跌，曼塔舍夫石油股却在上扬。

——摘自 B. 赫列勃尼科夫的《陷阱之战》

本章研究了影响冶金、金属加工和石油工业部门主要企业股票行情动态变化的政治因素。值得注意的是，当代人早已指出股票行情的涨跌变化趋势，但是深入挖掘和研究大工业股份公司股票行情的具体数据尚属首次。

本章充分阐述了上述三大工业领域领军企业的股票行情动态。为便于描述证券市场各阶段的变化特点，文中列出了一系列详细的数据图表，但这些图表的时间节点和细节关注程度各不相同：1900～1914年整个时期可进一步划分为 1900～1908 年经济危机和 1909～1914 年战前经济高涨时期。

一　1900～1914年俄国证券市场工业股票行情动态

如上所述，圣彼得堡交易所是 1900～1914 年整个时期俄国最主要的证券交易市场，因此，接下来的研究主要针对在圣彼得堡交易所上市交易的有价证券的行情动态而展开。大量的数据显示，圣彼得堡交易所是俄国其他各大交易所确定自己经营主旨的参照坐标。按照俄国经济史权威专家 П. 格列戈里的评价，1880年后，俄国进入了所谓的现代经济增长时期①。俄国经济发展史表明，19 世纪 90 年代后半期是国家工业繁荣发展时期。П. П. 米古林在《1893～1902 年俄国币制改革及工业危机》一书中指出："1895～1898年是俄国国家信用在境外表现最好的时期，这直接影响到俄国利率为 3% 的国外借款的估价问题，这笔借款的估价有时甚至高出德国和普鲁士利率为 3% 的长期公债的估价。"② 米古林详细描述了这一时期的经济状况："俄国工业大踏步地向前发展：几乎每天都有新的大企业诞生，而且都是俄国本土资本或外国资本注入金额数百万卢布以上的大规模企业。就连维特本人也无法解释清楚这些工业巨头崛起的原因，如同他在国务会议商讨币制改革草案时承认的那样。这时期俄国证券市场异常活跃，几乎全部工业股票的股价都暴涨，大家都期望红利股票未来的上升空间能带来巨大的收益，所有投资者一夜暴富，精明的投机商更是从中赚了一大笔。1897 年，俄国对外贸易实现了顺差，贸易收支盈余近 2 亿卢布，国家经济实力不断增强，对外贸易处于有利竞争地位。尽管这一时期俄国进口了大量的机器和生产设备，但是，这个贸易盈余额受到俄国工业增长的支撑，并因此具有了

---

① Грегори П. Экономический рост Российской империи（конец XIX – начало XX в.）. Новые подсчеты и оценки. М.，2003. С. 25.

② Мигулин П. П. Реформа денежного обращения и промышленный кризис в России（1893 – 1902）. М.，2006. С. 263.

一次性的性质。贸易盈余这笔收入要用于清偿外债，因为俄国为发展工业引入了大量外资。土地和房屋价格上扬，企业利润攀升，私营银行的储蓄存款额快速增长，这些银行急于追加固定资本并直接获得可观的投资收益，国有银行的资金也得到增长，抵押贷款银行的债券很容易发行，城市开始重建。”①

19 世纪最后几年，俄国证券市场的明显特征是有价证券交易行情大涨。图 2－1 为 19 世纪 90 年代后期布良斯克冶金工业公司发行的面值 100 卢布的股票行情动态图。

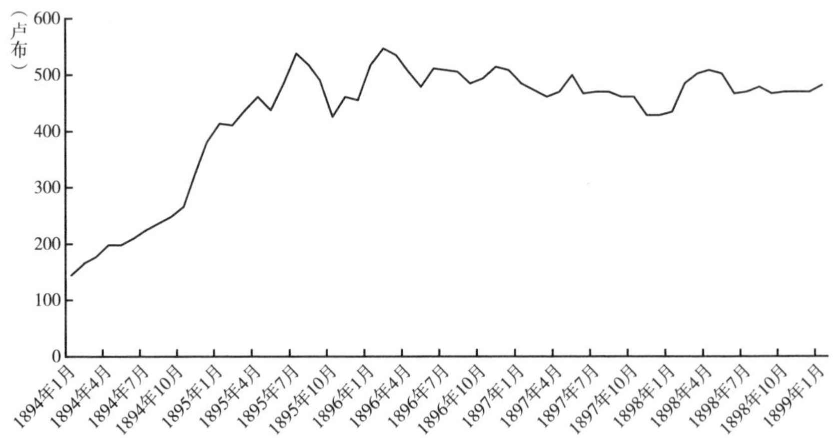

图 2－1　1894～1899 年布良斯克冶金工业公司面值 100 卢布的股票行情动态

注：曲线图为按月统计数据制成。

资料来源：Ежегодник Министерства финансов. СПб.，1894－1899гг。

从图 2－1 可知，1894 年 1 月到 1896 年 2 月底，布良斯克冶金工业公司股票价格从每股 146 卢布涨到每股 545.5 卢布。

① Мигулин П. П. Реформа денежного обращения и промышленный кризис в России（1893－1902）. М.，2006. С. 264.

无论是国家公债、政府担保债券还是非担保的私人计息证券，利率全部从6%逐渐下调到4%，国家提前赎回了私营铁路债券，以上各项措施释放出大笔资金，这些资金被用于有价证券发售、企业投融资等，其带来的收益明显高出国家公债和私人债券①。

工厂的生产经营及贸易的迅速发展使对外投资充满诱惑。正如И. Б. 斯利奥斯贝格指出的，这一切唤起了俄国社会各界对投资红利股票的浓厚兴趣，“那些先前通过购买国家公债而赚取了高利息收益的俄国资本家和广大公众，最初十分害怕接触这类有价证券，对红利股票持怀疑态度，不相信银行对他们提出的购买此类股票或入股股份的任何建议”②。

这一投资兴趣的产生还要求有证券市场专业出版物的推出和发挥引导作用，且上面要刊载红利股票股价、证券市场行情分析等内容，还需要投资咨询手册。有趣的是，一位1896年投资咨询手册的编者写道：“我们对红利股票有极大的兴趣，但我们未必做得到正确地培育这一兴趣并保持住这一兴趣。绝大多数投资者的观念还很传统，做法也很保守，他们购买红利股票其实就是想碰碰运气，撞大运赚个差价而已。其购买红利股票时似乎无法遵循既要正确又要安全合理的原则，给人的感觉似乎是红利股票只能投机操作，但绝不能将个人储蓄存款和资金全都投资到上面去。

1894～1895年，俄国全部有价证券行情上涨，全国到处弥漫

① Слиозберг И. Б. Русские биржевые дивидендные бумаги. СПб., 1896. Предисловие. С. Ⅲ.

② Слиозберг И. Б. Русские биржевые дивидендные бумаги. СПб., 1896. Предисловие. С. Ⅳ.

着急功近利与浮躁的投机气息。遗憾的是，证券市场强劲的发展势头坚定了绝大多数对红利股票持有投机交易观点的人们的信念。正是这些多数人倾其所有，拿出全部资产投到红利股票上，他们轻信了关于这些上市股份公司企业经营业绩夸大的超乎实际的传闻并迎风而上。面对这种情况，财政部不得不出面遏制误导公众轻信能一夜暴富的不良宣传，揭露部分红利股票暴涨的内幕，并开始出台相关政策，抑制不正当投机热潮过度蔓延。但一切举措都于事无补，因为引发交易所骚乱的根本原因是俄国公众和银行界对红利股票能快速带来巨额收益这一点深信不疑，其深陷投机暴富的泥潭，况且他们并没有足够数据作为依据来理性地分析和判断一些股份公司企业的实际经营状况。”①

正如财政大臣巴尔克在向沙皇提交的关于俄国金融和证券市场危机的报告中所指出的：“股份公司迅速膨胀、铁路建设大规模开展等都显示出经济发展对资金流需求的日益增长，这一切导致了1898 年底俄国证券市场过度地增发有价证券。”② 有价证券放量发行以及投机交易热的再度掀起与西欧的货币危机相伴相生。巴尔克在报告中强调：“世界货币市场紧缩不仅引起新资金停止从境外流入的后果，造成俄国国内资金严重紧张，而且还引发了部分先前投资到俄国的短期资金大量流出。”因此，俄国银行压缩了对工商企业的信贷规模，并着手清理计息证券抵押贷款业务。实际上，按照巴尔克的观点，有别于1895 年的危机，1899 年秋俄国交易所危机

---

① Слиозберг И. Б. Русские биржевые дивидендные бумаги. СПб. , 1896. Предисловие. С. IV.

② РГИА. Ф. 583. Оп. 19. Д. 95, 1914. Л. 1 – 2.

的爆发不只是由内部原因引起，部分地还由于全球爆发了经济危机①。在评价交易所危机可能带来的后果后，为了止跌，财政部成立了由19家“圣彼得堡最著名的银行及银行家们”组建的“交易所辛迪加”，并得到沙皇最高恩准，原始股本为535万卢布，原始股本主要用于购买红利股票②。这笔款项由俄国国家银行预先划拨。与此同时，考虑到“货币市场整体恶化的局势将直接影响到工业领域和部门的生产经营”，俄国国家银行同样在得到沙皇恩准的情况下发放了总计金额为1.092亿卢布的工业企业特别援助贷款以解燃眉之急③。

19世纪90年代下半期呈现的股市交易繁荣景象就这样戛然止步。1899年末，俄国爆发了严重的经济危机。商业银行停止向投机交易商发放新贷款，并严厉要求他们偿还旧的贷款，避免借新还旧的情况发生，瞬间股份公司和企业的破产浪潮迭起。尽管上文已交代由国家出面援助金融信贷部门和工商企业，但20世纪之初明显的标志特征就是有价证券行情急剧下滑，工业生产规模大幅缩减。

为充分想象一战前整个15年俄国证券市场的动态变化，首先关注一下圣彼得堡交易所主要股票牌价动态的统计数据。

---

① РГИА. Ф. 583. Оп. 19. Д. 95, 1914. Л. 1 – 2.

② Подробно про биржевые синдикаты см.: *Бугров А. В.* Государственный банк и биржевые синдикаты в России, 1899 – 1917гг. // Экономическая история. Ежегодник. 2002. М., 2003.

③ РГИА. Ф. 583. Оп. 19. Д. 95, 1914. Там же. Л. 2 – 3. Отметим, что в последующие годы бóльшая часть этой ссуды была погашена, однако к 1914 г. более 20% ссуды числились на счете долгов, покрытых прибылями Государственного Банка.

正如图 2－2 所示，巴库石油公司股票的行情走势表明：19 世纪 90 年代经济蓬勃发展后，随之迎来的是 20 世纪初期的长期经济滑坡。

1899 年经济危机对石油股票价格的消极影响无一例外地在全部工业企业股份公司股票行情动态图中凸显出来：1900 年中期，石油股票市价呈持续走跌态势。

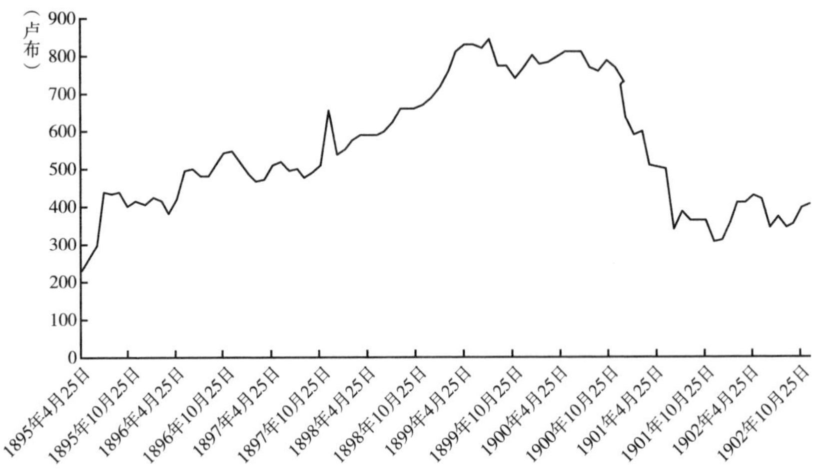

图 2－2　1895～1902 年巴库石油公司面值 100 卢布的股票行情动态

注：曲线图按月统计数据制成。

资料来源：Ежегодник Министерства финансов. СПб.，1895～1902 гг。

冶金工业股票呈现与石油股票雷同的跌势，无一例外，并且相比 19 世纪末的行情，这一时期表现出的下跌行情更为直观明了。

杜岗－巴拉诺夫斯基将 20 世纪最初几年定义为俄国国家经济发展“停滞的年代”，1905 年后俄国才开启了新一轮的工业腾飞。

我们研究的工业企业股票在整个这一段时期的行情动态与图 2－3 观察的结果具有高度的相似性。

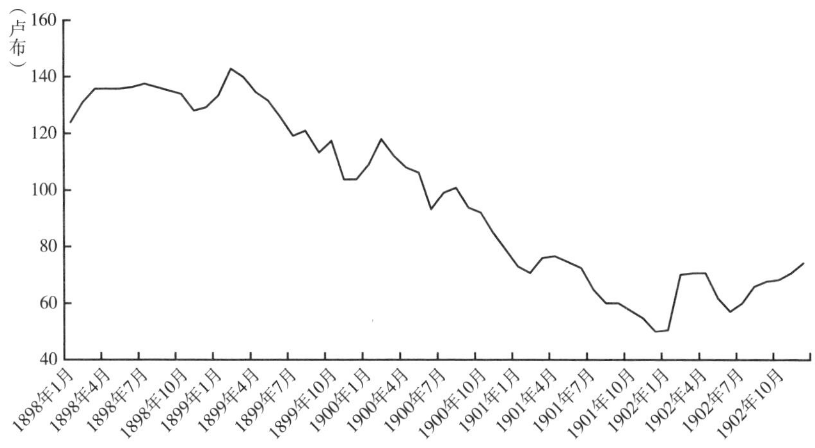

图 2－3　1898～1902 年普季洛夫冶金工业公司面值 100 卢布的股票行情动态

注：曲线图按月统计数据制成。

资料来源：Ежегодник Министерства финансов. СПб. , 1898－1902 гг。

我们注意到这样一个事实：冶金工业企业的股票价格，特别是普季洛夫和加尔特曼两家钢轨企业的股票价格，其行情动态突出反映了1900年中俄国工业萧条时期（中间）的峰值。有关这一点将在下文论述。

众所周知，交易指数能提供给我们一个关于交易过程及行情动态较完整的认识。20世纪初，世界许多国家已经开始积极地使用交易指数①，早在19世纪末，各大交易所就已经开始了交易指数的统计工作。例如，众所周知的是用于判断大型工业公司股票行情的道琼斯工业平均指数（Dow Jones Industrial Average），

① Например, в Германии в начале XX в. уже существовало два биржевых индекса, первый был опубликован в 1906 г. （для периода 1876－1902 гг.）, следующий в 1910 г. （за 1895－1908 гг.）.

今天世界各地交易所的每日交易行情就是从有关道琼斯指数变化的消息报道开始的，它发端于1896年。出于种种原因，十月革命前俄国并未统计过这类交易指数，但是，近年来陆续出版的相关研究著述旨在重构圣彼得堡交易所的历史交易指数①。

为描述所研究历史时期的交易行情，我们编制了平均价格指数(见图2-4)。编制“俄国的道琼斯指数”意义重大，1897~1914年俄国国内12家大型工业股份公司股票的行情数据是计算这一指数的基础。

如果采用1897年1月面值100卢布的股票价格为一个计算起点，那么从图2-4可以看出，股市交易在最初两年呈现上涨行情，一度达到1899年1月的116点，这一年既是19世纪90年代俄国经济蓬勃发展的最后一年，又是1900~1903年经济萧条到来的前夜。从1899年3月开始，圣彼得堡证券市场行情开始不断下滑，到1901年12月末，股市暴跌至44.7点，也就是说那些大型股份公司的股票价格平均跌幅在50%以上。随后俄国交易所又迎来新一轮的上涨行情，到1905年9月，行情一度上升到100.4点这样的区间最高点，也就是说，历经近8年时间，交易指数实际上又回归到历史起始点。有趣的是，我们所选择的工业企业的股票价格动态总体上与上述构拟的交易指数动态走势图是相符的。

但是，首先我们感兴趣的还是对各种影响证券市场行情走势的因素所发挥作用的研究，即揭示影响俄国大工业股份公司股票行情

---

① Бородкин Л. И., Перельман Г. Е. Структура и динамика биржевого индекса дореволюционной России: анализ рынка акций ведущих промышленных компаний // Экономическая история. Ежегодник 2006. М., 2006.

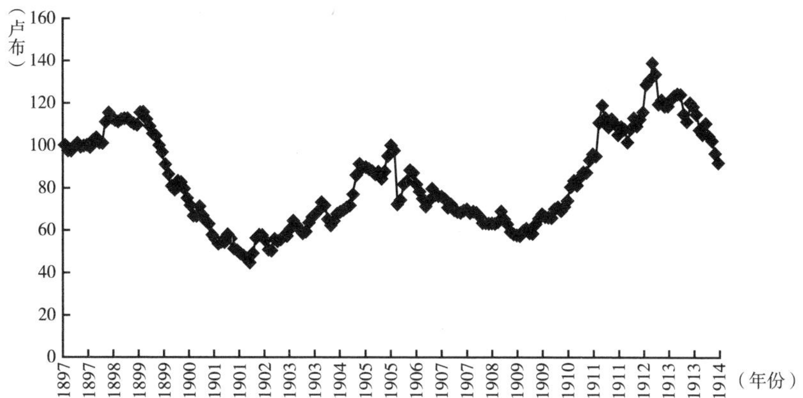

图2-4　1897～1914年圣彼得堡交易所工业股份公司交易指数动态（平均价格指数）

译者注：此图横轴没有具体到月份，且年份存在重复，原著如此，未做改动。

资料来源：Бородкин Л. И.，Перельман Г. Е. Структура и динамика биржевого индекса дореволюционной России：анализ рынка акций ведущих промышленных компаний // Экономическая история. Ежегодник. 2006. М.，2006。

动态的诸多因素发挥的作用，这些大工业股份公司在很大程度上以及诸多方面决定着十月革命前俄国的工业化进程。接下来我们将深入探讨20世纪最初10年俄国经济艰难发展的岁月，以及俄国国内政治事件对证券市场造成的影响。

二　1900～1908年经济危机时期的交易所：战争与革命对交易行情的影响

20世纪初，俄国证券市场在经历了19世纪90年代到20世纪初期交易所危机后仍然难以恢复正常化，交易所表现异常萧条。财政部信息显示："许多已获准上市发行的有价证券又留存在有价证券总存量中，因为它们上市流通的终端技术等问题并未解决。”1903年，交易所的行情才稍微回暖，有价证券的价格有所抬头。但是同年秋，“随着最新的有关远东局势令人担忧的消息传来，明显可以观察到股市行情又开始疲软，呈现下行的走势”①。1903年末，刚刚摆脱经济危机困扰的股市接连受到日俄战争及1905～1907年国内革命事件的阻滞，交易继而停滞下来②。圣彼得堡交易所处于发展严重受限制的状态，一直到1907年末，俄国证券市场才慢慢走出“冰霜期”③。

因此，有关一战前10年俄国证券市场发展阶段的划分问题，引发了学者的极大兴趣，科科夫佐夫提出俄国证券市场的发展历程应包括两个时期，且其中每个发展时期施行的金融政策与另一发展时期相比都有严格的区别，这两个时期为：1904年至1907年中期；1907年中期至1914年中期。其中第一个发展时期明显起始于日俄战争，随后是1905～1907年革命的爆发，这一阶段未能有力地促进“国家财政金融不良状况的改善”，或者说，没有获得“国家生产力的发展以及国民财富的积聚”④。科科夫佐夫指出，“紧随着战争结束，国内又出现一个对我们十分不利的征兆，即国内革命的脚步悄然走近，动摇了俄国财政金融体系的

① Шепелев Л. Е. Акционерные компании в России: XIX – начало XX века. СПб., 2006. С. 236.

② Голицын Ю. П. Фондовый рынок дореволюционной России: очерки истории. М., 1998. С. 129.

③ Петербург. История банков. СПб., 2001. С. 252; Кредит и банки в России до начала XX века: Санкт – Петербург и Москва. СПб., 2005. С. 534 – 535.

④ Коковцов В. Н.. Из моего прошлого. Воспоминания 1903 – 1919 гг. Т. 2. М., 1992. С. 305.

稳定，况且之前的日俄战争已大大地触动和破坏了该体系”，将“整个战争期间如此艰难地保护下来的全部国家财富摧毁，俄国的财政管理部门任重而道远，他们肩负着旁人体察不到的重任，其艰难程度是无法衡量的，甚至超出降临到俄国头上的遭遇外敌武装入侵命运的悲惨程度”①。这一动机的重要性在于稳定俄国的财政金融体系。时任财政大臣在自己的回忆录中不止一次地强调指出这一点：“需要严加防范俄国财政金融体系稳定性的大堤从国家内部被挖断摧毁，不仅如此，我们还面临一项重要的工作，即寻求日俄战争借款的清偿资金，并准备修正国内革命带来的一切错误后果，以便迎接国家财政金融体系的平静恢复期，筹备发展生产力的创建性工作并着手实施，因为国内时局恰好为我们做这一切提供了契机。”为此，科科夫佐夫指出：“从 1906 [illegible] 4 月到 1907 年 6 月第一届国家杜马和第二届国家杜马存续[illegible]，就‘为捍卫俄国财政金融体系稳定性而做斗争的紧张程度[illegible]奉献意义’而言，目前付出的努力与 1905 年国内革命运动[illegible]期的努力没有丝毫的区别和不同。”②

证券市场能够对 20 世纪初俄国财政金融体系的[illegible]摇、失去稳定性的过程产生消极影响，甚至起到推波助澜的[illegible]。

为加强红利股票行市的稳定性，俄国国[illegible]在危机年代继续通过借助上文提[illegible]的圣彼得堡银行辛迪[illegible]国内证券市场施加影响和发挥作用。早[illegible] 1904 年 1 月 30 [illegible]，也就是日俄战争爆发的初

---

① Коковцов В. [illegible] Из моего п[illegible]ого. Воспоминания 1903 – 1919 гг. Т. 2. М., 1992. С. 305.

② Коковцов В. [illegible] з мо[illegible]рошлого. Воспоминания 1903 – 1919 гг. Т. 2. М., 1992. С. 305 – [illegible].

期，俄国国家银行就获得财政部的特别恩准，不必偿还相应的计息证券发放贷款的补缴款，这在一定程度上减轻了借款人的债务负担。在描述1904～1907年俄国证券市场的状况时，巴尔克指出："同日本的战争以及'俄国内部的无秩序性'长期令俄国国内货币市场处于非正常的运转状态。"①

让我们分析一下，俄国金融危机时代的工业发展形势和政治格局是如何影响冶金工业股票和石油工业股票的市场行情的？证券市场行情的波动性与工业部门生产的长期趋势及宏观经济非良性发展背景在多大程度上契合？

1904年1月，日俄断绝外交关系的传言一度引起有价证券估价的贬值，交易行情大跳水。经济学家B. A. 穆科谢耶夫对这个事件做出如下描述："国家面临前途未卜的命运，这一切致使交易所陷入绝境。尽管大家推测，战争双方到最后可能采用和平方式解决冲突问题，可是日本政府下一步的打算我们至今一无所知。1月23日晚，伦敦的一些银行和私营银号从它们派出的驻外分理处获悉俄国和日本即将断绝外交关系。可是这则消息传到我们这里已是1月25日凌晨了。由于消息来得太突然，完全出乎意料，因而令所有人震惊不已，交易所充满了恐慌和害怕的情绪。战争爆发第一天，即1月27日，交易所开盘后，交易表现出来的整体悲观行情超乎人们的想象，未来行情走势难以预料，交易大厅里的交易者在呻吟。银行家及广大交易者趁火打劫，那些原本十分胆小的场外经纪人遭到他们的重拳出击和挤兑。就在同一交易日，数百名小交易者被市场无情地抛弃了。有价证券估值的贬值具有自发性，绝大多数

---

① РГИА. Ф. 583. Оп. 19. Д. 95. 1914. Л. 3 об. －4.

情况下已失去了客观逻辑性及合理存在意义。国外证券市场流露出同样的端倪。”①

穆科谢耶夫认为，证券交易恐慌是受到“股票持有人完全无根由的盲目悲观情绪影响的，这些交易者被买跌的投机分子无耻地设计了”②。

《交易公报》时事新闻专栏同样指出俄日两国突然宣战的消息引发了交易所的恐慌。尽管战前不安和担忧的股票持有人日益情绪化，但是所有人仍然盼望着利好消息的传来。下面就是1904年1月中旬交易行情的典型表现：“昨日受压抑的交易行情突然变得较为平静。昨日交易所散布的消息在今日并没有得到确认。甚至，根据一些间接的数据可以尽快地下结论，例如，柏林对目前的政治局势持较为悲观的态度，正是从柏林这里多次传递出来买卖各种红利股票的命令。”③

不仅如此，最近几日，投机商中没有一个人预料到这场不可避免的战争的爆发，大家反倒认为行情下跌的走势毫无根据可言。据《交易公报》的资料证实，战争爆发前10日交易行情表现得十分乐观。

“近日交易行情丝毫没有表现出受抑制的迹象。有价证券的换手率稳中放大，呈向好的态势。职业投机商从一个极端走向另一个极端，想必今日他们已经超出自己的承载能力而顺利地满仓。这些

---

① Мукосеев В. А. Кредит, биржа и денежное обращение. // Общественное движение в России в начале XX века. Том IV. СПб., 1910. С. 197.

② Мукосеев В. А. Кредит, биржа и денежное обращение. // Общественное движение в России в начале XX века. Том IV. СПб., 1910. С. 197.

③ Биржевые ведомости. СПб., 2-е изд., 1904. №14, 15 января.

人盘算着能有机会高价出手而大捞一笔。有太多正面的数据信息显示整个盘面急剧翻转。”①

1月23日，交易持续活跃。“今日市场行情急剧转变，一切向好的方向转化。所呈现的上涨行情很难归因于政治，因为自昨日以来，远东地区的事态并没有任何新的进展，确切地说，行情的变化是基于这样一个事实，即市场在过去几天里的悲观情绪中走得太远了。”② 尽管这一天远东的危急形势加剧了，但是交易所重拾向好的行情。不过好景不长，随着远东消息频传，交易所很快重新陷入紧张的期待中。投机的所有利益都集中在政治事件上，政治事件和国际时局显然在左右着交易所的行情走势。并且，根据对当前政治形势或多或少的有利评估，交易市场的行情业已形成，后者往往受到往来外交函电以及西欧各大证券市场行情动态的影响③。

同日本外交关系的破裂令俄国交易所蒙上一层阴影，四处笼罩着令人压抑的气氛。因而，1月24日的圣彼得堡交易所在一种几近恐慌的情绪中度过④。随后发生的一连串事件只会加剧股市动荡，已“达到了不可思议的程度，《交易公报》中刊登的有关阿尔图尔港袭击事件的报道，以及由此产生的恐慌情绪，使股票行情十分不利，不利的行情也波及了外国交易市场”⑤。

交易所的恐慌行情没有持续多久。财政部1904年1月29日发布的一条特别公告在一定程度上平息了交易所慌乱的情绪。股东们

① Биржевые ведомости. СПб.，2 – е изд.，1904. №15，16 января.

② Биржевые ведомости. СПб.，2 – е изд.，1904. №22，23 января.

③ Биржевые ведомости. СПб.，утренний выпуск，1904. №45，24 января.

④ Биржевые ведомости. СПб.，утренний выпуск，1904. №47，25 января.

⑤ Биржевые ведомости. СПб.，утренний выпуск，1904. №49，28 января.

从中解读出全部有关“造成交易所恐慌情绪的毫无根据的信息”，财政部公告对股东们详细解释了这一点。这必然引发交易行情的反转，一切趋于平稳，大量遭到低价抛售的股票行情逆转，资金外流得到有效控制。

接下来我们再关注有关1903年冬和1904年春交易所公报的信息报道，以便深入研究和分析交易所受战争中重大事件报道的影响及做出的反应。

总之，应该指出的是，绝大多数股票在战争第一个月都极为快速地恢复了先前的行情。

在1904年2月23日战争开始后的一周交易所述评中，一位时事新闻编辑指出，当地市场迎来了较平静的交易气氛……整个一周内红利股票卖方报价的特点是极度克制，显然，交易所暂时不再受政治事件带来的强烈冲击……不得不指出的是，当地交易市场的买家就数量而言没有什么可吹嘘的。尽管股票价格已显著下滑，但交易人潜意识中对交易所事务并不陌生，他们认识到战时偶发性事件可能会对股票交易价格产生影响这一事实的存在。因此，从事投机交易的普通民众甚至专业人士都倾向于持观望态度，耐心等待政府政策的出台，直到交战各方积攒足够的作战力量，战争将进入更具决定性的进程……当地市场恢复稳定，不再盲目恐慌，可能会认为自己相当安全。按交易所这个概念的狭义说，交易界和职业投机商都在静心等待，政治事件将股票交易标价从近期停滞不前的水平上移开，交易界在等待新的事件爆发……很难说，当地交易市场将休眠多久。①

① Биржевые ведомости. СПб.，утренний выпуск，1904. №97，23 февраля.

“股市休眠”似乎恰当地定义了什么是稳定情绪。因此，第二日，日本军舰炮击符拉迪沃斯托克的消息就这样被忽视了。交易所对此表现得非常冷静，这一事件对股票行情没有造成影响①。

然而，两周后形势发生了变化，交易所时事新闻编辑在3月7日周述评中写道：“本周，证券交易所终于结束了耐心等待政策出台的日子。在确信停滞的价格是基于暂时报价，而暂时报价又是大家默认的结果，即目前的价格水平已经充分考虑到战时的逆境，投机商结束了对军事事件发展进程的被动期望，他们决定试着制造一个小的价格波动……投机不是为了制造一个上升的行情，而是为了谨慎地重新定位。”②

这一稳固的行情走势似乎与新闻编辑的期待相矛盾。前线战事不妙，可是从战区传来的不利消息在交易所开市时却被人们抛在了脑后：“顶着从远东前线传来的官方最新不利消息带来的压力，忽略对人们心理造成的不良影响，交易所今日（4月1日）开盘后，场内谨慎情绪不断加重，盘中有小幅跳水，表现为缩量，但是随后接下来的盘中投机交易表现稳健，尾盘甚至再度达到活跃，一度放量交易。”③ 交易所收到鸭绿江前线阵地传来的同样的战况报道：“尽管今日官方电报传来鸭绿江战况的详细消息，但红利股票行情出乎人们的意料并未走弱。大盘开始后，股价稍微回落，不过并没有造成换手率的变化。接下来整个交易走势表现反转，交易行情倾向于市场需求放量增长，收盘时交易牌价居高不下。总体而言，交易所对爆发的政治事件以及战争并没有丝毫的慌乱，表现异常镇

① Биржевые ведомости. СПб.，утренний выпуск，1904. №99，24 февраля.

② Биржевые ведомости. СПб.，утренний выпуск，1904. №122，7 марта.

③ Биржевые ведомости. СПб.，2－е изд.，1904. №89，2 апреля.

静，并未过多地在意和顾虑对于自己国家十分不利的消息和事件。”① 如果传来的不利消息难以觉察，对股市的影响也不那么敏感，那么有时一些“正面”消息还能稳固行情，例如，4 月 28 日有关恢复中国旅顺港通信的电文曾令“无论是基金债券还是红利股票的市场行情都大涨，气氛一度活跃”②。

石油公司股票就是一个鲜明的例子。俄国军队在鸭绿江畔节节败退的消息令石油红利股票牌价迅速下滑。在战争爆发最初几个月直至 1904 年 4 月，股票牌价呈现略为稳定的行情。接下来，从 5 月开始，交易行情逐渐好转并一直延续到 12 月下旬，也就是说直到旅顺港大撤退，交易指数一直维持在相当高的水平上。但是，情况从 1904 年末开始恶化。直到 1905 年 2 月初，交易行情始终保持在这个水平上。整个 2 月都能察觉到投机分子的观望态度。奉天之战以后，2 月末证券市场行情总体下滑，市场有抛售股票的迹象③。奉天之战俄军大败，这一切引发了俄国国内交易所的协同效应，市场一片恐慌。1905 年 5 月，俄军舰队在对马海战的严重失利都没有带来如此巨大的影响。这一点从 5 月 16 日交易记录就能看出来：“尽管今日早报传递的是俄军舰队前线失利的消息，原本指望交易市场投机行为有所抑制，而今日交易行情却相当稳定活跃。大单交易锁定冶金工业股票，同冶金股票一样市场需求大增的还有部分石油股票和铁路股票。”④

次日交易市场的热度有所下降，不过并没有发生任何堪比对

① Биржевые ведомости. СПб.，2-е изд.，1904. №109，22 апреля.

② Биржевые ведомости. СПб.，2-е изд.，1904. №116，29 апреля.

③ Биржевые ведомости. СПб.，2-е изд.，1905. №48，25 февраля.

④ Биржевые ведомости. СПб.，2-е изд.，1905. №120，17 мая.

马海战俄军惨败后的股市大灾难："今日早盘表现不佳，不过，至少在低价区间运行。前方战线传来了俄国太平洋舰队分舰队遭遇重挫的详细报道，消息自然不利于行情企稳回升，整个交易日持续低迷。今日交易价格依靠什么维系呢？自然，主要受到境外交易所良好运行的影响，事实上，那里在昨日，早已抢先我们一步得知了俄国舰队吃败仗的详情，不过，境外股市的表现还算令人满意。临近交易结束，当经纪人宣布最新来电的时候，市场行情开始走弱，尽管我们不得不承认尾盘的行情相对开盘价而言下滑的幅度并不是很大。"① 对马海战惨败带来的不利影响没有持续多久，5 月 18 日，"交易所大盘回稳，市场表现平静，股票行情较为平稳"②。

由于出现即将走向和平局势的传闻，1905 年 5 月末，交易所开盘就出现例行的上行走势："今日（5 月 27 日）的交易所一直保持着不同寻常的稳定气氛，股价蹿升……国外市场表现平稳，其原因与可能举行和谈、俄国国内施行根本性变革的构想进展顺利等传闻不无关系。"③ 和谈的传闻令股市交易者情绪高昂④。

战争最后几个月引起人们极大的关注。这个阶段的典型特点是市场行情高开高走，这一走高的行情一直持续到 1905 年 10 月。上涨行情受俄日两国订立和平友好条约以及接下来签订的《朴次茅斯条约》的直接影响。交易所新闻简讯 3 次提醒我们筹备议和谈判等事宜。

---

① Биржевые ведомости. СПб.，2－е изд.，1905. №121，18 мая.

② Биржевые ведомости. СПб.，2－е изд.，1905. №122，19 мая.

③ Биржевые ведомости. СПб.，2－е изд.，1905. №130，28 мая.

④ Биржевые ведомости. СПб.，2－е изд.，1905. №132，31 мая.

7 月 1 日："今日交易气氛平稳，交易行情保持在高位运行。从边境不断传来购买各种红利股票的声音，这一切似乎与局势向和谈方向发展有关。按照沙皇最高旨意，维特被任命为和平谈判的全权代表。"①

8 月 16 日："由于和谈结果尚未明朗，同时，受西方市场俄国有价证券一路下跌等不利因素影响，今日早盘表现偏弱……"②

8 月 17 日："受缔结和平条约的影响，红利股票成交量放大，行情坚挺，交易活跃。在大单交易项目中，银行股票和绝大多数冶金工业股票的交易成交额急速上升。"③

1905 年 8 月 23 日，日俄签订《朴次茅斯条约》。当日股市"交易气氛活跃，红利股票逐笔交易量、单笔大单成交额上升"④。因此，从整体上看，日俄战争时期，我们研究的机器制造业红利股票牌价的动态变化具有以下两个基本特征。

1904 年 1 月战争前夕，股价大幅下跌，1 月 27 日迎来股市曲线图上的最低点……当日宣布战争爆发，这种情况下，科洛缅斯克机器制造公司的股价下跌 22%，加尔特曼工业公司的股价下跌 25%，普季洛夫冶金工业公司的股价下跌 34%，布良斯克冶金工业公司的股价下跌 36%。

从 1904 年开始，俄国证券市场重拾涨势，到 4 月末，交易行情修复性上涨，几乎回到了 1 月初水平（布良斯克冶金工业公司股票除外，尽管上涨了 30%，但还是没有恢复到先前的水平）。

---

① Биржевые ведомости. СПб.，2 – е изд.，1905. № 161，2 июля.

② Биржевые ведомости. СПб.，2 – е изд.，1905. №205，17 августа.

③ Биржевые ведомости. СПб.，2 – е изд.，1905. №206，18 августа.

④ Биржевые ведомости. СПб.，2 – е изд.，1905. №212，24 августа.

1904 年至 1905 年中期，石油工业公司的股票行情动态相对平稳。经过 1904 年 1 月行情急速下跌崩盘后，所有公司的股票价格明显受到日俄战争的影响开始企稳回涨，从 15% 上涨到 35% 。例如，1 月 27 日，宣布战争爆发当日，交易所走出最低行情。同一日，里海石油公司的股价跌至 4200 卢布，曼塔舍夫石油公司的股价跌至 160 卢布，诺贝尔兄弟联营公司的股价跌至 9250 卢布。与 1904 年 1 月 1 日的信息相比较：这一日里海石油公司的股价 5600 卢布，曼塔舍夫石油公司的股价 241 卢布，诺贝尔兄弟联营公司的股价 11050 卢布。股市呈现下跌行情，显然，这与远东政治局势有关。1904 年 1 月交易所的报道专栏已完全证实股市行情走势取决于这些政治事件的发生。实力最为雄厚的诺贝尔兄弟联营公司股票价格的跌幅明显小于其他公司。接下来股市的走势表明，诺贝尔兄弟联营公司的股票价格始终围绕 1904 年 1 月后确立的平均价格上下浮动。1904 年 12 月行情跌势明显，1905 年 1 月行情下跌加速。但是，这次跌幅在 5% ~15% ，在此期间诺贝尔兄弟联营公司的股票重现最小震荡，而跌幅最大的是曼塔舍夫石油公司的股票。在这种情况下，战争给交易活动带来的损失十分明显，表现为股价呈现显著的下跌走势。但是，将这一损失称为“巨大的”① 又难免夸大其词：到《朴次茅斯条约》签订前，石油股价接近战前水平。和平条约签订当日，里海石油公司的股票价格为 5400 卢布，曼塔舍夫石油公司的股票价格为 230 卢布，诺贝尔兄弟联营公司的股票价格为 10350 卢布。毫无疑问，缔结和平条约缓和了交易所的气氛，刺激了股票行情重拾涨势，关于这一点，交易所分析专家同样直言

① Мукосеев В. А. Указ. соч. С. 203.

不讳。正如稍后《金融工商时报》指出的，《朴次茅斯条约》的签订以及各项条款的确立，引起公众对交易行情美好的预期①。

***

1905 年是俄国国内革命积极发展的阶段，现在我们来关注 1905 年《交易公报》有关圣彼得堡交易所证券部的信息报道，系统地研究 1905 年该报报道的重大国内政治事件及其对证券市场的影响②。

1905 年 1 月 9 日《流血星期日》：交易所专栏对预示着革命开端的这一政治事件没有做出反应。《交易公报》1 月 5 日这一期对当日交易行情做了如下描述："今日交易气氛活跃。投机商强劲购入工业红利股票，导致其量价齐升。其中，冶金工业股票备受追捧。"③

1 月 14 日《交易公报》含有如下交易日相关报道："交易所今日表现十分活跃。早盘开盘价格坚挺，偶尔弱势。冶金板块成为投机交易商的首选。闭市后，所有冶金股价格开始走低。"④

---

① Вестник финансов，примышленности и торговли. №8. 1906.

② 请注意，直到 1905 年 10 月，媒体才受到审查制度的严格控制。然而，在全俄十月罢工的过程中，即 1905 年 10 月 10 日，圣彼得堡成立了新闻自由联盟，宣布抵制严厉的审查机构。在 10 月 17 日宣言（特别是《言论自由宣言》）通过之后，审查制度的压迫被打破。1905 年 11 月 24 日，政府颁布了一项新的"关于定期刊物临时规则"的法令，该法令取消了对期刊的预先审查。1906 年 4 月 26 日颁布了"关于不定期刊物临时规则"的法令，该规则也适用于非期刊出版物（图书和宣传册）。根据这些法令，出版任何违反当局规定的出版物都将受到起诉。

③ Биржевые ведомости. СПб.，2－е изд.，1905. № 6，6 января.

④ Биржевые ведомости. СПб.，2－е изд.，1905. №7，15 января.

1905 年 1 月，《交易公报》的专栏“圣彼得堡交易所证券部”对革命政治事件只字未提，尽管这个月产业工人大罢工人数已达 44 万人之多。对“流血星期日”前后（1 月 5 日和 1 月 14 日）研究企业股价波动情况进行比较分析具有重要意义：1 月 5 日和 1 月 14 日，普季洛夫冶金工业公司股票价格分别为 137 卢布和 130 卢布，科洛缅斯克机器制造公司的股票价格分别为 362 卢布和 349 卢布，加尔特曼工业公司的股票价格分别为 228.5卢布和 219 卢布。正如所见，所有股票都呈下跌行情，但情况并不严重，跌幅不大（下跌 3.5% ~5.1%，其中跌幅最大的是位于圣彼得堡的工矿企业）。

伊万诺沃 – 沃兹涅先斯克大型手工业工场罢工：（开始于 1905 年 5 月 12 日，持续 72 天，有 7 万名工人参加）。《交易公报》专栏“圣彼得堡交易所证券部”未见此类消息报道①。

全俄十月政治总罢工②。第一次提到十月政治总罢工是在 10 月 12 日的《交易公报》专栏“圣彼得堡交易所证券部”上：“今日关于铁路罢工造成大规模威胁的报道肯定会给交易所留下深刻印象，毫不奇怪，无论是股票市场还是基金市场，受此影响都表现偏弱，受到严重打压。如果一开始没有干预性地购买以防止价格恐慌，很可能会有更大范围的下跌……几乎所有红利股票的价格都受到了影响。今日冶金工业股票中只有科洛缅斯克机器制造公司的股价相对强劲。”③

---

① 1905 年 6 月战舰波将金号起义也是如此。

② 罢工于 1905 年 10 月 6 日开始，驻莫斯科喀山铁路主要车间的工人举行罢工。圣彼得堡铁路工人罢工开始于 10 月 11 日，罢工从 10 月 15 日开始具有了全俄的性质，波及所有工业部门，200 多万名工人参加大罢工。

③ Биржевые ведомости. СПб.，2 – е изд.，1905. №259，13 октября.

交易所新闻专栏对1905年10月的政治事件也做了报道。由于《交易公报》此时尚未推出，我们运用《新时代》报的交易所通讯栏目填补空白，其提供的新闻材料与《交易公报》的交易所时事报道最为符合。例如，喀琅施塔德水兵起义（10月26日）在连续两期《新时代》报的交易所通讯栏目中被提及①。

10月27日："今日早盘表现平稳，即使上半场交易多方有恢复的迹象，下半场还是深受喀琅施塔德事件的影响，相关报道从根本上破坏了交易所的情绪，这几乎成了交易行情恐慌性下跌的导火索。当日闭市大盘表现软弱，受到如此打压，即便是后来前线战区屡屡传来最坏的消息，人们也不曾记得市场有比这更坏的行情表现。"②

10月28日："盘面继续受打压，投机交易所陷入萧条状态，其原因有来自喀琅施塔德消息的负面影响，同时这里谣言四起。尽管股市收盘较平静，但总体价格水平仍呈大幅下跌趋势。"③

1905年11月："交易所新闻专栏对第一次俄国革命只字未提④。本月在圣彼得堡交易所上市的许多工业企业股票价格大跌，引发下跌行情的最重要因素是欧洲证券市场对俄国政治局势迅速做出反应。"以下是11月《新时代》报的交易所通讯栏目对证券交易所新闻报道的片段。

---

① 喀琅施塔德水兵起义也在10月30日《一周交易评述》中被提道："投机交易所（过去一周——作者按）行情走弱，由于受到省内主要是喀琅施塔德事件的影响，盘面明显受到打压。"

② Новое время. 1905. №10643，27 октября.

③ Новое время. 1905. №10644，28 октября.

④ 尽管正是1905年11月11～16日，塞瓦斯托波尔爆发了水手和士兵大规模起义。

11月7日："过去一周紧张的政治形势引起外汇需求量放大，这主要是由于国际货币市场呈现空前的对卢布的需求，这是久违的现象，结果直接导致我方卢布的价格下跌，外汇汇率大幅上扬……在投机市场上出现了类似的现象：大多数红利股票价格大幅下跌……"①

11月15日："今日交易行情呈现一幅令人遗憾的景象，大多数红利股票经历了持续的、深度的下跌。持续发酵的工厂动荡以及各种令人难以置信的谣言最终令资本家和银行事务陷入瘫痪……"②

11月23日："今日圣彼得堡交易所的行情几近恐慌，起因是在外国交易所挂牌的俄国有价证券价格大幅下跌。在巴黎证券交易所推出的俄国机械工业集团的部分股票价格下跌100法郎不等，这一不利行情明显影响俄国国内市场的行情动态，圣彼得堡交易所大盘走出同样甚至更低的行情，并且造成连锁反应，其他红利股票行情也都接连下挫……"③

10月末至11月末，冶金工业企业的股票大幅贬值：科洛缅斯克机器制造公司的股价下跌20%，加尔特曼工业公司的股价下跌22.5%，普季洛夫冶金工业公司的股价下跌33.8%，布良斯克冶金工业公司的股价下跌37%。

12月9~19日，莫斯科发生武装起义。交易所新闻专栏对这一事件几乎没有反应，要知道这是1905年革命中最重要的事件之一。例如，交易所通讯栏目在12月18日一周交易评述时说："过

① Новое время. 1905. №10650, 8 ноября.

② Новое время. 1905. №10658, 16 ноября.

③ Новое время. 1905. №10666, 24 ноября.

去一周交易市场总体行情的表现非常稳定和坚挺，最后却有些疲软，起初红利股票微弱的卖出需求量到本周末还是战胜了买入需求量。本周中期有价证券买入需求放量增加导致行情上涨，但是莫斯科武装起义的消息一公布，行情受到影响，价格再次下跌。最初成交额略微放大，商业银行股票、机械制造工业股票和冶金工业股票的需求量一度增加……”①

12 月 20 日：“来自莫斯科的令人欣慰的消息对我们交易市场的情绪产生了极大的影响，在整个大会期间，交易所的表现一直非常稳定，对红利股票的需求大增，由于报价相对较低，流通中的股票价格大幅抬升……”②

12 月 26 日：“在扼要述评过去一周证券市场和交易所的交易活动及状况时，我们必须一开始就说明两大市场基本面有了显著改善。莫斯科骚乱已经平息，全国政治形势趋于平静，使证券市场有机会重新开始平静的交易活动。当然，现在很难预料股票正常的流动性，而且在过去几个交易日证券市场表现平平，这一点清楚地表明交易所无法期待昔日行情的重现。从自身角度讲，政府的措施却证实了这一预期存在正确性。到目前为止，市场的显著改善已经表明，这种毫无根据和毫无理由的史料的提供已经完全停止下来。相比之下，本周许多独立股票经历了大幅增长，因为有理由相信，我

---

① Новое время. 1905，№10691，19 декабря。接下来是《新时代》报中的一篇文章，里面列出许多股份公司，包括普季洛夫冶金工业公司、科洛缅斯克机器制造公司和加尔特曼工业公司的股票价格。我们发现，我们引用的交易所新闻专栏里面的史料有很多是关于 1905 年某一交易日对上述工业股份公司股票的买入需求信息（28 次提到加尔特曼工业公司的股票，16 次提到普季洛夫冶金工业公司的股票，11 次提到科洛缅斯克机器制造公司的股票）。

② Новое время. 1905，№ 10692，20 декабря.

们所经历的事件不会改变个别企业的经济福祉。在很大程度上，外国市场对俄国有价证券的需求促进了俄国证券市场的整体改善。"①

分析 1905 年在圣彼得堡交易所上市的俄国机器制造工业公司股票价格的年度动态不难发现，革命事件总体上几乎对证券市场的行情变化没有什么影响，可以肯定的是，普季洛夫冶金工业公司的股票价格在 1905 年前 3 个月有所下降。然而，4～5 月的市场表现令人十分感兴趣；接下来，8～10 月行情的典型特点是市场需求量放大，涨势明显。不过普季洛夫冶金工业公司股票的上涨行情是从 9 月开始的。因此，比较上涨前月份（6 月底至7月底）和上涨月份（9 月初至 10 月初）的股票价格变化后，我们得出以下令人印象深刻的数字。在确定了这两个时间区间的最高报价水平后，我们从这些数据的比较中得出：加尔特曼工业公司的股价增长 37.6%，科洛缅斯克机器制造公司的股价增长 29.7%，普季洛夫冶金工业公司的股价增长 16.3%，布良斯克冶金工业公司的股价增长 22%。

如前所述，1905 年 10 月底俄国证券市场很快就开始了"崩盘"的过程，其幅度与上述股票价格上涨幅度相当。

***

考虑到 1905 年俄国石油工业公司股票的行情动态，我们注意到俄国石油行业在所研究的历史时期发生了急剧变化。首先，1905 年 8 月巴库事件引起了人们的关注。俄国油田发生了一场大灾难，

① Новое время. 1905，№ 10698，26 декабря.

一场火灾摧毁了超过一半（57%）的生产钻井。由于这次事故，俄国石油工业蒙受了巨大损失，整个石油工业公司的利润下滑33%。图2－5直观地说明了俄国石油产量的下降趋势。

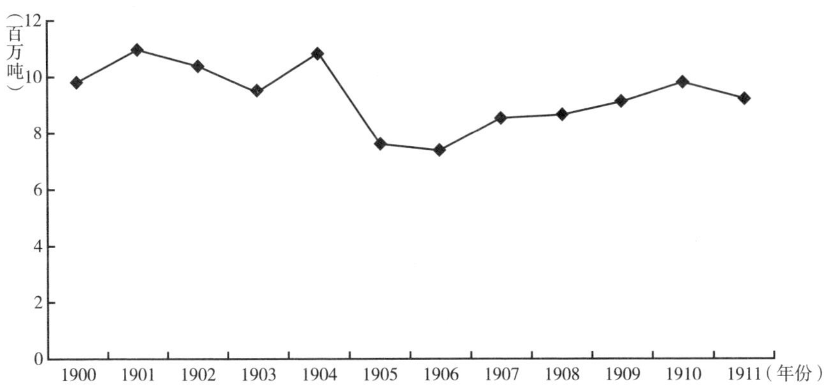

图2－5　1900～1911年俄国石油开采量动态

资料来源：По данным монографии Дьяконовой И. А. «Нефть и уголь в энергетике царской России в международных сопоставлениях». М.，1999. С 166。

令人惊讶的是，巴库灾难并没有严重影响俄国石油工业公司的股票行情：在经历了下跌特别是9月大震荡后，石油股票价格开始恢复并出现大幅回升的行情。俄国石油工业公司股票动态的最大同步变化在1905年10月至12月中旬，当时所有石油工业公司的股价都下跌了20%～45%。曼塔舍夫石油公司的股票再次走出最大跌幅的行情，通常表现最稳健的诺贝尔兄弟联营公司的股票在跌幅榜排名第二，很明显，这种下跌是由于工人人数过多。对俄国石油工业公司股票价格动态的进一步研究表明，革命经历了最高阶段后，每家公司都按照自己的轨迹运营，我们无法追踪图表中的总体趋势变化。例如，诺贝尔兄弟联营公司的股价在上扬，而曼塔舍夫石油公司的股价几乎保持在1905年最后几个月的下跌水平，里海石油公司的股价在很大程度上校正了自己的成交量，此后它们始终保持在同一水平。

俄国石油工业公司股票1905年后的行情走势表明，有3家石油工业公司的股价上涨，而曼塔舍夫石油公司的股价普遍下跌，很可能是由于该公司本身经营陷入困境，后期经历了经济困难。巴库石油公司的股票表现异常活跃，1906年巴库石油公司股票行情大涨。这种增长显然与1906年终该公司的经营状况有关，其1906年利润收入超过1905年利润43%以上。所有其他石油公司的经营都在1906年止损，曼塔舍夫石油公司也结束了亏损年①。

值得注意的是，我们发现股市动态对国家政治生活和外交事件的预期依赖程度较低，让我们看看这种趋势在1909～1914年经济增长时期是否会继续下去。

三　1909～1914年战前工业增长年代的交易所：外交政策和内部政治因素对证券市场行情动态的影响

现在开始关注圣彼得堡交易所的下一个运营期。科科夫佐夫在自己的回忆录中写道，从1907年中期开始，俄国国内政治迎来“内部平静”时期以及多地粮食大丰收，特别是历经1909年和1910年两个丰收年，资本逐渐积累，这一切为俄国国民经济各部门的复苏提供了巨大的动能，经济发展同样要求政府出

① Вестник финансов, промышленности и торговли. Отчеты торговых и промышленных предприятий, обязанных публичной отчетностью. 1905, № 272932. 1906, № 263042.

Десять акцій. 1000 Рублей.

ОБЩЕСТВО

БРЯНСКАГО РЕЛЬСОПРОКАТНАГО, ЖЕЛѢЗОДѢЛАТЕЛЬНАГО И МЕХАНИЧЕСКАГО ЗАВОДА,

ВЫСОЧАЙШЕ утвержденное 20-го Іюля 1873 года.

Капиталъ Общества 7.087.500 рублей.

ДЕСЯТЬ АКЦІЙ

каждая въ СТО рублей

съ №4911 по №4920

НА ПРЕДЪЯВИТЕЛЯ.

SOCIÉTÉ DES ACIÉRIES, FORGES ET ATELIERS DE MACHINES DE BRIANSK,

sanctionnée par SA MAJESTÉ l'EMPEREUR le 20 Juillet 1873.

Capital social 7.087.500 roubles.

Dix actions de cent roubles chacune au porteur.

Предсѣдатель Правленія

Директоры:

за Бухгалтера

Кассиръ

2-й выпускъ. С.-Петербургъ, 1876, St.-Pétersbourg. 2-me émission.

布良斯克冶金工业公司。10股不记名股票，每股面值100卢布，总计1000卢布。俄国，圣彼得堡，1876年。

Десять акцій. 1000 Рублей.

М.Ф. I.

ОБЩЕСТВО

БРЯНСКАГО РЕЛЬСОПРОКАТНАГО, ЖЕЛѢЗОДѢЛАТЕЛЬНАГО И МЕХАНИЧЕСКАГО ЗАВОДА,

ВЫСОЧАЙШЕ утвержденное 20-го Іюля 1873 года.

Капиталъ Общества 7.087.500 рублей.

ДЕСЯТЬ

АКЦІЙ

каждая въ СТО рублей

съ №63886 по №63895

НА ПРЕДЪЯВИТЕЛЯ.

SOCIÉTÉ DES ACIÉRIES, FORGES ET ATELIERS DE MACHINES DE BRIANSK,

sanctionnée par SA MAJESTÉ l'EMPEREUR le 20 Juillet 1873.

Capital social 7.087.500 roubles.

Dix actions de cent roubles chacune au porteur.

2% TITRES ETRANGERS 25 PARIS 5 1899

Предсѣдатель Правленія

Директоры

Бухгалтеръ

Кассиръ

7-й ВЫПУСКЪ. С.-Петербургъ. 1895. St.-Pétersbourg. 7me émission.

布良斯克冶金工业公司。10股不记名股票，每股面值100卢布，总计1000卢布。俄国，圣彼得堡，1895年。

布良斯克冶金工业公司。不记名优先股，每股面值 100 卢布。俄国，圣彼得堡，1907 年。

科洛缅斯克机器制造公司。不记名债券，面值 5000 卢布，利率 5.5%。俄国，科洛姆纳，1887 年。

科洛缅斯克机器制造公司。股票，面值125卢布。第8、第9和第10张股息券。俄国，科洛姆纳，1907年。

ОБЩЕСТВО КОЛОМЕНСКАГО МАШИНОСТРОИТЕЛЬНАГО ЗАВОДА.

1 АКЦІЯ.

АКЦІЯ
ACTION

ОБЩЕСТВО КОЛОМЕНСКАГО МАШИНОСТРОИТЕЛЬНАГО ЗАВОДА.

SOCIÉTÉ DES USINES DE CONSTRUCTION DE MACHINES À KOLOMNA.

Уставъ ВЫСОЧАЙШЕ утвержденъ 5 Ноября 1871 года.

Les Statuts ont été sanctionnés par S. M. l'EMPEREUR le 5 Novembre 1871.

№109086

КАПИТАЛЪ ОБЩЕСТВА въ 15.000.000 рублей распредѣленъ на 120.000 акцій, по 125 руб. каждая, и на облигаціи на 3.500.000 рублей.

LE CAPITAL DE LA SOCIÉTÉ est de 15.000.000 de roubles, divisé en 120.000 actions, de 125 roubles chacune, et en obligations pour un capital de 3.500.000 roubles.

На предъявителя — Au porteur.

За Предсѣдателя / Président p. i.

Члены Правленія / Membres de l'Administration

Директоръ-распорядитель / Directeur-gérant

Бухгалтеръ / Comptable

Кассиръ / Caissier

1912 г.

ОБЩЕСТВО КОЛОМЕНСКАГО МАШИНОСТРОИТЕЛЬНАГО ЗАВОДА.

ТАЛОНЪ отъ акціи въ 125 рублей №109086

По истеченіи срока десятому купону, владѣльцу вышеозначенной акціи будетъ выданъ новый купонный листъ.

Директоръ-распорядитель

ОБЩЕСТВО КОЛОМЕНСКАГО МАШИНОСТРОИТЕЛЬНАГО ЗАВОДА.
10й купонъ отъ акціи №109086
на полученіе дивиденда за 1921 годъ.
Директоръ-распорядитель

ОБЩЕСТВО КОЛОМЕНСКАГО МАШИНОСТРОИТЕЛЬНАГО ЗАВОДА.
9й купонъ отъ акціи №109086
на полученіе дивиденда за 1920 годъ.
Директоръ-распорядитель

ОБЩЕСТВО КОЛОМЕНСКАГО МАШИНОСТРОИТЕЛЬНАГО ЗАВОДА.
8й купонъ отъ акціи №109086
на полученіе дивиденда за 1919 годъ.
Директоръ-распорядитель

ОБЩЕСТВО КОЛОМЕНСКАГО МАШИНОСТРОИТЕЛЬНАГО ЗАВОДА.
7й купонъ отъ акціи №109086
на полученіе дивиденда за 1918 годъ.
Директоръ-распорядитель

ОБЩЕСТВО КОЛОМЕНСКАГО МАШИНОСТРОИТЕЛЬНАГО ЗАВОДА.
6й купонъ отъ акціи №109086
на полученіе дивиденда за 1917 годъ.
Директоръ-распорядитель

ОБЩЕСТВО КОЛОМЕНСКАГО МАШИНОСТРОИТЕЛЬНАГО ЗАВОДА.
5й купонъ отъ акціи №109086
на полученіе дивиденда за 1916 годъ.
Директоръ-распорядитель

ОБЩЕСТВО КОЛОМЕНСКАГО МАШИНОСТРОИТЕЛЬНАГО ЗАВОДА.
4й купонъ отъ акціи №109086
на полученіе дивиденда за 1915 годъ.
Директоръ-распорядитель

ОБЩЕСТВО КОЛОМЕНСКАГО МАШИНОСТРОИТЕЛЬНАГО ЗАВОДА.
3й купонъ отъ акціи №109086
на полученіе дивиденда за 1914 годъ.
Директоръ-распорядитель

科洛缅斯克机器制造公司。股票，面值 125 卢布。第 3、第 4、第 5、第 6、第 7、第 8、第 9 和第 10 张股息券。俄国，科洛姆纳，1912 年。

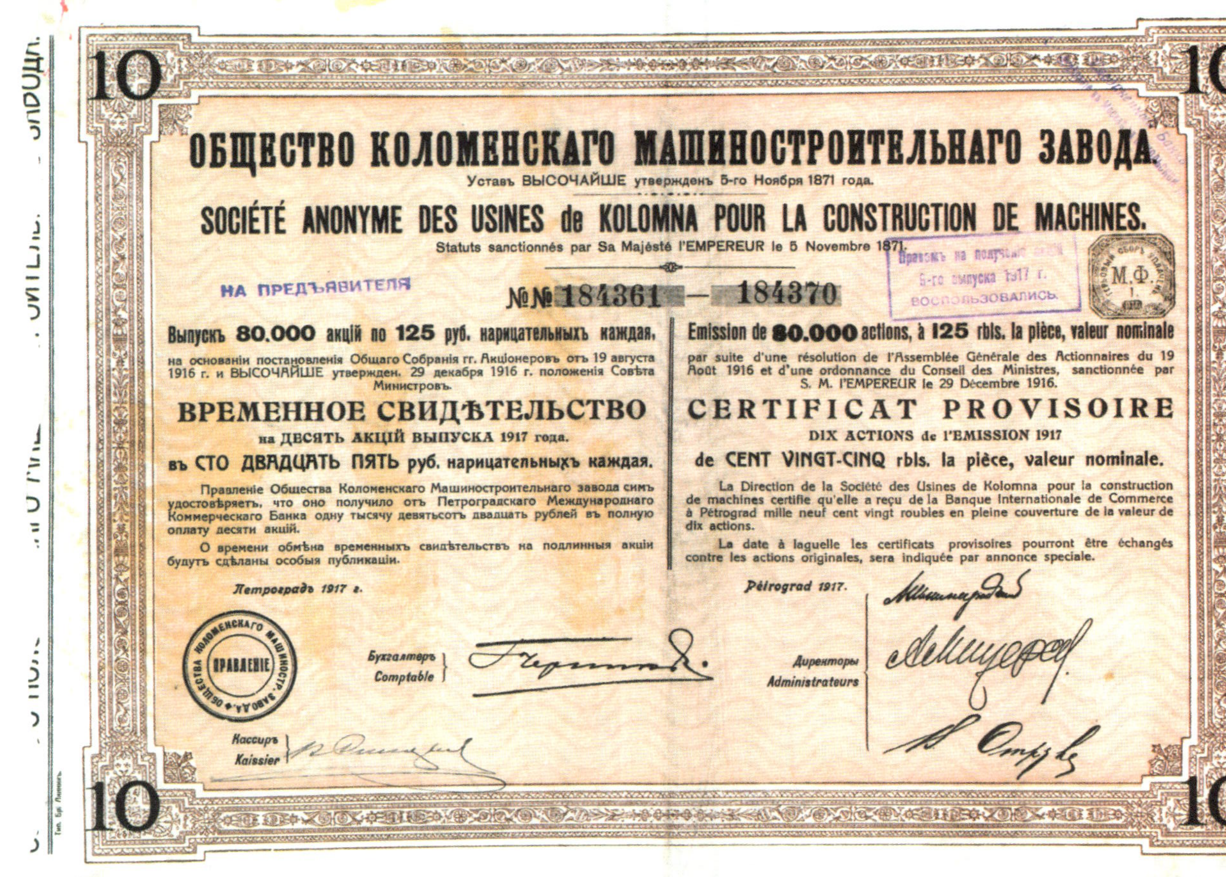

10

ОБЩЕСТВО КОЛОМЕНСКАГО МАШИНОСТРОИТЕЛЬНАГО ЗАВОДА.

Уставъ ВЫСОЧАЙШЕ утвержденъ 5-го Ноября 1871 года.

SOCIÉTÉ ANONYME DES USINES de KOLOMNA POUR LA CONSTRUCTION DE MACHINES.

Statuts sanctionnés par Sa Majésté l'EMPEREUR le 5 Novembre 1871.

НА ПРЕДЪЯВИТЕЛЯ

№№ 184361 — 184370

Правомъ на получение акцiй 5-го выпуска 1917 г. воспользовались.

М.Ф.

Выпускъ 80.000 акцiй по 125 руб. нарицательныхъ каждая, на основанiи постановленiя Общаго Собранiя гг. Акцiонеровъ отъ 19 августа 1916 г. и ВЫСОЧАЙШЕ утвержден. 29 декабря 1916 г. положенiя Совѣта Министровъ.	Emission de 80.000 actions, à 125 rbls. la pièce, valeur nominale par suite d'une résolution de l'Assemblée Générale des Actionnaires du 19 Août 1916 et d'une ordonnance du Conseil des Ministres, sanctionnée par S. M. l'EMPEREUR le 29 Décembre 1916.
ВРЕМЕННОЕ СВИДѢТЕЛЬСТВО на ДЕСЯТЬ АКЦIЙ ВЫПУСКА 1917 года. въ СТО ДВАДЦАТЬ ПЯТЬ руб. нарицательныхъ каждая.	CERTIFICAT PROVISOIRE DIX ACTIONS de l'EMISSION 1917 de CENT VINGT-CINQ rbls. la pièce, valeur nominale.
Правленiе Общества Коломенскаго Машиностроительнаго завода симъ удостовѣряетъ, что оно получило отъ Петроградскаго Международнаго Коммерческаго Банка одну тысячу девятьсотъ двадцать рублей въ полную оплату десяти акцiй.	La Direction de la Société des Usines de Kolomna pour la construction de machines certifie qu'elle a reçu de la Banque Internationale de Commerce à Pétrograd mille neuf cent vingt roubles en pleine couverture de la valeur de dix actions.
О времени обмѣна временныхъ свидѣтельствъ на подлинныя акцiи будутъ сдѣланы особыя публикацiи.	La date à laguelle les certificats provisoires pourront être échangés contre les actions originales, sera indiquée par annonce speciale.
Петроградъ 1917 г.	Pétrograd 1917.

ПРАВЛЕНIЕ · ОБЩЕСТВА КОЛОМЕНСКАГО МАШИНОСТР. ЗАВОДА

Бухгалтеръ Comptable

Директоры Administrateurs

Кассиръ Kaissier

科洛缅斯克机器制造公司。10股股票临时证书，面值125卢布，总计1250卢布。俄国，彼得格勒，1917年。

普季洛夫冶金工业公司。不记名债券，面值 1000 卢布，年收入 50 卢布。俄国，圣彼得堡，1898 年。

普季洛夫冶金工业公司。5 股不记名股票，面值 100 卢布，总计 500 卢布。俄国，圣彼得堡，1912 年。

加尔特曼工业公司。不记名股票，面值 100 金卢布。俄国，圣彼得堡，1897 年。

加尔特曼工业公司。5 股不记名股票，面值 100 金卢布，总计 500 金卢布。俄国，圣彼得堡，1897 年。

съ №25891 по №25900

РУССКОЕ ОБЩЕСТВО

МАШИНОСТРОИТЕЛЬНЫХЪ ЗАВОДОВЪ

ГАРТМАНА.

Уставъ ВЫСОЧАЙШЕ утвержденъ 3 Мая 1896 года.

ОСНОВНОЙ КАПИТАЛЪ 4.000.000 РУБЛЕЙ ЗОЛОТОМЪ,
раздѣленныхъ на 40.000 акцій, по 100 рублей золотомъ каждая.

ДЕСЯТЬ АКЦІЙ,

по 100 рублей золотомъ каждая,

НА

ТЫСЯЧУ РУБЛЕЙ ЗОЛОТОМЪ,

НА ПРЕДЪЯВИТЕЛЯ.

SOCIÉTÉ RUSSE DES USINES DE CONSTRUCTION DE MACHINES HARTMANN.

Les Statuts ont été sanctionnés par S. M. l'EMPEREUR le 3 Mai 1896.

LE CAPITAL DE FONDATION EST FIXÉ à 4.000.000 DE ROUBLES OR,
divisé en 40.000 actions, de 100 roubles or chacune.

DIX ACTIONS, DE 100 ROUBLES OR CHACUNE, SOIT MILLE ROUBLES OR,

AU PORTEUR.

Члены Правленія — Membres de la Direction:

Бухгалтеръ
Le chef-comptable

Кассиръ
Le caissier

С.-Петербургъ, 1897, St-Pétersbourg.

съ №25891 по №25900

10 АКЦІЙ НА 1000 РУБЛЕЙ ЗОЛОТОМЪ.

10 ACTIONS, SOIT 1000 ROUBLES OR.

РУССКОЕ ОБЩЕСТВО МАШИНОСТРОИТЕЛЬНЫХЪ ЗАВОДОВЪ ГАРТМАНА

加尔特曼工业公司。10 股不记名股票，面值 100 金卢布，总计 1000 金卢布。俄国，圣彼得堡，1897 年。

Лит. А.

№02518

ТОВАРИЩЕСТВО НЕФТЯНОГО ПРОИЗВОДСТВА БРАТЬЕВЪ НОБЕЛЬ.

5% ОБЛИГАЦІЯ

въ

ОДНУ ТЫСЯЧУ ГЕРМ. МАРОКЪ.

Владѣлецъ сей облигаціи участвуетъ ОДНОЮ ТЫСЯЧЬЮ герм. марокъ въ займѣ 32.400.000 герм. марокъ, сдѣланномъ на условіяхъ, на оборотѣ сего означенныхъ, и обезпеченномъ, преимущественно предъ всѣми другими долгами Товарищества, за исключеніемъ облигацій 1897 года, и вслѣдъ за этими облигаціями всѣми доходами онаго, запаснымъ его капиталомъ и всѣмъ движимымъ и недвижимымъ имуществомъ Товарищества нефтяного производства Братьевъ Нобель.

Проценты, по ПЯТИ на сто въ годъ, платятся, на основаніи закона 10 Декабря 1899 года, безъ удержанія сбора съ доходовъ отъ денежныхъ капиталовъ, по предъявленіи полугодовыхъ купоновъ, 20 Декабря/2 Января и 18 Іюня/1 Іюля каждаго года въ С.-Петербургѣ, въ Правленіи Товарищества, и въ Германіи, въ Правленіи Учетнаго Общества въ Берлинѣ и его отдѣленіяхъ, въ Берлинскомъ Торговомъ Обществѣ въ Берлинѣ, а также въ Сѣверо-Германскомъ банкѣ въ Гамбургѣ и въ банкирскомъ домѣ М. М. Варбургъ и К° въ Гамбургѣ.

Lit. A.

№02518

NAPHTA-PRODUCTIONS-GESELLSCHAFT GEBRÜDER NOBEL.

5% OBLIGATION

UBER

EIN TAUSEND MARK D. R.-W.

Der Inhaber dieser Obligation hat einen Anteil von EIN TAUSEND Mark D. R.-W. an der Anleihe im Betrage von 32.400.000 Mark D. R.-W., welche zu den umstehend angeführten Bedingungen ausgegeben, mit Vorrecht vor allen anderen Schulden der Gesellschaft, mit Ausnahme der Obligationen von 1897 und diesen Obligationen im Range nachstehend, durch sämtliche Einkünfte, durch das Reservekapital und durch das gesamte Mobiliar- und Immobiliar-Vermögen der Naphta-Productions-Gesellschaft Gebrüder Nobel gewährleistet ist.

Die Zinsen sind mit FÜNF Procent jährlich, auf Grund des Gesetzes vom 10 December 1899, ohne Abzug der Kapitalrenten-Steuer, gegen Vorzeigung der am 20 December/2 Januar und 18 Juni/1 Juli jedes Jahres zahlbaren halbjährigen Zinscoupons in St.-Petersburg, an der Kasse der Gesellschaft, und in Deutschland, bei der Direction der Disconto-Gesellschaft in Berlin und bei deren Filialen, bei der Berliner Handels-Gesellschaft in Berlin, sowie bei der Norddeutschen Bank in Hamburg und dem Bankhause M. M. Warburg & C° in Hamburg, zu erheben.

ДИРЕКТОРЫ DIE DIRECTOREN:

Кассиръ / Kassier

Бухгалтеръ / Buchhalter

С.-Петербургъ, 1904, St.-Petersburg.

ТОВАРИЩЕСТВО НЕФТЯНОГО ПРОИЗВОДСТВА БРАТЬЕВЪ НОБЕЛЬ.

Талонъ 5% облигаціи 1904 г. №02518 Лит. А въ 1000 герм. марокъ.

По предъявленіи сего талона, съ 20 Декабря 1914/2 Января 1915 года по 18 Іюня/1 Іюля 1916 года, если облигація не выйдетъ въ тиражъ, будетъ выданъ въ С.-Петербургѣ, въ Правленіи Товарищества, или въ Германіи, въ Правленіи Учетнаго Общества въ Берлинѣ и его отдѣленіяхъ, въ Берлинскомъ Торговомъ Обществѣ въ Берлинѣ, въ Сѣверо-Германскомъ банкѣ въ Гамбургѣ или въ банкирскомъ домѣ М. М. Варбургъ и К° въ Гамбургѣ, новый купонный листъ съ талономъ на слѣдующія десять лѣтъ. Послѣ 18 Іюня/1 Іюля 1916 года талонъ сей недѣйствителенъ, и новый купонный листъ будетъ выданъ лишь по предъявленіи самой облигаціи.

С.-Петербургъ, 1904 г.

Директоръ

诺贝尔兄弟联营公司。债券，利率 5%，总计 1000 德国马克。俄国，圣彼得堡，1904 年。

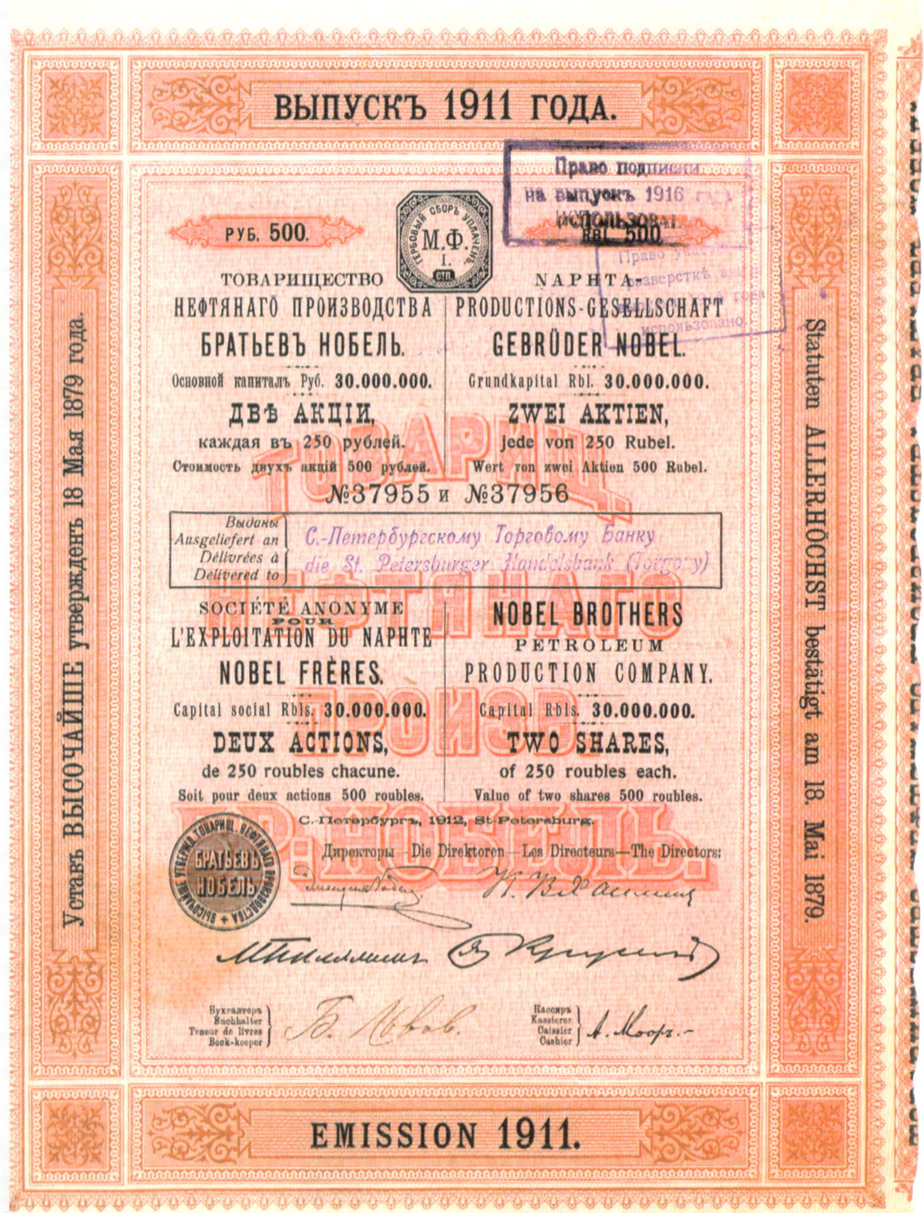

ВЫПУСКЪ 1911 ГОДА.

Право подписки на выпускъ 1916 года использоват. Rbl. 500

РУБ. 500.

ТОВАРИЩЕСТВО НЕФТЯНАГО ПРОИЗВОДСТВА БРАТЬЕВЪ НОБЕЛЬ.

Основной капиталъ Руб. 30.000.000.

ДВѢ АКЦІИ, каждая въ 250 рублей.

Стоимость двухъ акцій 500 рублей.

NAPHTA-PRODUCTIONS-GESELLSCHAFT GEBRÜDER NOBEL.

Grundkapital Rbl. 30.000.000.

ZWEI AKTIEN, jede von 250 Rubel.

Wert von zwei Aktien 500 Rubel.

№37955 и №37956

Выданы / Ausgeliefert an / Délivrées à / Delivered to: С.-Петербургскому Торговому Банку / die St. Petersburger Handelsbank (Torgovy)

SOCIÉTÉ ANONYME POUR L'EXPLOITATION DU NAPHTE NOBEL FRÈRES.

Capital social Rbls. 30.000.000.

DEUX ACTIONS, de 250 roubles chacune.

Soit pour deux actions 500 roubles.

NOBEL BROTHERS PETROLEUM PRODUCTION COMPANY.

Capital Rbls. 30.000.000.

TWO SHARES, of 250 roubles each.

Value of two shares 500 roubles.

С.-Петербургъ, 1912, St.-Petersburg.

Директоры — Die Direktoren — Les Directeurs — The Directors:

Бухгалтеръ / Buchhalter / Teneur de livres / Book-keeper

Кассиръ / Kassierer / Caissier / Cashier

EMISSION 1911.

Уставъ ВЫСОЧАЙШЕ утвержденъ 18 Мая 1879 года.

Statuten ALLERHÖCHST bestätigt am 18. Mai 1879.

诺贝尔兄弟联营公司。两股股票，面值 250 卢布，总计 500 卢布。俄国，圣彼得堡，1911 年。

诺贝尔兄弟联营公司。股票，面值 250 卢布。俄国，圣彼得堡，1914 年。

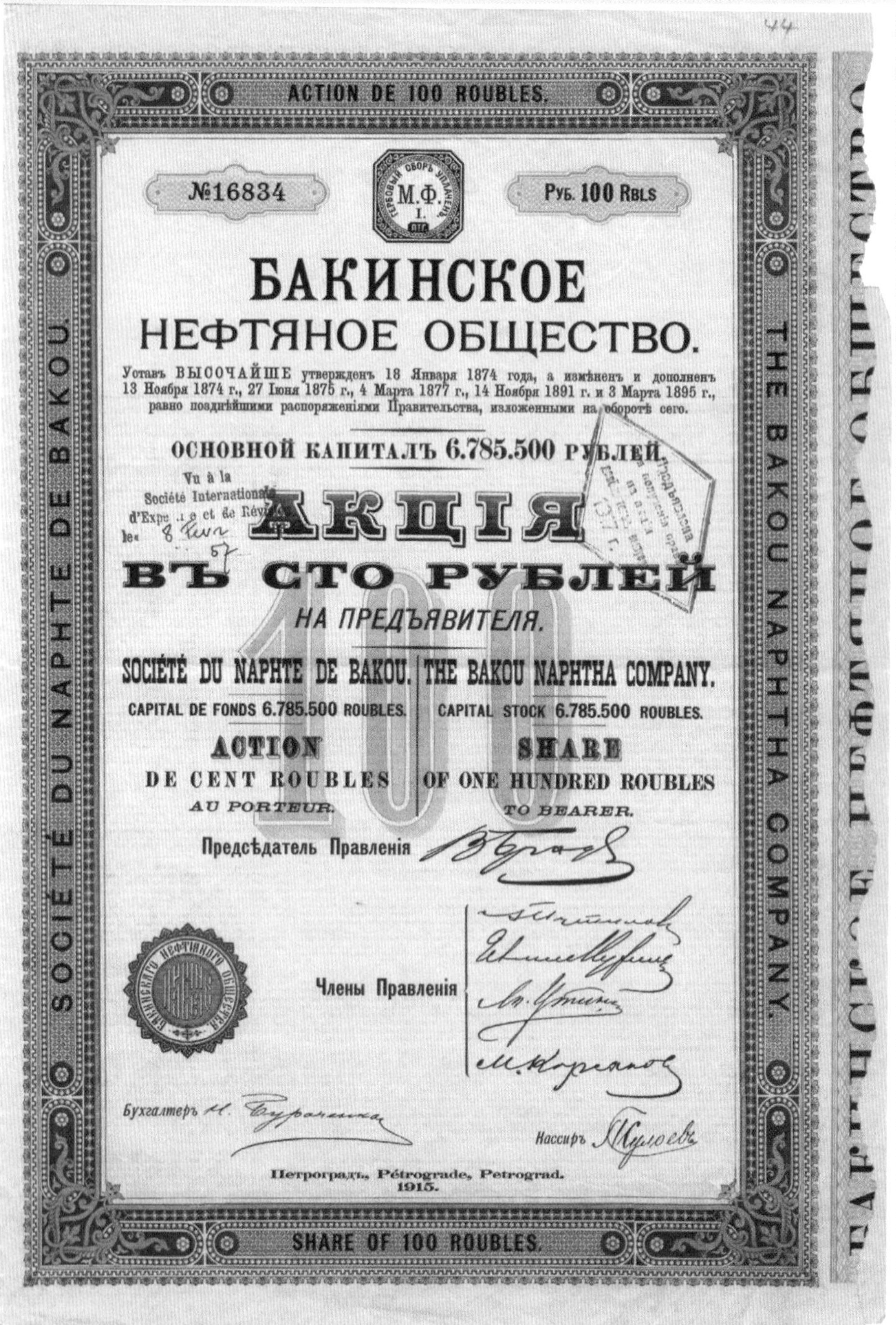

ACTION DE 100 ROUBLES.

№16834 | Руб. 100 Rbls

БАКИНСКОЕ НЕФТЯНОЕ ОБЩЕСТВО.

Уставъ ВЫСОЧАЙШЕ утвержденъ 18 Января 1874 года, а измѣненъ и дополненъ 13 Ноября 1874 г., 27 Іюня 1875 г., 4 Марта 1877 г., 14 Ноября 1891 г. и 3 Марта 1895 г., равно позднѣйшими распоряженіями Правительства, изложенными на оборотѣ сего.

ОСНОВНОЙ КАПИТАЛЪ 6.785.500 РУБЛЕЙ.

Vu à la Société Internationale d'Exp... et de Rév... le 8 Fevr 57

АКЦІЯ
ВЪ СТО РУБЛЕЙ
НА ПРЕДЪЯВИТЕЛЯ.

SOCIÉTÉ DU NAPHTE DE BAKOU.	THE BAKOU NAPHTHA COMPANY.
CAPITAL DE FONDS 6.785.500 ROUBLES.	CAPITAL STOCK 6.785.500 ROUBLES.
ACTION DE CENT ROUBLES AU PORTEUR.	SHARE OF ONE HUNDRED ROUBLES TO BEARER.

Предсѣдатель Правленія

Члены Правленія

Бухгалтеръ

Кассиръ

Петроградъ, Pétrograde, Petrograd. 1915.

SHARE OF 100 ROUBLES.

SOCIÉTÉ DU NAPHTE DE BAKOU. | THE BAKOU NAPHTHA COMPANY.

巴库石油公司。不记名股票，面值 100 卢布。俄国，彼得格勒，1915 年。

БАКИНСКОЕ НЕФТЯНОЕ ОБЩЕСТВО

2% TITRES ETRANGERS 14 PARIS 12 1925

БАКИНСКОЕ НЕФТЯНОЕ ОБЩЕСТВО

ОСНОВНОЙ КАПИТАЛЪ 23.356.500 РУБЛЕЙ

SOCIÉTÉ DU NAPHTE DE BAKOU

CAPITAL DE FONDS 23.356.500 ROUBLES

2 DÉCIMES EN SUS 1924

SOCIÉTÉ DU NAPHTE DE BAKOU

ВРЕМЕННОЕ СВИДѢТЕЛЬСТВО
на ОДНУ акцію въ 100 руб.
выпуска 1917 года.

CERTIFICAT PROVISOIRE
pour UNE action de 100 rbs.
de l'émission 1917.

79646

Правленіе Бакинскаго Нефтяного Общества выдаетъ настоящее Временное Свидѣтельство на предъявителя на полученіе Одной сполна оплаченной Акціи въ СТО рублей по ея изготовленіи.

L'Administration de la Société du Naphte de Bakou émet le présent Certificat Provisoire au porteur, en vue de l'échanger contre Une Action de Cent roubles entièrement libérée, dès qu'elle sera confectionnée.

СТО РУБ.

Предсѣдатель Правленія

Члены Правленія

Кассиръ

Бухгалтеръ

БАКИНСКОЕ НЕФТЯНОЕ ОБЩЕСТВО

巴库石油公司。一股股票临时证书，面值 100 卢布。俄国，彼得格勒，1917 年。

АКЦІЯ
въ 250 рублей.

Рублей 250 | Roubles 250

М.Ф. I. СПБ. Торговый сборъ уплаченъ

НЕФТЕПРОМЫШЛЕННОЕ И ТОРГОВОЕ ОБЩЕСТВО
„А. И. МАНТАШЕВЪ и К°".
Уставъ ВЫСОЧАЙШЕ утвержденъ 11 Іюня 1899 года и измѣненъ 5 Февраля 1910 г.
Основной капиталъ Общества 11.000.000 рублей.

АКЦІЯ
№01616
ВЪ
ДВѢСТИ ПЯТЬДЕСЯТЪ РУБЛЕЙ
НА ПРЕДЪЯВИТЕЛЯ.

SOCIÉTÉ D'INDUSTRIE DE NAPHTE ET DE COMMERCE
„A. I. MANTACHEFF et Cie".
Les Statuts ont été sanctionnés par S. M. l'EMPEREUR le 11 Juin 1899 et modifiés le 5 Février 1910.
CAPITAL DE FONDATION DE LA SOCIÉTÉ 11.000.000 DE ROUBLES.
ACTION DE DEUX CENT CINQUANTE ROUBLES
AU PORTEUR.

НЕФТЕПРОМЫШЛЕННОЕ и ТОРГОВОЕ ОБЩЕСТВО А. И. МАНТАШЕВЪ и К°.

Члены Правленія
Membres de la Direction

Бухгалтеръ
Le comptable

Кассиръ
Le caissier

Тифлисъ, 1909, Tiflis.

ОСНОВНОЙ КАПИТАЛЪ 11.000.000 РУБЛЕЙ.

CAPITAL DE FONDATION 11.000.000 DE RBLS.

ACTION
de 250 roubles.

曼塔舍夫石油公司。不记名股票，面值 250 卢布。俄国，梯弗里斯，1909 年。

曼塔舍夫石油公司。不记名股票，面值 100 卢布。俄国，圣彼得堡，1913 年。

里海石油公司。记名股票，面值 1000 卢布。俄国，巴库，1910 年。

里海石油公司。记名股票，面值 100 卢布。俄国，巴库，1914 年。

莫斯科交易所大厦，20 世纪初。

敖德萨交易所大厦，20 世纪初。

里加交易所大厦，20 世纪初。

巴黎交易所大厦，20 世纪初。

伦敦交易所大厦，20 世纪初。

布鲁塞尔交易所大厦，20 世纪初。

圣彼得堡交易所，20 世纪初。

圣彼得堡交易所交易大厅。

С.-ПЕТЕРБУРГСКАЯ БИРЖА, 14 іюля.

1914 г.

	Акціи пароходныхъ обществъ			
500	русск. общ. пар. и торг. черном.	м. 708	—	—
	Акціи страховыхъ и транспортныхъ обществъ			
125	вост. общ. тов. склад., страх. и трансп. тов.	м. 72,76	—	—
100	спб. товарн. складовъ общ. . . .	м. 79¼,83¼	—	—
	Акціи желѣзныхъ дорогъ			
	Гарантированныя правительствомъ.			
100	4½% московско-казанской ж. д.	кр.420 м.415,417	—	—
£20	5% московско-кіево-ворон. ж. д.	кр.695 м.700,707	—	—
	Негарантированныя правительствомъ.			
500	владикавказской	кр. 2600,2605	2605	2615
100	волго-бугульминской (привил.) .	м. 86,88	—	—
100	моск.-винд.-рыб.	м. 327,330	330	335
100	сѣв.-донецк.	кр.307 м.304,305	305	308
125¹)	юго-восточной	кр. 243,250,247	247	250
100	1 общ. подъѣздн. жел. п. въ Россіи	м. 100,104	—	—
	Акціи коммерческихъ банковъ			
250	азовско-донск. комм. б. I—Хв. . .	кр. 535,515	515	518
250	волжско-камск. комм. банка . .	кр.840 м.843,840	835	840
250	русск. для внѣшн. торг. банка . .	кр. 345 м.338,346	343	346
250	русск. торг.-пром. комм. банка .	кр. 300м.299,300	300	302
250	русско-англійск. б-ка	—	290	292
250	сибирск. торг. банка	кр.525м.525,530	528	531
250	спб. межд. комм. банка.	кр. 342,375	372	375
250	спб. учетн. и ссудн. банка . . .	кр. 428 м.425	427	430
200	спб. частн. комм. банка	м. 180	180	182
200	соединенн. банка въ Москвѣ . . .	м. 217,220	—	—
250	рижскаго коммерч. банка . . .	—	246	248
	Акціи земельныхъ банковъ			
250	бессар.-таврич. I—XIX вып. . . .	—	638	643
250	виленск. I—XXIV вып.	м. 581	580	585
250	донского I—XIX вып.	м. 575	575	580
250	кіевскаго I—XVI вып.	м. 620	620	625
250	московскаго I—XV вып.	—	785	—
250	нижегор.-самарскаго I—VI вып.	—	635	640
	Акціи нефтяной промышленности			
100	бакинск. нефт. общ.	кр. 565,578	575	580
1000	каспійскаго т-ва	кр. 2000	—	—
100	Ліанозова, Г. М. С-й, тов. нефт. произв. (паи) вып. 1914 г. . .	кр.149м.148,152,150	150	153
100	Манташевъ, А. И. и К°, нефт. и торг. общ.	м. 190,200	—	—
100	«Нефть» русск. тов. (паи) и I сер. 1914 г.	кр.152⅛ м.150,158,155	153	156
250	Нобель бр. тов. нефт. произв. (акціи)	кр. 750,770	765	770
100	Теръ-Акопова, И. Н., нефт. и торг. общ.	м. 103,104½	—	—
	Акціи цементнаго производства и строительн. матеріаловъ			
250	«Ассеринъ» общ. цем. зав. и вып. 1913 г.	м. 200,195	—	190
100	глухооз. тов. портл.-цем. (паи) .	м. 96,90	—	—
200	черноморск. общ. цем. зав. . .	м. 400	—	—
	Акціи металлургич. промышлен. и механич. производства			
100	Барановскаго, П. В., общ. мех., гильз. и труб. зав.	кр.130м.128½,133	131	134
100	богословск. горнозав. общ. . .	м. 160,165	163	165
100	брянск. рельс., жел. и мех. зав. I—IX, XI и XII в.	м.126,130	129	131
100	вагоностр. зав. тов. Спб. (паи) .	м. 81,83½	—	—
200	дон.-юрьевск. мет. общ. I-III в. . .	кр.225 м.225,226	225	227
125	колом. маш. завода общ. . . .	м. 122,129,126	126	129
100	Лесснеръ, Г. А., машиностр., чуг.-лит. и к. з. общ.	кр.207,212½ м.206,212½	210	212
100	либав. жел. и ст. з. б. Бекеръ и К° .	м. 70,80	—	—
100	мальцевскихъ зав. общ.	кр.240 м.241,234,240	239	242
100	металлическ. зав. спб. комп. . .	м. 187,189	188	190
100	никоп.-маріупольск. общ. . . .	кр. 200м.197,203	200	203
100	путиловскихъ зав. общ.	м. 95,101	100	102
150	русско-балт. ваг. з. общ. . . .	кр.130 м.133,127	—	—
100	русск. общ. для изг. снаряд. и военн. припасовъ	кр. 96 м. 95,100	—	—
100	русск. судостр. общ., вр. св. опл. I взн. 40 р.	кр. 80 м.80,74	—	—
100	«Сормово» общ. жел., стал. и мех. зав. вып. I—VI. . .	м. 106,108	—	—

1914 年 7 月 14 日圣彼得堡交易所《交易公报》（摘自《金融工商时报》，1914 年）。

在圣彼得堡交易所大楼入口处的股票玩家。20 世纪初。

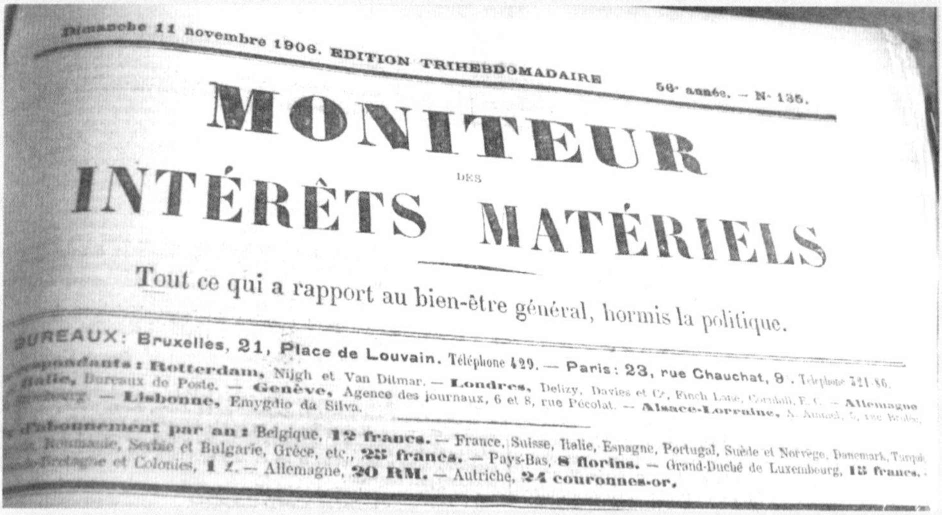

Dimanche 11 novembre 1906. EDITION TRIHEBDOMADAIRE 56e année. — No 135.

MONITEUR DES INTÉRÊTS MATÉRIELS

Tout ce qui a rapport au bien-être général, hormis la politique.

BUREAUX: Bruxelles, 21, Place de Louvain. Téléphone 429. — Paris: 23, rue Chauchat, 9e. Téléphone 321.86.

…espondants : Rotterdam, Nijgh et Van Ditmar. — Londres, Delizy, Davies et Co, Finch Lane, Cornhill, E. C. — Allemagne … Italie, Bureaux de Poste. — Genève, Agence des journaux, 6 et 8, rue Pécolat. — Alsace-Lorraine, … Lisbonne, Emygdio da Silva.

…d'abonnement par an : Belgique, 12 francs. — France, Suisse, Italie, Espagne, Portugal, Suède et Norvège, Danemark, Turquie, … Roumanie, Serbie et Bulgarie, Grèce, etc., 25 francs. — Pays-Bas, 8 florins. — Grand-Duché de Luxembourg, 15 francs, …-Bretagne et Colonies, 1 £. — Allemagne, 20 RM. — Autriche, 24 couronnes-or.

比利时出版物《有价证券行情信息资料通报》的头版。

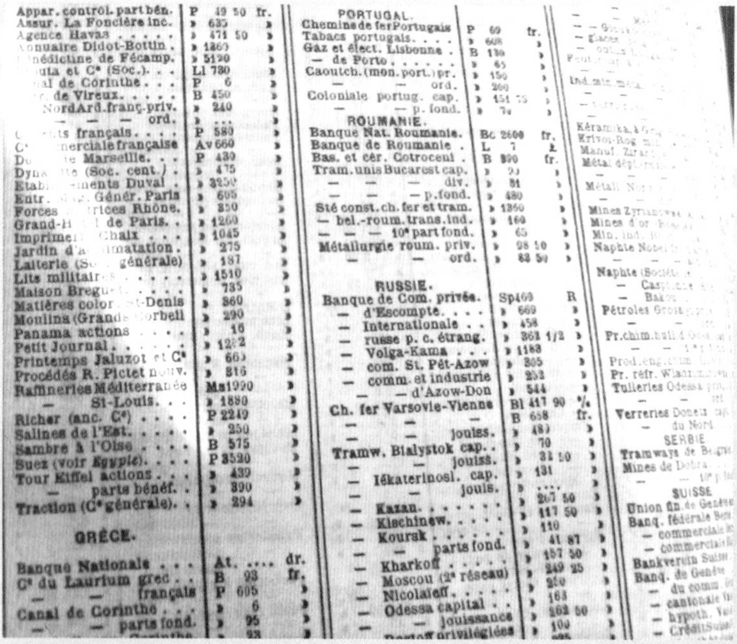

Appar. control. part bén. P 49 50 fr.
Assur. La Foncière inc. » 635 »
Agence Havas » 471 50 »
Annuaire Didot-Bottin » 1860 »
Bénédictine de Fécamp » 5190 »
…uta et Ce (Soc.) Ll 730 »
…al de Corinthe P 6 »
… de Vireux B 450 »
… NordArd. franç.-priv. » 240 »
— — — ord. » … »
…ents français P 580 »
Ce …merciale française Av 660 »
Do… de Marseille P 430 »
Dyna… (Soc. cent.) » 475 »
Établissements Duval » 3250 »
Entr. … Génér. Paris » 695 »
Forces …trices Rhône » 350 »
Grand-H… de Paris » 1260 »
Imprimeri… Chaix » 1045 »
Jardin d'a…matation » 275 »
Laiterie (Soc. générale) » 187 »
Lits militaires » 1510 »
Maison Bregue… » 735 »
Matières color. St-Denis » 360 »
Moulins (Grands …orbeil » 290 »
Panama actions » 16 »
Petit Journal » 1282 »
Printemps Jaluzot et Ce » 665 »
Procédés R. Pictet nouv. » 316 »
Raffineries Méditerranée Ms 1990 »
— St-Louis » 1880 »
Richer (anc. Ce) P 2249 »
Salines de l'Est » 250 »
Sambre à l'Oise B 575 »
Suez (voir Egypte) P 3520 »
Tour Eiffel actions » 430 »
— parts bénéf. » 390 »
Traction (Ce générale) » 294 »

GRÈCE.

Banque Nationale At. … dr.
Ce du Laurium grec B 93 fr.
— — français P 605 »
Canal de Corinthe » 6 »
— parts fond. » 95 »

PORTUGAL.

Chemins de fer Portugais P 69 fr.
Tabacs portugais » 608 »
Gaz et élect. Lisbonne B 130 »
— de Porto » 65 »
Caoutch. (mon. port.) pr. » 150 »
— — ord. » 200 »
Coloniale portug. cap. » 151 75 »
— — p. fond. » 7… »

ROUMANIE.

Banque Nat. Roumanie Bc 2600 fr.
Banque de Roumanie L 7 £
Bas. et cér. Cotroceni B 390 fr.
Tram. unis Bucarest cap. » 9… »
— — — div. » 81 »
— — — p. fond. » 480 »
Sté const. ch. fer et tram. » 1360 »
— bel.-roum. trans. ind. » 160 »
— — — 10e part fond. » 65 »
Métallurgie roum. priv. » 98 50 »
— — ord. » 83 50 »

RUSSIE.

Banque de Com. privée. Sp 460 R
— d'Escompte » 669 »
— Internationale » 458 »
— russe p. c. étrang. » 362 1/2 »
— Volga-Kama » 1183 »
— com. St. Pét-Azow » 305 »
— comm. et industrie » 253 »
— — d'Azow-Don » 544 »
Ch. fer Varsovie-Vienne Bl 417 90 %
— — — B 658 fr.
— — jouiss. » 483 »
Tramw. Bialystok cap. » 70 »
— jouiss. » 32 50 »
— Iékaterinosl. cap. » 131 »
— — jouis. » … »
— Kazan » 267 50 »
— Kischinew » 117 50 »
— Koursk » 110 »
— — parts fond. » 41 87 »
— Kharkoff » 157 50 »
— Moscou (2e réseau) » 249 25 »
— Nicolaïeff » 250 »
— Odessa capital » 163 »
— — jouissance » 162 50 »

《有价证券行情信息资料通报》交易行情表片段。

在《银行与交易所》（1913 年）杂志上刊登的《金融与股票经纪人画廊》系列漫画（摘自 В.И. 鲍维金的收藏），为圣彼得堡交易所总经纪人 В.А. 盖兹（В.А.Гетц）而创作的一幅名为《圣彼得堡交易所现代神童》的漫画。

“夜以继日地工作——他真的应该休息一下。”俄国圣彼得堡交易所委员会主席、交易代表大会委员会主席 А.Я. 普罗佐罗夫的漫画。

《俄国股市利益的捍卫者》。俄国部长会议主席（同时兼任财政大臣）В.Н.科科夫佐夫的漫画。

一幅名为《A.A. 达维多夫辞去了圣彼得堡私人商业银行董事会主席一职，并前往他的庄园从事编舞和作曲研究》的漫画。

《诺贝尔的石油喷泉开始喷涌了》。俄国最大的石油制造商 Э．Л．诺贝尔的漫画。

Шарж на председателя правления Русско-Азиатского банка А.И. Путилова.

俄亚银行董事会主席 А．И．普季洛夫的漫画。

20 世纪初在巴库的油田。

20 世纪初的布良斯克冶金工业公司。

台一整套措施培育各种信贷形式，重点发展“小额贷款”，满足社会底层的利益需求，组织发展人民储蓄业务，为地方自治局和城市创造特殊形式的信贷通道等①。正如杜岗－巴拉诺夫斯基指出的，1909年是“工业形势转折的一年”。经过长期停滞，俄国工业显露出高涨即将到来的迹象②。股份制几乎覆盖了俄国所有经济部门。通过表2－1可直观感受到1901～1914年俄国股份公司创设动态。表中的数据清楚地说明20世纪前十几年俄国股份公司成立的情况，其中一半以上成立于1911～1914年。

表2－1　1901～1914年俄国股份公司创设动态

单位：家，百万卢布

年份	成立公司[1]				开业公司[2]			
	数量		股本金		数量		股本金	
1901	151	—	136.7	—	87	—	87.6	—
1902	98	—	85.6	—	55	—	61.8	—
1903	85	—	53.0	—	51	60	33.5	50.0
1904	99	94	111.0	119.3	51	42	48.6	40.6
1905	77	75	80.7	72.3	36	41	44.2	47.4
1906	117	115	106.1	105.1	64	42	67.2	51.4
1907	143	131	191.5	156.9	90	63	97.9	56.3
1908	123	120	122.2	112.4	79	95	84.9	101.5
1909	130	131	105.7	108.9	81	77	68.3	74.1
1910	206	198	279.7	224.2	129	104	180.4	119.3
1911	277	262	356.9	320.9	165	166	238.8	185.3

① Коковцов В. Н. Указ. соч. Т. 2. С. 308.

② Туган－Барановский М. И. Состояние нашей промышленности за десятилетие 1900 － 1909 гг. и виды на будущее // Избранное. Периодические промышленные кризисы. М.，1997. С. 495.

续表

年份	成立公司[1]				开业公司[2]			
	数量		股本金		数量		股本金	
1912	361	342	430.2	401.5	238	202	291.4	233.5
1913	374	399	547.1	526.0	199	242	327.5	403.4
1914	—	334	—	422.5	—	180	—	239.2

注：1. 根据股份商业银行代表大会委员会数据（既没有史料也没有统计方法），1901～1913年成立的股份公司较少。1901年共依法核准成立127家股份公司，总股本1.065亿卢布；1902年核准成立83家股份公司，总股本6840万卢布；1903年核准成立72家股份公司，总股本4220万卢布；1904年核准成立86家股份公司，总股本9460万卢布；1905年核准成立69家股份公司，总股本720万卢布；1906年核准成立107家股份公司，总股本8580万卢布；1907年核准成立126家股份公司，总股本1.627亿卢布；1908年核准成立111家股份公司，总股本1.132亿卢布；1909年核准成立115家股份公司，总股本9230万卢布；1910年核准成立189家股份公司，总股本2.458亿卢布；1911年核准成立237家股份公司，总股本2.766亿卢布；1912年核准成立356家股份公司，总股本4.368亿卢布；1913年核准成立287家股份公司，总股本4.419亿卢布。

2. 工商代表大会委员会有关1913～1914年开业股份公司的统计数据可能不完整。1912年更是缺少较为完整的数据。据我们统计，1912年至少6家开始业务经营的股份商业银行最终没有统计在内，股本金3120万卢布。财政部1913年的统计数据后来澄清了这一点，这也是我们偏爱它们的理由所在。出于同样的原因，财政部1913年的统计数据中有关股份公司的更完整信息值得优先考虑。

资料来源：Л. Е. Шепелев. Акционерные компании в России：XIX – начало XX века. СПб.，2006. С. 271。

1910年《金融工商时报》报道是对当时活跃的证券市场最好的反映："最近几个月，国内交易所将每个投资者的注意力都集中在自己身上。报纸和杂志对证券市场及交易所事务做了大量报道，甚至还有许多专访。作为时代的标志，俄国出现了专门为股票交易和首发等事宜提供咨询的特殊机构。公众对证券市场表现出浓厚的兴趣，促进了俄国证券交易活动的活跃以及行情的上涨。几乎全部有价证券的价格都大幅上涨，5月和7月这两个月的行情表现异常突出。公众投机炒作有价证券的热度从7月底一直持续到8月最后几日，难以降下温来。"①

1909年上半年和平解决中东冲突以及俄国国内政局相对稳定推动了大多数俄国有价证券行情上涨。从1909年第二季度开始，抑制行情上涨的因素不再影响交易所事务，昔日交易所冷冷清清、气氛不活跃的景象逐渐被人潮涌动、投资兴趣浓厚的另一幅画面所替代。《金融工商时报》指出，欧洲和美国证券市场行情大涨，西欧市场对俄国有价证券的"巨大利益"表现出浓厚的兴趣，俄国有价证券的高收益性完全不符合"物有所值"的原则，也远远超出了其他外国证券的收益。由于没有足够数量的汇票来配置自由资本，银行负债沉重，"反过来又奠定了我们证券牌价的良好基础，并增加了与欧洲投资者的成交额"②。1910年1月和2月上旬，市场上升趋势在持续，成交额屡创新高，正如《金融工商时报》指出的那样，"土耳其、保加利亚关系交恶，希腊时局令人担忧"等国际事务并没有带来丝毫影响③。

1909年以来，刺激俄国股市上涨的一个重要因素是交易所有新股发行。虽然私人股本进入股市的速度略慢于机构，但是有价证券行情上涨绝对是敏感的。1908～1913年，圣彼得堡交易所有近50家新公司上市④。那些信用良好的大企业股票与这些新公司股票同时入市。企业创始成员既不愿意放弃对股份的全面控制，也不愿放弃对未来利润的期许，因此，他们希望将大部分股份掌握在自

① Вестник финансов, промышленности и торговли. 1910, № 36, С. 395.

② Вестник финансов, промышленности и торговли. 1910, № 36, С. 395.

③ Вестник финансов, промышленности и торговли. 1910, № 36, С. 395.

④ Шепелев Л. Е. Акционерные компании в России. Л. , 1973. С. 237.

己、亲属或亲信的手中。为此，这类公司发行高面值记名股票，并对记名股票转让给他人设置了条件。这类公司通常被称为合伙股份公司。在这种情况下，实行股份制的目的与其说是融资，不如说是限制所有者的责任，使企业具有更符合时代精神的形式。然而，在这类合伙股份公司的股票上涨前夕，合伙人进入了从个人和家族企业向真正的股份制和合伙人制企业的过渡时期。因此，收益稳定的红利股票出现在市场上并有较大需求，最终成为深受市场欢迎的一种证券。

工业生产水平的提高推动证券市场行情上涨，同时伴随着有价证券发行量的增加①。这样的行情一直持续到1911年秋，受当时政治动荡的影响，股市价格略有下降。正如1911年9月交易所新闻栏目报道的："市场由于最近几日发生的政治事件而极度紧张，这势必影响成交量，成交额每况愈下。"②

巴尔干战争爆发引发股市行情下跌。1911年9月中旬的《交易公报》指出："由于昨日国外市场的极度不安和意大利、土耳其开战的消息传来，今日我们的股市几乎陷入恐慌。"③

在这种情况下，职业投机商开始充分发挥效力。在股市行情的剧烈变化中，"投机商－布朗基主义者"的骗局起了重要作用，他们毫不犹豫地散布各种令人不安的政治谣言④。他们一面卖空，一

---

① См. Публикация источников. Россия и мир: экономическая конъюнктура 1911 – 1914 гг. (Из докладов правления Азово – Донского банка собранию акционеров) // Экономическая история. Обозрение. Выпуск 11, 2005. С. 42.

② Биржевые ведомости. 1911. № 220, 15 сентября.

③ Биржевые ведомости. 1911. № 221, 17 сентября.

④ Биржевые ведомости. 1911. № 234, 4 октября.

面买空，这两场游戏都进行得如鱼得水，从中获利。例如，在通报了“投机商－布朗基主义者”一个月后，对过去股市开始有了下面的描述：“现在的政治事件似乎对我们的股市没有任何影响。证据表明，今日交易日早盘行情坚如磐石，几乎所有有价证券买家都是按昨日价格买入。”① 第二日，股市“迎来了前所未有的繁荣”。人们可能会认为意大利与土耳其达成了和平协议，中国的革命者放下了武器，俄国和波斯的冲突得到了控制，几乎所有投机类证券都被公众抢购一空，使它们的价格远远高出昨日收盘价②。

由于政治不稳定，股市震荡行情一直持续到 1912 年 1 月。1912 年粮食喜获丰收为活跃股市交易气氛提供了助力③。

科科夫佐夫在《1912 年俄国货币市场》报告中指出，在过去 3 年，几乎所有行业都取得了重大发展。在经历了 1909 年以来的长期停滞后，“国家经济状况明显改善并利于国际清算以及国内经济生活的提升”。随着新一轮外资引进，红利股票的市场需求激增，股票价格得到“自然”反弹④。与此同时，《交易信息报》指出，对俄国有价证券前景的担忧缺乏真正的理由，但并不排除存在投机风险的可能性⑤。

在这一有利的市场行情下，中小市场参与者的交易目标从有固定收益的证券转向红利股票，寻找“更高收益的低保障的投资对象”⑥。然而，就像在繁荣时期经常发生的那样，对红利股票的分

① Биржевые ведомости. 1911. № 262, 5 ноября.

② Биржевые ведомости. 1911. № 263, 6 ноября.

③ РГИА. Ф. 583, оп. 19. Д. 95, 1914. Л. 4.

④ РГИА. Ф. 563, оп. 2. 1912. Д. 500. Л. 31.

⑤ Биржевые известия. 1912. №1619, 28 сентября.

⑥ РГИА. Ф. 563, оп. 2. 1912. Д. 500. Л. 21.

析和评估并没有达到“专业”水平，因此，市场上出现了盲目炒作甚至投机行为，“危害到国家利益，破坏了市场正常的交易秩序”①。

值得注意的是，随着投机交易掀起热潮，有价证券成交量的增长比以往任何时候都更加强劲②。与此同时，红利股票的价格继续挤掉抵押贷款银行计息证券、铁路计息证券和其他有价证券，而且，计息证券发盘量已经略高于市场正常需求③。最近证券市场的事态发展引起了财政部的关注，因为“不受阻碍地发售新股对国家经济繁荣至关重要”④。

根据科科夫佐夫 1912 年春天的证词，圣彼得堡交易所的特点是“极不稳定和朝着不健康方向发展”：“无法抑制的向上情绪无缘无故地转变为迅速下跌的趋势。普通民众和新闻界纷纷抱怨市场狂热的投机活动，这对行情产生了不利影响，尤其是巴黎证券交易所对俄国资金的影响，我甚至不得不采取积极措施防止基金价格出现不合理下跌。著名的金融家中间有传言称马努斯是大投机商。”⑤“我甚至有证据证明，马努斯人为地操纵巴库石油股票下跌，这对巴黎证券市场的全部俄国有价证券的行情都十分不利，带来极大危害，对此马努斯有着不可推卸的责任。”⑥

---

① РГИА. Ф. 563, оп. 2. 1912. Д. 500. Л. 38.

② РГИА. Ф. 563, оп. 2. 1912. Д. 500. Л. 51.

③ РГИА. Ф. 563, оп. 2. 1912. Д. 500. Л. 51.

④ РГИА. Ф. 563, оп. 2. 1912. Д. 500. Л. 51.

⑤ И. П. 马努斯是 20 世纪初圣彼得堡交易所的著名投机商，“投机大王”之一。详情参见 Лизунов П. В. «Великий Манус»: Взлет и падение петербургского биржевого короля // Английская набережная, 4: Ежегодник, 2006 г. СПб., 2007. С. 289 – 329。

⑥ Коковцов В. Н. Указ соч. Т. 2. С. 262 – 263.

随着证券市场行情大幅上涨，成交量放大，圣彼得堡交易所的影响力明显扩大，对国家经济发展的意义越发重要。圣彼得堡交易所和巴黎交易所建立了持续的联系，许多俄国红利股票都被准入巴黎证券市场。正如财政委员会一份报告中所写："1912 年，俄国有价证券在巴黎交易所的成交额达到相当大规模，有时甚至左右了所有红利股票的价格走向。巴黎交易所的行情动态同样明显地影响圣彼得堡交易所的标价。"①

1912 年俄国红利股票成交额的放大是那些公开及非公开交易所辛迪加强力推动的结果。交易所辛迪加成立的目的是收购和发售股票。交易所辛迪加发售许多新建股份公司的股票，同时购买大量先期入市但从未引起公众注意的工业股份公司股票。这两种红利股票的特点是收益率没有对应的上升空间。因此，公众购买这些股票的目的是进一步转售，而不是等待股息收入②。例如，即使是多年未分红的红利股票，股价上涨时其资本利得也能达到2%～2.5%。在一些行业，如钢铁和石油工业，其红利股票的平均资本率下降到3.5%～4%③。

可以肯定的是，大量红利股票仍然远离狂热，并没有控制在投机商的手中。银行股、铁路股、保险股以及许多其他有价证券的价格保持不变，甚至有所下降④。

1912 年 2～9 月，股市持续上涨。巴尔干半岛战争阻止了这一上涨行情。受此影响，巴黎交易所和圣彼得堡交易所的股票价格快

① Коковцов В. Н. Указ соч. Т. 2. С. 262－263.

② Коковцов В. Н. Указ соч. Т. 2. С. 262－263.

③ РГИА. Ф. 563，оп. 2. 1912. Д. 501. Л. 14 об.

④ РГИА. Ф. 563，оп. 2. 1912. Д. 501. Л. 14 об.

速下跌。股票价格在几个交易日内平均下跌 10%，某些红利股票的价格下跌 20% 甚至更高①。然而，市场很快重拾上涨行情，到 1912 年底几乎又回到前期高位②。因此，尽管股市波动，但俄国 1913 年的经济状况并不比前两年更糟③。

在随后的时间里，由于巴尔干战争和伦敦会议的召开，俄国证券市场只是有点小波动，直到 1913 年 6 月，随着盟军开始采取军事行动，所有欧洲交易所特别是柏林交易所、维也纳交易所和圣彼得堡交易所的行情都大幅下跌。第二次巴尔干战争加剧了本已令人担忧的市场状况，投机活动更加猖狂，造成市场行情进一步人为下跌④。

巴尔干半岛战争结束，国际商业感受到的是一片祥和安宁，这为圣彼得堡交易所带来利好并引发了 1913 年 8 月新一轮的上涨行情⑤。

与此同时，在“绝对令人愉快的市场行情”下，有价证券的价格继续大幅波动。正如《交易日》记者所写，粮食相比前几年获得大丰收，所有工业领域和部门的企业经营活动都应对股票行情产生有力的积极影响⑥。然而，圣彼得堡交易所行情下行，股价大幅下跌，这在媒体和政府中引起波澜，市场内外随处宣泄着不满和指责。

重要的是，财政部从交易所并不令人满意的交易活动中看到

---

① РГИА. Ф. 563, оп. 2. 1912. Д. 501. Л. 14 об.

② РГИА. Ф. 563, оп. 2. 1912. Д. 501. Л. 4 об.

③ РГИА. Ф. 563, оп. 2. 1912. Д. 501. Л. 4 об.

④ РГИА. Ф. 583, оп. 19. Д. 95, 1914. Л. 5.

⑤ РГИА. Ф. 583, оп. 19. Д. 95, 1914. Л. 5 – 5об.

⑥ Биржевой день. 1913. № 2, 22 ноября.

了证券市场行情走势复杂化的原因所在。因此，财政部着手修订调节和监管交易所活动的法规，主要任务是“在交易所自身组织中创造一种对抗下行趋势的自然平衡能力”①。但是这项工作并未完成。

第一次世界大战的爆发令俄国国内证券市场陷入完全混乱的局面，人们普遍感到困惑甚至恐慌，“全部流通中的有价证券恐慌性下跌”。恐慌始于1914年7月12日。据媒体报道，圣彼得堡交易所经历了有史以来从未有过的恐慌行情。“除国家公债和基金，其余全部有价证券以惊人的速度一路狂跌，几近崩盘。”② 莫斯科交易所也发生了类似的事件：“有价证券的行情正在迅速下跌。到处都是卖方，但是买方几乎见不到。有价证券有时候会跌上几十卢布。”③

1914年7月19日，圣彼得堡交易所证券部委员会决定闭市。然而，俄国有价证券继续在非官方的（美国的）证券交易所开市大会上交易。在战争的大背景下，国家公债发行量急剧上升。俄国红利股票，特别是冶金工业股、石油股、铁路股以及银行股成为非官方交易所投机牟利的主要青睐对象。通货膨胀过程和疯狂的投机行为迫使财政部于1917年初开立彼得格勒证券交易所。众所周知，1917年末，苏联人民委员会颁布法令禁止在境内从事有价证券交易活动。

① РГИА. Ф. 583，оп. 19. Д. 95，1914. Л. 6.

② Шепелев Л. Е. Акционерные компании в России... С. 294.

③ Шепелев Л. Е. Акционерные компании в России... С. 294. 我们注意到，的确，股价下跌数十卢布是灾难性的，这种下跌往往达到几十个百分点（通常指面值100～250卢布的有价证券）。

***

本章小结要提及的是，事实证明，相比 1909～1914 年石油工业股票价格稳定但增长缓慢的趋势，冶金工业集团红利股票价格整体上的波动更容易受到政治事件的影响，其行情走势更具灵活性。冶金工业集团红利股票的价格开启上行趋势显然是以行业复苏为前提和基石的，因此这种恢复性增长无疑会受到诸多因素的影响。

在第一次世界大战爆发前 5 年，当对外政策的影响作用相对较小时，圣彼得堡交易所迎来的是真正的繁荣景象，大盘是积极的，表现出良好的态势。同时有一个重要的见证，那就是在 1900～1908 年停滞期，圣彼得堡交易所的交易活动仍相当积极强势。1904～1906 年动荡年代，这方面的表现尤其明显。在此期间，俄国工业板块的股票持有率一直保持在较高水平，造成这种现象的原因将在下一章讨论。

第三章

影响20世纪初俄国交易所演化进程的经济因素

如前所述，19 世纪最后 10 年及接下来第一次世界大战爆发前的若干年，俄国证券市场总的特点是不够成熟稳健。传统意义上，交易所被视为宏观经济发展行情的指示器和方向标。因此，人们无法想象，脱离经济发展周期问题该如何认识和探讨证券市场的演化史。20 世纪初证券市场行情是否真的受到经济基本面因素的影响？俄国证券市场在多大程度上遵循了实体经济部门的发展趋势？与交易所经营和红利股票上市发行密切相关的外资引进对大型工业股份公司融通资金起到什么作用？俄国证券市场和欧洲证券市场相互影响和相互作用具有什么性质？本章试图以冶金和石油两个工业部门大型股份公司的股票行情变化为例证，通过对交易牌价动态变化数据的对比分析寻求上述焦点问题的答案。

一　俄国经济形势及其对工业股票行情动态的影响

首先我们做一组数据分析，目的是描述和说明 19 世纪末到一战爆发整个时期俄国工业的发展历程。其中最引人关注的是1900~1908年，因为正是在这一段历史时期，俄国工业股份公司的股票行情动态充分反映和揭示了上述章节探讨的问题，并得到意想不到的结果。

1893~1894年，俄国工业开始进入空前高涨阶段，快速发展一直持续到1899年。几乎所有工业领域和部门都蓬勃发展起来，特别是重工业发展迅猛，产量翻倍增长。重工业领域获得最大增长的是采矿、冶金以及机器制造工业部门：石油和煤炭开采量增长2.5倍，金属加工以及机器制造产量增长3倍。俄国生铁冶炼产量居世界第三位，仅排在美国和德国之后；石油开采量稳居世界第一位。但是20世纪最初几年，俄国遭遇了严重的经济危机，这场危机具有全欧洲性质。正如卡芬豪斯指出的，1903年俄国国内工业生产显露出工业现代化浪潮的最初征兆，但是日俄战争以及1905年国内革命事件“中断了刚刚起步的良好发展势头，随后为工业经济大萧条所取代，经济不景气一直延续到1908年，有几个工业部门直到1909年才有所缓和”①。1909年俄国工业开始步入“新资本主义经济发展周期”，这一新阶段一直持续到一战爆发。按照卡芬豪斯的观点，自1909年开始俄国连续5年的粮食高产成为经济形势上行的助推力，同时也使国内市场容量扩大以及国民财富迅速积聚。外国资本和民族资本迅速流向工业部门②。其结果是，一战前5年俄国工业快速增长，工业品物量增长

① Кафенгауз Л. Б. Эволюция промышленного производства в России（последняя треть XIX в. –30–е годы XX в.）М.，1994. С. 70.

② Кафенгауз Л. Б. Эволюция промышленного производства в России（последняя треть XIX в. –30–е годы XX в.）М.，1994. С. 123–124.

41.8%，工业生产总值增长55.6%①。

下面详细分析一下我们感兴趣的两大工业部门在一战前5年的发展进程。

如其他工业部门一样，1900年成为冶金工业部门发展的高峰年，19世纪90年代工业高涨发展到此刻停止了前进的脚步。

1899年，俄国国内铁制品需求量达到2.18亿普特，这是个创纪录的数字。随后铁制品的国内需求萎缩，直到1903年再次高达1.657亿普特。从1904年战争爆发开始，铁制品的市场需求再次获得刚性增长，一度达到1.957亿普特。但好景不长，因为国内革命，1905年铁制品产量再次降至1.799亿普特，1906年1.757亿普特，1907年1.634亿普特，这个产量比1903年还要少230万普特。1907年，铁制品市场刚性需求的灾难结束了②。

1899年后迎来许多工业品物量的下滑，同时伴随着产品价格的下跌。根据《商品价目表汇总》，1903年前，圣彼得堡三大类冶金工业制品（生铁、屋面铁皮和型铁）的平均价格下降到1900年水平的78%。自然，到1903年价格出现拐点，正好形成上述三种工业品价格的最大降幅，从该时间纵轴上看，相当于1900年平均价格水平的70%。与该领域的股票红利以及利润动态变化指标对比，初看上去，我们发现其间存在着实质性矛盾。收入额最低的年份并不是1903年，而是上一年度，即1902年。1903年已显现利润增长的迹象，其带来的利好是俄国冶金工业企业的红利分配。下

① Кафенгауз Л. Б. Эволюция промышленного производства в России (последняя треть XIX в. –30–е годы XX в.) М., 1994. С. 167.

② Зак С. С. Промышленный капитализм в России // Туган – Барановский М. И. Русская фабрика в прошлом и настоящем. М., 1997. С. 613.

文将揭示这一矛盾产生的原因何在。企业产值通常包含全部生产形态的产品价值总和。不过，这些产品的市场需求远不在同一水平。例如，众所周知，俄国制铁业最主要的营销对象就是冶金厂出品的轧材。同时，几乎全部生铁都用于当地的冶炼生产①。

根据格力维茨的计算，1903～1911 年生产的全部生铁中，平均有 30%的成品投放到市场。这一点对于铁和钢半成品来说更为典型。福明的计算表明，1912 年，投放到市场的铁和钢半成品数量仅占生产总量的 3%，成品数量占生产总量的 91%。1903 年工商代表大会委员会统计数据显示，在南俄，38%的生铁、4.5%的半成品、91.3%的成品、100%的金属制品被投放到市场。鉴于此，冶金工业企业的利润提升是显而易见的事情。1903～1904 年，轧钢成品与半成品生产获得增长②。

20 世纪最初几年经济萧条，股票行情却呈上升的走势。如何阐释这一事实的存在？这需要我们认真分析这一时期该工业部门的发展过程。

正如前文指出，1903 年危机时期俄国经济蒙受了巨大损失。1904 年，俄国工业生产总值增长 7.8%，并且，工业领域 A 部类的产值以赶超速度（12.4%）获得增长。黑金属工业品产值增长 15.5%（按 A. K. 索罗金的计算，为 15.2%③）。1905 年的到来打

---

① Сорокин А. К. Прибыли акционерно－паевых предприятий России в условиях монополизации промышленности（1900－1913 гг.）: Диссертация на соискание ученой степени кандидата исторических наук. М.，1988. С. 59－60.

② Гливиц И. Потребление железа в России. СПб.，1913. С. 20，23. Цит. по: Сорокин А. К. Прибыли акционерно－паевых предприятий России в условиях монополизации промышленности（1900－1913 гг.）: Диссертация на соискание ученой степени кандидата исторических наук. М.，1988. С. 60.

③ Сорокин А. К. Указ. соч. С. 60.

破了这一发展过程。黑金属工业品生产下降一直持续到1906年。冶金工业企业的利润额达到最低点，恰逢1906年，股票红利下降同步发生。冶金工业行情不稳，一直持续到1908年，随即开始了经济增长模式。伴随着市场对金属制品需求量的放大，市场价格抬升。在这个过程中，产品收益率的动态变化速度超过产品物量的增速以及价值的增速。同1908～1909年相比，到1912～1913年，冶金工业品总量，按物质形态计算增长154%，按价值形态计算增长161%，利润增长488%，而红利增长达419%①。

总体上讲，俄国冶金工业企业的利润变化足够准确地反映了整个国家经济发展的轨迹。在所研究的这个时期，冶金工业的利润率低于俄国整个工业的平均利润率。出现这种状况不足为奇，因为承受危机和萧条较严重的恰恰是俄国那些资本分布最密集、需要大量投资的国民经济部门②。第一章中专栏一列举了我们研究的金属加工企业的财务指标变化情况。

俄国冶金大型综合体获得发展以下面形式体现出来。1900年1月，俄国冶金工业生产有30%高度集中在南俄－第聂伯冶金工业公司、新罗西斯克冶金工业公司、顿涅茨克－尤利耶夫冶金工业公司、俄－比利时冶金工业公司和布良斯克冶金工业公司5家大型股份公司，冶金行业自有资本的32%集中掌控在这几大公司手中。因此，它们创造了相当高的利润，在行业部门中利润占比为53%，发放红利高达60%③。在整个经济危机和萧条期，由于发展之初便具有的资本高密集型特点，冶金工业部门

① Сорокин А. К. Указ. соч. С. 61.

② Сорокин А. К. Указ. соч. С. 61.

③ Сорокин А. К. Указ. соч. С. 79.

遭受了较沉重的打击。冶金工业生产严重依赖市场需求，该市场由金属制品消费者支撑，可是，在经济行情不利的年代，市场需求严重萎缩①。

从《金融工商时报》以及财政部其他期刊编辑每月推出的专题报告中能够明显地看出，危机年代俄国工业部门的经营艰难到何种程度。编辑向财政大臣专程汇报了制铁工业的经营状况。1904年4月的报告指出，1903年铁工业品的市场需求有所增长，该年的产量与销量相当。但是，随着该工业部门生产能力的提高，市场出现供大于求的趋势。到1904年末，尽管爆发了日俄战争，但是铁制品还是发生了短暂的滞销②。在分析1903年12月统计出版物的统计数据时，《金融工商时报》编辑总结，国内市场已暴露"制铁工业濒临危机的征兆"。1904年3月，各种型号铁制品的生产紧张程度没有得到丝毫缓解，反而获得了实质性增长。1904年9月，这位编辑最后不得不遗憾地得出结论："这一预测证明了我们所收集的统计数据的实际可行性，最新商业函件也充分证实了各级铁制品市场上铁的交易状况。"③

1904年8月，在俄国工业品市场，铁制品生产持续萎缩，各类金属制品严重滞销，库存量继续增长，"商业交流活跃的地区"表现得尤为明显。因此，依照编辑的看法，"应该承认我国铁制

---

① Сорокин А. К. Указ. соч. С. 62.

② РГИА. Ф. 564, оп. 1, 1904 – 1906. Д. 103. Ежемесячные доклады редакторов Министру финансов о положении железоделательной промышленности. Л. 2об.

③ РГИА. Ф. 564, оп. 1, 1904 – 1906. Д. 103. Ежемесячные доклады редакторов Министру финансов о положении железоделательной промышленности. Л. 10.

品市场本质上会进一步恶化”。的确，俄国制铁工业的萎靡使报告人对7月的铁制品工业发展充满了期待并坚持认为，“目前，铁制品工业的生产”不会出现1900～1902年那样的严重情况。按照这位编辑的看法，除“存活在市场经济变革之外”的乌拉尔地区，其他各工业区都在力争使生产规模与时下市场需求规模相匹配。到1904年秋，“铁制品市场竞争”已达到相当紧张的程度，具体表现为产品价格急剧下跌①。

就1904年总结来看，分析专家给出的主要结论是，几乎全部种类的成品金属工业品市场都处于不景气的状况，辛迪加掌控的那些工业品类也不例外。铁梁的市场销售情况极不乐观，其原因是城市建筑行业不景气。1904年末，成品金属制品投放市场的数量减少，产品积压严重，这使俄国冶金工业没有任何向好发展的前景可言，即使“机车和车厢生产厂家的生产经营势头强劲”。编辑认为，应该预料到，这些工业企业的生产在不远的未来将大打折扣（因为战后的俄国，铁路铺设不再大量需要新机车和车厢制品）。一切预料几乎都在一年后得到了应验。报告人深感遗憾，1903年，南俄采矿工业企业主第28次代表大会建议的商业考察没能成行，这次预设的商业考察原本能够为“俄国工业制品打入国际市场闯出一条通路”②。

1905年2月爆发的工人大罢工给俄国铁制和钢制半成品生产带来了不利影响，产量严重缩减，特别是波兰地区。同时工厂库存

---

① РГИА. Ф. 564，оп. 1，1904－1906. Д. 103. Ежемесячные доклады редакторов Министру финансов о положении железоделательной промышленности. Л. 29.

② РГИА. Ф. 564，оп. 1，1904－1906. Д. 103. Л. 35.

量明显下降，因为经过发展停滞期后，工厂再次投入生产的只有轧材，直到加工出新产品铸块，企业才恢复到原有的库存水平①。1905年2月，俄国成品铁和成品钢的总产量比前两个月大幅下滑，尽管之前两个月的产量，同上年度7～11月的每个单月产量相比已下降近10%。与1月相比，2月成品金属制品产量急剧缩减239万普特（22%），但是工厂库存量反倒增长了88.3万普特（3.4%）。1905年1月和2月，全国钢铁总产量仅为1938.2万普特，而1904年同期产量达2456.6万普特，即两个年度相差518.4万普特。因此，1905年初，俄国制铁业明显恶化，成品钢铁的发货量急剧下降。1905年2月末，成品存货比上年度同期大约增长300万普特（12.5%）②。《制铁业统计数据汇总》第三期（1905年）推出后，《金融工商时报》编辑报告指出，根据3月统计数据无法预见成品铁和钢的生产形势能否好转。因为我们观察到，“在初春时候，铁制品市场明显受到打压，似乎也不会迅速好转，事实上，市场的这一状况是从6月开始的”③。接下来一个季度，成品铁和钢的精加工、重新铸造以及投放市场的数量更加压缩了，而工厂库存待售的产品数量却略有增长。分析研究专家认为，产量下降完全是由于冶金工厂及金属加工工厂的罢工运动。工人罢工的重灾区是波兰、俄国北部、俄国南部以及沿伏尔加河一带的工厂，与此同时，莫斯科周边地区以及乌拉尔工业基地的工厂几乎没有发生工人罢工事件，这股工运风潮并未波及该地区金属制

① РГИА. Ф. 564，оп. 1，1904－1906. Д. 103. Л. 38 об.

② РГИА. Ф. 564，оп. 1，1904－1906. Д. 103. Л. 39.

③ РГИА. Ф. 564，оп. 1，1904－1906. Д. 103. Л. 41.

品的生产①。

总结前文时有一点应明确，20 世纪最初 10 年，俄国冶金工业确实经营困难、步履维艰。

但还需要指出的是，金属加工工业并不总是与冶金工业并行发展。例如，古斯塔夫·加尔特曼，这位十月革命前俄国最大的蒸汽机车厂即卢甘斯克蒸汽机车厂的创建人，在回忆录里指出："日俄战争的爆发扩大了市场对机车的需求，为提升运力，加快运输军队及军需物资抵达满洲里前线，工厂马不停蹄，日夜加班，这一切证明了加尔特曼工业公司蕴含着巨大的生产潜力。1904 年下半年，在没有任何阻力和困难的情况下，加尔特曼工业公司 102 辆机车供货订单履约。同样，1905 年该公司完成了大笔订货合同，平均每月供货 20 辆机车。"② 1905 年加尔特曼工业公司机车生产数量创下了工厂最高纪录。

***

至于石油工业，无论是国内市场还是世界市场，这一部门都具有十分重要的意义。俄国石油工业始终是外商投资的目标所在，这一切使石油工业成为"国际大财团建立的重要因素，在其中占有一席之地，也是全球石油工业政策制定的必然参与者"③。其中，

① РГИА. Ф. 564，оп. 1，1904 – 1906. Д. 103. Л. 43.

② Для сравнения укажем，что в 1901 – 1903 гг. в среднем за месяц завод Гартмана в 1901 – 1903 гг. завод Гартмана производил 8 – 12 паровозов. – Там же.

③ Гиндин И. Ф. Банки и экономическая политика в России（XIX – начало XX вв.）М.，1997. С. 175.

诺贝尔兄弟联营公司、罗斯柴尔德财团以及曼塔舍夫石油公司在世界石油行业占有重要地位①。

俄国石油开采部门的生产水平、石油开采增速等方面的数据表明，20 世纪最初 10 年，世界石油工业整体状况并非那么辉煌。卡芬豪斯写道，1901 年，石油工业的发展迎来了转折期：它进入“长期的深刻的危机时期”②。危机明显持续了很长时间，随后数年石油生产经历了艰难岁月。1904 ~ 1907 年，石油开采部门的生产水平远不及从前，石油产量大大缩减，特别是 1905 年产量的下滑程度尤为明显③。这一切正如《金融工商时报》指出的那样：“《朴次茅斯和约》的签订，以及和约附加的条件，令人们难以期许能迎来美好的未来。”④ 众所周知，人们还未来得及憧憬美好的明天，从战区传来的前线战报已被 1905 年工人罢工以及武装起义的消息报道所替代。大型油田集中分布的巴库产油区形势的恶化引起了人们对世界石油价格波动的密切关注。

1905 年下半年是俄国工商业发展举步维艰的一年，对于巴库而言，这还是石油部门发展极为不利的一年。巴库石油开采区的工人举行了多次大罢工，其严重程度不亚于私营铁路工人罢工事件，邮政电报设施中断通信一个半月以上，从 11 月中旬持续到 12 月末。还应该注意到的是，此地区的民族冲突持续了一年，2 月、8 月以及 10 月，民族冲突一度激化，甚至发生了大规模巷战。伴随

---

① Гиндин И. Ф. Банки и экономическая политика в России（XIX – начало XX вв.）М.，1997. С. 175.

② Кафенгауз Л. Б. Указ. соч. С. 71.

③ Дьяконова И. А. Нефть и уголь в энергетике царской России в международных сопоставлениях. М.，1999. С 166.

④ Вестник финансов，1906. №8.

着城市民居及石油开采区的钻井台、石油仓储库被大火烧毁，商店和加工厂发生抢劫、盗窃事件，几乎全部毁掉①。巴库经历真正的经济危机：8 月大火毁掉了一切。被烧毁的钻井台、油库导致石油开采区彻底陷入瘫痪状态，接下来整个 9 月，为了挽救局面，挽救石油工人的生活，政府必须发放大笔贷款。

原本大家希望延迟偿还国家政府贷款，俄国国家银行以及私营银行代表们许诺扩大贷款范围，援助巴库地区恢复正常秩序，加速工商业发展，恢复工商阶级代表利益，帮助他们走出困境。但是一切美好的打算全部被 8 月暴乱破坏了。贷款发放工作一再拖延，到 1906 年 1 月，仅向 17 家公司发放了总计大约 25 万卢布的贷款。这些资金于事无补，难以扭转局面，并没有给处境极度艰难的石油工业带来丝毫的改变②。1905 年 10 月，俄国爆发了新的群众性骚动，邮政电报工人罢工，随后发生了全俄政治总罢工，工厂生产、市场流通几乎停滞，经济形势进一步恶化，以至于 1905 年 12 月 29 日，巴库交易所委员会认为有必要向工商部提出申请，要求批准巴库延期 5 个月偿付原本 1906 年 4 月 1 日到期的期票债务。不过，由于 10 月的暴动和大洗劫，一大批“持票人”和“背书人”已纷纷逃离，甚至都不知道他们现在藏身何处③。

这一切给 1905 年俄国石油工业的发展带来十分不利的影响。1905 年 8 月，巴库石油钻井台发生的火灾，几乎摧毁了超过半数的生产油井，周期性爆发的罢工席卷了整个高加索地区，大批钻井

---

① РГИА. Ф. 23，оп. 7. Д. 41. Л. 121.

② РГИА. Ф. 23，оп. 7. Д. 41. Л. 62.

③ РГИА. Ф. 23，оп. 7. Д. 41. Л. 59；Л. 61.

工人参与了暴动，生产的无序以及恐怖分子的袭击导致巴库的石油开采量降到最低点。9月采油量仅为200万普特，而8月最初20天的采油量是3230万普特①。整个9月几乎没有任何订单，石油开采区以及加工厂几乎没有任何作为。到10月，部分工厂恢复了生产，但还有绝大多数工厂继续停产直到年底。巴库石油商品储备量，1903年1月为1.675亿普特，1904年1月为1.147亿普特，1905年1月仅为9960万普特。在暴乱之前，1903～1905年的月石油开采量为4500万～6000万普特。1905年11月，石油开采量为2600万普特，12月降到1800万普特②。

这场灾难让巴库石油公司蒙受了巨大损失。按照阿塞拜疆财政厅的评价，全部石油工业企业的利润约下滑33%，这些企业1906年全年利润额未超过400万卢布，它们只能痛苦地承认企业严重亏损③。

在极度困难的情况下，许多商品价格的上涨在一定程度上弥补了诸多行业利润下降的不足。但是，尽管库存量的耗尽和需求增加会导致石油（尤其是其精炼产品）的价格大幅抬升，但是在1905年11月和12月，所有石油产品的价格都在下降，原因似乎在于令人担忧的全球不利行情以及对个人人身及财产安全普遍的焦虑和不安全感④。因此，1905年的年均价格只略微高出1904年的年均价格。

在评估1905年8月事件造成的损失时，专家们谈道，俄国石

① РГИА. Ф. 23，оп. 7. Д. 41. Л. 121 – 121об.

② РГИА. Ф. 23，оп. 7. Д. 41. Л. 52.

③ РГИА. Ф. 23，оп. 7. Д. 41. Л. 122.

④ РГИА. Ф. 23，оп. 7. Д. 41. Л. 121.

油工业遭受了无法弥补的重大损失。石油开采量急剧下滑，同时俄国开始丧失在欧洲以及东部地区煤油市场的优势主导地位①。1905年后，俄国石油开采处于较低水平，造成国内市场燃料长期缺乏，继而造成燃料价格上涨。

在对1900～1908年俄国石油工业和冶金工业的生产经营成果进行总结时，可以确信的是，这个时期是上述俄国两大工业领域发展的危机期。正如杜岗－巴拉诺夫斯基证实："随着1900年经济危机爆发，西方很快走出困境，1905～1907年，西方经历了新一轮经济增长，不过俄国工业还是难以走出低谷，仍然停留在经济发展极度受阻的状况下。"② 根金将这段时期描述为"俄国创造固定资本的部门，诸如冶金、煤炭、水泥以及其他工业部门都处于发展完全停滞的状态"③。

***

经过多年的停滞，从1908年开始俄国冶金工业再度振兴。1908～1913年，铸铁产量增长62.6%。与此同时，在市场需求快速增长的影响下，俄罗斯南部工业企业无法及时完成所有订单，

① Хижняков С. С., Осинов В. Г. К вопросу о причинах и характере трагических событий в августе 1905 г. на нефтяных промыслах Апшеронского полуострова. // Предвестие эры нефти. М., 2003. С. 282.

② Туган – Барановский М. И. Народное хозяйство [России в 1913 г.]. // ТуганБарановский М. И. Избранное. Периодические промышленные кризисы. М., 1997. С. 526.

③ Гиндин И. Ф. Указ. соч. С. 86.

因此乌拉尔金属加工工业恢复生产，乌拉尔铸铁产量增长56.2%①。这些年来，炼钢和金属型材生产以较高速度增长（分别增长71.9%和66.7%）。然而，市场对黑色冶金产品的需求并未得到满足，这导致黑色冶金工业品价格大幅上扬（高达50%）②，行业收入增加。根据卡芬豪斯的评估，在战前5年内，俄国金属加工工业生产成本大幅上涨73.3%，主要增长年份是1911～1913年。这些年来，金属加工工业的部门结构发生了变化：生产工业机械、农业机械、电气设备的劳动密集型产业的比例有所提高③。卡芬豪斯指出，战前的经济崛起强度很大，一些指标甚至超过了90年代的经济发展程度；在战争爆发前的最后几年，俄国机器设备得到及时更新，工业企业的生产潜力“超出实际生产规模”④。

在石油工业方面，用卡芬豪斯的话说，巴库石油公司即便在战前经济繁荣时期都无法“从危机中恢复过来”，因此，尽管石油市场行情非常有利，石油开采量仍停留在较低水平⑤。石油燃料价格持续上涨导致1909～1910年大批消费者转而使用木炭和煤炭，这样反过来又促使油价下降。然而，自1911年以来，对各种燃料的市场需求量都在上升，这导致石油价格飙升，到1913年几乎翻了一番，但并没有增加石油产量。1909年巴库石油产量达到顶峰，年产量高达838.9万吨。在接下来的几

① Кафенгауз Л. Б. Указ. соч. С. 133.

② Кафенгауз Л. Б. Указ. соч. С. 133.

③ Кафенгауз Л. Б. Указ. соч. С. 139 – 140.

④ Кафенгауз Л. Б. Указ. соч. С. 141.

⑤ Кафенгауз Л. Б. Указ. соч. С. 124.

年里，由于油井生产率下降，油井钻台遭摧毁，这一数字在很大程度上已不可能实现①。油田交易程序立法的落后和石油工业的垄断在这里产生了重要影响：石油公司经常以“开采量增长缓慢、石油产品价格快速提升的情况下背负巨额债务”为理由抑制产量增加②。

但总体上讲，俄国战前的工业繁荣景象令人印象深刻，这一点可以从当时的许多分析材料中看出。因此，人们对亚速－顿河商业银行年度股东大会报告中的评价倍感兴趣。1913 年 3 月 26 日③，亚速－顿河商业银行董事会提交的一份报告中指出，随着工业繁荣，首都银行的发行活动继续开展，现有股份制企业（包括银行本身）的自有资本也在增加。“单一企业变成工业股份公司，新的股份制企业不断创建。”

与此同时，工业行业的“发展程度通常由工业整体的兴衰程度决定，即冶金业、钢铁和机械制造业在 1912 年达到了前所未有的水平”；城市建设所需的各类产品和建材的订货数量显著增加，“三年前就已经开始了城市的快速发展”，受此影响，工业建设、海军造船和其他行业的订货数量大幅增加④。1914 年 3 月 28 日，

① Кафенгауз Л. Б. Указ. соч. С. 124 – 125.

② Кафенгауз Л. Б. Указ. соч. С. 124 – 125.

③ См. Публикация источников. Россия и мир: экономическая конъюнктура 1911 – 1914 гг. （Из докладов правления Азово – Донского банка собранию акционеров）// Экономическая история. Обозрение. Выпуск 11, 2005. С. 43.

④ См. Публикация источников. Россия и мир: экономическая конъюнктура 1911 – 1914 гг. （Из докладов правления Азово – Донского банка собранию акционеров）// Экономическая история. Обозрение. Выпуск 11, 2005. С. 44 – 45.

一份类似报告强调指出，与许多欧洲国家不同，俄国冶金工业品的订单在1913年继续增加，其价格不仅没有下降，反而有所上涨。“供应总是落后于需求。在煤炭价格较高以及石油价格极高的情况下，没有足够产量的煤炭和石油产品供应市场。砖、水泥、石灰、木材和其他建筑材料需求量很大。”① 在评估俄国1914年的经济状况时，亚速－顿河商业银行在1915年3月31日股东大会上指出，1914年俄国经济在“完全有利的条件”下发展；工业在产品价格高和市场需求大的情况下继续全速运转，货币市场呈现“1913年秋季略微紧张，1914年春季再次变得非常自由”的局势，国际政治局势依然“晴朗无云”②。

当然，俄国一家主要银行的分析师对每年经济形势进行了更详细、更复杂的分析，他们对战前俄国工业发展评估的性质始终是积极可取的。

重要的是，我们研究的冶金和石油工业企业的股价动态总体上与战前工业增长的趋势相对应。

现在我们转而比较分析工业企业有价证券的行情动态和盈利能力。

---

① См. Публикация источников. Россия и мир: экономическая конъюнктура 1911－1914 гг. （Из докладов правления Азово－Донского банка собранию акционеров） // Экономическая история. Обозрение. Выпуск 11, 2005. С. 48.

② См. Публикация источников. Россия и мир: экономическая конъюнктура 1911－1914 гг. （Из докладов правления Азово－Донского банка собранию акционеров） // Экономическая история. Обозрение. Выпуск 11, 2005. С. 49.

***

如果没有深入研究牌价走势基础因素的影响，则无论如何都无法进行证券市场的行情动态分析。研究这些因素的作用以便解释工业股票价格运动的性质时，让我们看看工业股票价格动态的指标表现。

俄国股份公司股利和利润分配的信息来源于《金融工商时报》公布的工业企业资产负债表。资产负债表是股份公司资本信息的主要来源。根金指出："对作为信息来源的资产负债表数据进行评估最为重要。这些数据和所有经济统计的价值指标应一样得到研究，以便得出高度概括的、时间跨度大的广义结论。这有助于我们捕捉到反映资产负债表指标的主要过程。"①

如果能够在各大公司的层面获得令人信服的计算结果，那么这将成为证券市场动态在很大程度上取决于各个企业绩效指标这一假设的有力论据②。

让我们从诺贝尔兄弟联营公司的股票开始分析。诺贝尔兄弟联营公司的股票价格和利润详见表3－1。

---

① Гиндин И. Ф. Балансы акционерных предприятий как исторический источник // Малоисследованные источники по истории СССР XIX - XX вв. М.，1964. С. 131.

② Более подробное изложение результатов проведенного нами статистического анализа дается в работе：Бородкин Л. И.，Коновалова А. В.，Фильцагин М. Ю. Курсовая динамика нефтяных акций на С. - Петербургской бирже в конце XIX - начале XX вв. Регрессионная модель // Problems of Economic History. Mundus Oeconomicus. Ed. M. Bibikov and E. Lobanova. Moscow. IVI RAN，2006. P. 133 - 142.

表 3－1　1897～1913 年诺贝尔兄弟联营公司股票价格和利润

年份	股票年均价格(卢布)	利润(千卢布)
1897	7971.87	2515.399
1898	8867.71	3327.695
1899	13186.04	6084.874
1900	12827.08	8467.225
1901	10037.92	5542.720
1902	9924.37	3938.934
1903	9896.87	4569.362
1904	10079.17	4088.527
1905	9693.89	4903.746
1906	9027.60	7383.899
1907	10079.69	8025.729
1908	10846.42	6622.034
1909	11089.58	5393.687
1910	11063.13	6057.933
1911	11544.86	5432.376
1912	13363.54	13372.615
1913	17805.42	18235.749

资料来源：среднегодовая стоимость акций－Перельман Г. Е. Котировки акций на С.－Петербургской бирже в 1865－1914 гг. Экономическая история. Обозрение. Вып. 11. М.，2005；прибыль－Приложение IV。

通过回归方程（回归统计分布）可以评估企业经营指标的影响力。根据表 3－1 的数据，我们为诺贝尔兄弟联营公司设一个股票年均价格相对利润的回归方程（千卢布计）：

诺贝尔_价格 = $C(1) + C(2) \times$ 诺贝尔_利润
诺贝尔_价格 － 股票年均价格
诺贝尔_利润 － 公司利润

回归统计结果见表 3－2。

表 3－2　诺贝尔兄弟联营公司股票价格和利润的回归统计

	系数	标准误差	t－统计量	伴随概率
C(1)	7552.2	582.6	12.96	0.0000
C(2)	1.46	0.215	6.81	0.0000

校准系数 $R^2=0.74$，F－标准＝46.47，伴随概率＝0.0000。

计算结果：我们关于诺贝尔兄弟联营公司股票价格和利润之间存在关系的假设得到证实。回归方程的所有特征都在说明这个问题。首先，校准系数为0.74，表明74%的股票价格差异由回归量，即公司利润解释。其次，投资比率在统计学上是重要的（t＝6.81；伴随概率<0.0001）。最后，F－统计数值是46.47，这表明模型本身的质量很好。

现在我们将重复类似的计算操作，以确定普季洛夫冶金工业公司股票价格对公司利润的依赖性。表3－3中列出了该公司的股票价格和利润的数据。

表 3－3　1897～1913 年普季洛夫冶金工业公司股票价格和利润

年份	股票年均价格(卢布)	利润(千卢布)
1897	124.97	1136.840
1898	135.28	1134.062
1899	137.70	1249.574
1900	115.67	993.985
1901	78.89	1606.900
1902	69.77	1542.722
1903	88.80	1660.664
1904	103.26	1971.925

续表

年份	股票年均价格(卢布)	利润(千卢布)
1905	121.82	938.297
1906	92.27	2033.790
1907	97.19	732.256
1908	83.57	58.055
1909	94.36	516.793
1910	140.07	1089.867
1911	146.27	2029.278
1912	169.45	2340.721
1913	147.96	2874.877

资料来源：среднегодовая стоимость акций – Перельман Г. Е. Котировки акций на С. – Петербургской бирже в 1865 – 1914 гг. Экономическая история. Обозрение. Вып. 11. М.，2005；*прибыль* – Приложение IV。

根据表3－3的数据，我们为普季洛夫冶金工业公司设一个股票年均价格相对利润的回归方程（千卢布计）：

普季洛夫_价格 = $C(1)$ + $C(2)$ × 普季洛夫_利润

普季洛夫_价格 – 股票年均价格

普季洛夫_利润 – 公司利润

回归统计结果见表3－4。

表3－4　普季洛夫冶金工业公司股票价格和利润的回归统计

	系数	标准误差	t－统计量	伴随概率
$C(1)$	92.09	15.08	6.11	0.0000
$C(2)$	0.016	0.0096	1.66	0.117

校准系数 R^2 =0.098，F－标准 =2.74，伴随概率 =0.117。

计算结果：很明显，普季洛夫冶金工业公司的股票价格和公司利润之间存在非常微弱的统计关系。校准系数 0.098 表明，9.8%的股票年均价格差异可以用公司利润的动态来解释。回归系数具有较低的统计意义（t = 1.66；伴随概率 = 0.117），但是回归方程在统计意义上并不具有好的质量（伴随概率 = 0.117）。

因此，我们可以看到，对于诺贝尔兄弟联营公司和普季洛夫冶金工业公司这两家公司（分别与石油和冶金行业有关）的红利股票而言，其价格对公司利润指标的依赖程度截然不同。诺贝尔兄弟联营公司就资产负债表中的资产项而言是十月革命前俄国最大一家股份制企业，公司利润无疑是决定公司证券价格的关键因素。

普季洛夫冶金工业公司首先代表了俄国冶金工业集团最大的企业之一，其情况与上述恰恰相反。这就引出了一个问题：为什么利润指标如此有效地决定了石油股票的行情动态，却对冶金工业股票行情动态影响甚微？

显然还存在其他的诸如欧洲证券市场影响、企业融资机制稳定性等外部因素，以及与股市投机活动相关的内部因素，它们都对证券市场的行情动态产生不同程度的影响。这些内外因素的影响作用正是本书下一章节分析的内容。

二　20世纪初俄国工业化上升时期冶金工业企业融资工具：外国资本和证券市场的作用

俄国工业有价证券行情动态的影响因素取决于工业企业融资活动的连续性。本节我们将介绍一些俄国冶金行业部门的融资工具，这是十月革命前俄国工业化进程中的关键融资工具之一。就像其他国家一样，在俄国同样有很多诸如外国投资、银行商业贷款、国家订单、证券发行这样的融资工具①，特别值得一提的是俄国国内大量的外国投资②。到 19 世纪 80 年代，外国资本主要以国家间借款的形式注入俄国经济，从 1880 年开始私人投资流入俄国企业，参与股份资本融资③。第一次世界大战之前，在用于生产目的的投资总额中，外国资本所占比重超过 50%，1900 年几乎占到 2/3④。外国资本在采矿、冶金、机械、电工、化学等对俄国工业化进程意义非凡的行业部门发挥了重要作用。然而，从 20 世纪初开始，特别是第一次世界大战前夕，俄国国内储蓄在经济发展中的重要性开始上升⑤。

证券市场在融资工业化进程和研究文献方面的重要作用，以及俄

① См.，например：*Зив В. С.* Иностранные капиталы в русской горнозаводской промышленности. Пг.，1917；*Оль. П. В.* Статистика акционерных обществ и паевых обществ，обязанных публичной отчетностью за 1911 – 1912 год. Пг.，1915；*Расин ский Ф. А.* Статистика доходности русских акционерных горных，горнозаводских и механических предприятий // Русское экономическое обозрение. 1904. Т. II.

② Изучение участия иностранного капитала в российской промышленности активно велось，начиная с 1920 – х – 1930 – х гг.（См.，например：*Оль П. В.* Иностранные капиталы в России. М.，1922；*Ванаг Н. Н.* Финансовый капитал России накануне первой мировой войны. М.，1925）. При этом тема всегда имела международное значение：так，в 1973 вышла монография：Girault René. Emprunts russes et investissements français en Russie. 1887 – 1914. Paris，1973.

③ Об участии иностранного капитала в российских металлургических предприятиях см.：Girault René. Указ. соч.；*Бовыкин В. И.* Формирование финансового капитала в России. М.，1984.；*Он же.* Французские банки в России. Конец XIX – начало XX в. М.，1999.

④ Бовыкин В. И. Введение // Иностранное предпринимательство и заграничные инвестиции в России. М.，1997. С. 10.

⑤ Бовыкин В. И. Введение // Иностранное предпринимательство и заграни чные инвестиции в России. М.，1997. С. 11.

国对证券市场动态因素持续研究传统的缺失决定了我们要对俄国上市工业公司进行专门研究。此外，本书对行业部门最大的企业——布良斯克冶金工业公司单独进行研究，截至1912年的统计数据结果表明，布良斯克冶金工业公司被列入世界100强大工业公司名单。股份公司公开的财务报表是我们研究的基础。此外，俄国和法国的档案文献以及各类报刊等同样是俄国工业公司资本和利润数据信息的主要来源。

冶金工业对整个俄国的经济发展意义重大，因此这一行业部门一直受到政府的特别关注，明显得到国家的扶持和帮助。

19世纪末20世纪初，冶金工业始终稳居三大（按资本总和）上市行业之一。20世纪初俄国整个冶金工业的主要基地——南俄冶金工业基地就是以股份制形式快速创建而成。

南俄冶金工业基地的崛起主要是由于俄国铁路大建设的蓬勃发展，因此，南方工厂的大部分轧制设备都用于制造重轨和其他铁路建材。

最重要的是，国家订单在1882年的运输工程和铁路建设方面发挥了重要作用。南方工厂总产量的60%来自国家订单。通过国家和强制性私人订单确保企业产品需求是政府加快运输机械和轨道生产发展而采取的初步措施。这项初步措施得到国家公开和隐性补贴的支持，部分地覆盖了产品成本，但不足以实现既定目标，因此政府转向通过各种形式的融资渠道为企业提供所需的大部分资本。在政府融资类型中，可以看到国家订单（又称隐性补贴）、直接参与资本形成（政府先是动用铁路基金，后来使用一般预算资金从特别扶持的工厂购买了全部债券）以及长期贷款①。

① Гиндин И. Ф. Государственный банк и экономическая политика царского правительства（1861 – 1892 годы）. М.，1960. С. 197.

到1879年，全俄共计有5家机车生产厂家、12家车厢生产厂家和8家钢轨生产厂家。一些发展超快的工厂取得了辉煌成就，这说明当时俄国的经济运行环境良好。例如，俄国最大工业企业之一科洛缅斯克机器制造公司1873～1875年并没有分配红利，但是，1876～1880年发放12%～20%的红利。布良斯克冶金工业公司1873～1898年发放红利情况如表3－5所示①。

表3－5　1873～1898年布良斯克冶金工业公司股份资本和每股红利

单位：卢布

年份	股份资本	每股红利	年份	股份资本	每股红利
1873～1874	400000		1887	2400000	12
1875	400000	15	1888	2400000	12
1876	600000	15	1889	5400000	8 & 4[1]
1877	600000	15	1890	5400000	9
1878	600000	15	1891	5400000	
1879	600000	15	1892	5400000	7
1880	1800000	15	1893	5400000	10
1881	1800000	25	1894	5400000	22.5
1882	1800000	25	1895	7087500	30 & 8[2]
1883	1800000	20	1896	7087500	32
1884	1800000	15	1897	8087500	32 & 2[3]
1885	1800000		1898	8087500	30
1886	1800000				

注：1.1889年7月1日，第6批和第7批发行的股票红利全部发放。

2.1895年10月9日，第7批发行的股票红利全部发放。

3.1897年12月20日，第8批发行的股票红利全部发放。

资料来源：Archives du ministère de l'Economie, des Finances et de l'Industrie（далее－AEF）. B 31265。

① Гиндин И. Ф. Государственный банк и экономическая политика царского правительства（1861－1892 годы）. М.，1960. С. 197.

1881～1883年，工业企业的产能超出了铁路修建对机组和钢轨的需求量，需求量急剧下降明显是因为铁路建设工程的压缩。国家订单和政府投融资加速工业发展，到19世纪80年代转变成在较窄范围内人为地以资金支持和维持工厂正常生产①。专注于支持经评估产生的重要企业集团，这已成为政府公共融资的长期战略。

俄国工业企业资产总值排第二位的布良斯克冶金工业公司充分享受到俄国国家银行积极推行的信贷支持政策。

让我们回顾一下，早在19世纪90年代中期工业化浪潮之前，布良斯克冶金工业公司就已着手发行债券，开创了俄资企业有价证券在国外上市流通的先例。法国动产信贷银行于1890年在法国证券市场发行1.264万卢布的布良斯克冶金工业公司债券。正如鲍维金指出的："受到布良斯克冶金工业公司良好业绩的鼓舞，公司董事会决定替换先前发行的全部股票（1879年发行的除外），代之以新股票，股票文本印有俄、法两种文字。"② 1891年，布良斯克冶金工业公司在法国的股票业务主要由两家银行辛迪加操作。布良斯克冶金工业公司于1891年5月抛售2000股公司股票给比利时财团，该财团负责在比利时证券市场发售这些股票③。

到19世纪90年代末，南俄煤炭和采矿冶金工业融资蓬勃发展，法国投入了大量资本参股。布良斯克冶金工业公司成为南俄工业区重要投资者法国兴业银行的重点投资对象。由于投资俄国工业

① Гиндин И. Ф. Государственный банк и экономическая политика царского правительства（1861－1892 годы）. М.，1960. С. 198.

② Бовыкин В. И. Французские банки в России. Конец XIX － начало XX в. М.，1999. С. 64.

③ Бовыкин В. И. Французские банки в России. Конец XIX － начало XX в. М.，1999. С. 64.

企业的积极性增强，法国兴业银行成立了俄国采矿及冶金工业总公司，股本2500万法郎①。法国兴业银行本打算在法国发售已得到俄国采矿及冶金工业总公司支持的布良斯克冶金工业公司股票，俄国采矿及冶金工业总公司作为其所扶持企业的证券的临时持有人，得到扶持的工业企业被视为俄国采矿及冶金工业总公司持股之前的“分支机构”，直到这些企业发行的证券发售给银行存款人为止②。但是，20世纪初的经济危机使得这一计划的实施搁浅，因为俄国采矿及冶金工业总公司绝大多数伙伴经营亏损，严峻的经济形势不允许在法国投资发行过量的股票和债券。在这种形势下，法国兴业银行支持其中几家企业，向它们提供贷款。从1900年开始，该银行向布良斯克冶金工业公司提供了大笔贷款。

***

如上所述，19世纪90年代下半期，俄国工业快速增长和蓬勃发展。但是，19世纪末的工业高涨被一场“完全出乎工商界预料的四处蔓延的真正灾难”打断③。世纪之交爆发的经济危机，在俄国起始于1899年9月，与俄国交易所危机的爆发几乎同步。1899年秋季事件见诸报端，《金融工商时报》《交易公报》等报刊全部都有新闻报道，其中有一句话让人印象深刻——“恶意的投机交

① Иностранное предпринимательство и заграничные инвестиции в России. Очерки. М., 1997. С. 165.

② Бонен Ю. Сосьете Женераль в России. Тулуза, 1994. С. 23.

③ Туган - Барановский М. И. Состояние нашей промышленности за десятилетие 1900 - 1909 гг. и виды на будущее //*Туган - Барановский М. И.* Избранное. Периодические промышленные кризисы. М., 1997. С. 488.

易行为”。显然，当代人最初认为，突然爆发的危机绝对是交易所危机，因为出人意料和毫无缘由地爆发危机，这些只能证明危机具有“投机”的性质。财政部全力制止货币市场出现恐慌并努力恢复交易所诚信，但是此举毫无成效。这个时期的交易所成为公众和政府关注的焦点。圣彼得堡交易所成为俄国国内工业有价证券上市流通的主要交易平台。

根据俄国大型工业公司 1898 年资产数据以及这些工业公司证券在圣彼得堡交易所的行情动态，诺贝尔兄弟联营公司以 1898 年总资产 6300 万卢布在股份公司排名榜上遥遥领先。接下来是两家俄国最大的工业企业，即主营金属加工和重型机械设备生产的布良斯克冶金工业公司和普季洛夫冶金工业公司，总资产分别是 3800 万卢布和 3300 万卢布。排在第 6 位的是科洛缅斯克机器制造公司（2280 万卢布），1895 年，科洛缅斯克机器制造公司股票在圣彼得堡交易所上市交易。

正如前文指出，俄国国家银行联合股份商业银行共同成立银行辛迪加和银行财团，在经济危机时，负责维护俄国有价证券市场有序运行。1899 ~ 1903 年工业和金融危机时，俄国又成立了类似的交易所辛迪加①。为了对抗“红利股票价格毫无根据地上下波动”以及抵御“卖空”交易行为，响应维特的倡议，1899 年 10 月 20 日，俄国组建了由“圣彼得堡主要银行和银行家组成的资本额总计 535 万卢布”的联合辛迪加。该辛迪加以交易所“红十字”或

① Бугров А. В. Государственный банк и биржевые синдикаты в России: 1899 – 1917 гг. // Экономическая история. Ежегодник. 2002. М.，2003. С. 35 – 46.

银行“红十字”而闻名①。辛迪加控制的股票中，连同银行股票和石油公司股票一起，还包括13家冶金工业和机器制造工业公司的股票在内，其中布良斯克冶金工业公司股票720股。到1901年2月15日，辛迪加亏损的只是布良斯克冶金工业公司股票这项业务，亏损额为8.9056万卢布②。

对于俄国股份公司来说，1899～1903年的危机以及接下来经济形势的不稳定都是严峻的考验。重工业首先受到重创。冶金工业又该如何度过20世纪初的经济危机？让我们再次回顾布良斯克冶金工业公司这一时期的发展历程。

1899年危机爆发前夕，布良斯克冶金工业公司经营状态良好：年利润达400万卢布，红利32%，面值100卢布的股票一度上涨到533卢布③。

布良斯克冶金工业公司的发展历程是俄国危机年代积极引进外资以及政府投资的一个鲜明例证。19世纪末南俄工业区与巴黎银行建立了联系，在俄国资本市场乏力的情况下，南俄工业区的代表在危机爆发时申请巴黎银行的贷款。就办理形式来讲，这些贷款与19世纪90年代的信贷业务没有任何差别，全部都是票据或债券抵押贷款。

1896年12月，布良斯克冶金工业公司购买了位于克里米亚东部刻赤市的土地，获得地下矿藏开采权，并很快开工建设冶金生产加工基地。1898年，刻赤实业分离出来，成为独立的股份制工业

---

① См.：О противодействии случайному падению дивидендных бумаг // РГИА. Ф. 587. Оп. 56. Д. 296. Л. 10 об. – 12.

② Бугров А. В. Государственный банк и биржевые синдикаты в России: 1899 – 1917 гг. // Экономическая история. Ежегодник. 2002. М.，2003. С. 39.

③ Ананьич Б. В. Россия и международный капитал. 1897 – 1914 гг. Л.，1970. С. 54.

企业，股份资本 1000 万卢布，其中，布良斯克冶金工业公司占股 50%，另外的 50% 由法方出资。

1899 年爆发的俄国工业危机令这两家企业的经营状况急剧改变。布良斯克冶金工业公司再次寻求外国贷款支持。刻赤实业债权人所共知的发展历史详见文献资料的阐述①。

法国政府请求俄国财政部出面援助在俄外资企业。1899 年，对刻赤实业问题的商讨升级到财政大臣层面。1899 年 11 月，布良斯克冶金工业公司被迫向外求援。同月，俄国国家银行圣彼得堡分行向布良斯克冶金工业公司发放了 500 万卢布贷款，期限 9 个月，以利率为 4% 的公司债券和 800 万卢布做抵押。1900 年 3 月，贷款额增至 600 万卢布，而清偿期限延长至 1901 年 2 月。

布良斯克冶金工业公司董事会 1900 年 8 月 23 日在俄国国家银行圣彼得堡分行的借据保留了下来，上面写道："经财政大臣批准，俄国国家银行圣彼得堡分行发放给布良斯克冶金工业公司的贷款可以延期清偿到 1901 年 2 月 1 日。贷款通过特别往来账户发放，额度为 600 万卢布，利率为 6.5%，以布良斯克冶金工业公司企业利率为 4.5% 的债券做抵押。名头为布良斯克冶金工业公司的工厂企业，应付银行 1899 年 11 月 24 日（№2522/Б）和次年 3 月 14 日（№590/Б）的债务目前不再生效，责令不晚于 1901 年 2 月 1 日清偿上面指出的特别往来账户上仍存留的贷款债务金额。如果没有如期清偿全部贷款，那么，俄国国家银行将获得权力酌定，在 7 个工作日内，要么依靠董事会在交易所抛售全部债券或是与未清偿贷款额相应的那部分债券，要么债券折价，按 80% 价格留存。由于债

① Ананьич Б. В. Указ. соч. С. 52 – 61；Girault René. Указ. соч. С. 361 – 364.

券在交易所销售会有未收足款的风险，布良斯克冶金工业公司对俄国国家银行承担完全责任，负责清偿债券抵押贷款，每年利息增收6.5%。”①

在这样的大背景下，由于法国兴业银行直接参股，布良斯克冶金工业公司在巴黎交易所发售股票获得成功。1901年4月28日，《交易公报》对总计400万卢布的布良斯克冶金工业公司新增发股票在巴黎交易所全部认购成功取得的巨大业绩做了新闻报道②。这项举措在1901年5月27日布良斯克冶金工业公司股东大会上得到证实：“目前，布良斯克冶金工业公司结束了所有新建改建项目，这些项目开始于1894年，由于工厂改建扩建，企业财务资金吃紧……通过增发股票成功地实现了融资，公司已经全部顺利地解决了合乎自身需求地从事生产经营这个问题。在现今如此萧条的经济大背景下，在举步维艰的货币市场，此次增发活动进行得较为顺利，艰难地取得了成功。布良斯克冶金工业公司主要负责协助法国兴业银行的工作，法国兴业银行采取了万全措施确保股票发行配售成功。因此，平心而论，我们必须向法国兴业银行表达我们诚挚的谢意！特别致谢法方董事会主席多里佐先生以及全体参与此次股票增发活动的同人！”③

然而，交易所行情发生了剧变。1902年，证券市场传来了新消息，无论俄资还是外资股份企业，都处在经营艰难的状态，陷入困境。《交易公报》1902年3月报道：“2月末3月初，布良斯克

① См. архивный документ в архиве банка Société Générale（далее – SG）. B 2671.

② Цит по：*Бовыкин В. И.* Формирование финансового капитала в России. М.，1984. С. 134.

③ AEF. B 31265.

冶金工业公司和刻赤股份公司露出步入绝境的端倪。在这些工厂企业转手给法国财团管理并注入资金后，它们随即成为巴黎交易所的投机对象，它们的主人一换再换，直到企业最终走向破产。”① 该报9～12月连续刊登关于布良斯克冶金工业公司股票在巴黎交易所一路下跌的消息，公众都在关注消除布良斯克冶金工业公司和刻赤股份企业危机的谈判进程。

很快，布良斯克冶金工业公司重新求助俄国国家银行。1902年11月，布良斯克冶金工业公司在俄国国家银行的债务增至750万卢布，同年12月，俄国国家银行甚至同法国兴业银行签署了专项协议，目的是继续给予布良斯克冶金工业公司金融支持。按照该协议条款，先前俄国国家银行发放的布良斯克冶金工业公司债券抵押贷款增加到1080万卢布，仍然以公司债券和董事会单名票据为担保。法国兴业银行担负1/3的贷款金额，因此，其应注入360万卢布。此外，协议里指出，如果协议签署后3年贷款没有偿还清，那么俄国国家银行负责将布良斯克冶金工业公司共计500万卢布的债券转卖给法国兴业银行作为贷款的最后偿款并终止协议。从自己这一方面讲，法国兴业银行在第一种可能的情况下，应该根据同俄国国家银行的协议，认购布良斯克冶金工业公司的债券，目的是为将销售债券的收入所得全部用于清偿先前俄国国家银行承担的2/3贷款。只有清偿了第一批的2/3贷款后，法国兴业银行才能得到债券发售余下的收入款额，或者是将未配售的债券留存自己所有。

法国兴业银行董事会主席同其派驻俄国代表之间的密码通信、

① Биржевые ведомости. 1902，2 марта. Цит. по：Бовыкин В. И. Формирование финансового капитала... С. 139.

电报函件至今保存在法国国家档案馆①。

1900~1902年，布良斯克冶金工业公司先后8次向俄国国家银行申请贷款，均获审批。1902年，法国兴业银行用360万卢布从俄国国家银行手中买走面值1080万卢布的布良斯克冶金工业公司债务②。1902年12月30日，布良斯克冶金工业公司同法国兴业银行签订条约。条约规定，布良斯克冶金工业公司应不晚于1905年12月30日向法国财团支付300万卢布。300万卢布的获得形式就是以刻赤股份企业600万卢布债券以及300万卢布票据做抵押办理抵押贷款③。这项业务操作的后果就是法国辛迪加的影响力增强：投资了300万卢布，但是法国兴业银行收购了布良斯克冶金工业公司的股票，因而，1904年1月召开的布良斯克冶金工业公司股东大会上，法国兴业银行掌控了布良斯克冶金工业公司相当数量的股票④。

布良斯克冶金工业公司同俄国国家银行的关系发展史体现出，在俄国工业危机年代，俄国国家银行对该公司提供的金融援助以及与此相关的国际清算问题的复杂性⑤。两者的关系发展史还揭示了，外资在俄国大型冶金工业公司管理层面确立金融优势地位（特别是通过发行有价证券的方式）的机制问题⑥。

---

① A. N.，F 30，343.

② Гиндин И. Ф. Государственный банк и экономическая политика царского правитель ства... С. 105 - 114.

③ Ванаг Н. Н. Указ. соч. С. 106.

④ Ванаг Н. Н. Указ. соч. С. 106.

⑤ Гиндин И. Ф. Государственный банк и экономическая политика царского правите льства... С. 114.

⑥ 法国财团不想承担对布良斯克冶金工业公司的管理责任。关于这一点还可以参见Дж. 马克-凯的文章：McCay John. Foreign Businessmen，the Tsarist Government and the Briansk Company // Business and Economic History. Second Series，vol. 1，1972. pp. 11 - 30.

1905年革命后，布良斯克冶金工业公司清偿法国投资的工作仍在继续。关于这方面的问题，1912年10月10日召开的临时股东大会上公示了布良斯克冶金工业公司的大股东名单（见表3-6）①。

表3-6　布良斯克冶金工业公司大股东名单

单位：股

主要持股人	持股数量
亚速-顿河商业银行	8000
巴黎-荷兰银行	2114
法国兴业银行	1950
俄亚银行	500
俄亚银行代表	
保罗·杜波依斯	8575
亨利·迪弗伦斯	7525
朱尔斯·杜兰德	1835
A. 西尔斯	1768

***

尽管处于危机年代，但通过对利润率指数的分析研究，我们还是能够揭示俄国大型冶金工业股份公司的高额利润率，大大高出整个俄国工业的平均利润率10.2%。例如，1900年，布良斯克冶金工业公司的利润率高达14.9%，而整个行业的平均利润率是9%②。

① Ванаг Н. Н. Указ. соч. С. 114.

② Сорокин А. К. Прибыли акционерно - паевых предприятий России в условиях монополизации промышленности（1900 - 1903）. Диссертация на соискание ученой степени кандидата исторических наук. М.， МГУ，1988. С. 66.

从布良斯克冶金工业公司董事会1901年度报告中得知："1900年，整个公司总收入为2481.69万卢布，同年企业生产经营支出费用为2281.65万卢布。1900年公司净利润为200.03万卢布。与上一年度相比，1900年的净利润减少97.99万卢布。但是，为了正确比较这两年布良斯克冶金工业公司生产经营的成果，应该指出的是，1899年净利润里包含了销售股票而得到的偶然收入92.36万卢布。如果没有这个进项（该项收入并不受布良斯克冶金工业公司生产经营状况的影响），这两年的利润收入差不多。如果关注到1900年俄国冶金工业和货币市场所处的艰难境地，那么，我们不得不承认，整个1900年布良斯克冶金工业公司的运转基本令人满意。"①

应该承认，国家订单，首先是铁路建设部门订单的高度集中是造成上述局面的主要因素，蓬勃开展的铁路大建设确保了国家订单源源不断②。在布良斯克冶金工业公司总产量中，国家订单所占比重为52%。据文献列举的数据，国家订单的价格比市场价格平均高出9%～14%甚至达到20%③。不言而喻，在这一经济条件下，经常得到国家订单支持的俄国各大工业企业轻易地承受住了20世纪初沉重危机带来的不利影响。1902年夏成立铁路钢轨和机车订货分配委员会，目的是扶持冶金加工工业和机车制造工业，国家不

① AEF. B 31265.

② Сорокин А. К. Прибыли акционерно – паевых предприятий России в условиях монополизации промышленности（1900 – 1903）. Диссертация на соискание ученой степени кандидата исторических наук. М.，МГУ，1988. С. 66.

③ Сорокин А. К. Прибыли акционерно – паевых предприятий России в условиях монополизации промышленности（1900 – 1903）. Диссертация на соискание ученой степени кандидата исторических наук. М.，МГУ，1988. С. 66.

惜高价订货，使工厂开足马力超负荷地工作①。

1900 年，俄国铁路机车生产订单急速缩水，这种情况促使冶金工厂寻求出路走出困境。《金融工商时报》编辑的报告指出："到 1904 年底，成品金属制品售出量减少，这一时期库存迅速堆积如山，尽管蒸汽机车和车辆生产企业势头强劲，但钢铁行业的情况并不乐观。最近几家大工厂在不久的将来可能会减产，我们的铁路显然不再需要这么多新机车和车辆，因此我们预计，大约 1 年后我国铁路机车车辆事业将极大地收缩。"

似乎可能的是，只有外销发货的铸铁和金属半成品才能支撑俄国的钢铁工业，但是俄国钢铁生产商没有采取任何措施打开自己的金属制品进入国外市场的通道②。可惜，俄国机车车辆生产企业未能征服国际市场。原因主要是俄国生产商对国际市场环境一无所知，缺乏国外市场营销链。当然，买家更喜欢与他们熟知的知名公司打交道。稍后，1907 年，在罗马尼亚铁路比赛中，科伦坡和卢甘斯克蒸汽机车制造厂击败了柏林博尔西格公司，并获得了部分订单。在为罗马尼亚铁路供应蒸汽机车的竞争中，科洛缅斯克机器制造公司和卢甘斯克蒸汽机车制造厂设法击败了柏林博尔西格公司而签订部分订单。科洛缅斯克机器制造公司的档案史料显示，公司董事会一直致力于开辟罗马尼亚、保加利亚、意大利和法国市场。为此，科洛缅斯克机器制造公司与加尔特曼工业公司的董事会共同在

① Погребинский А. П. Государственно – монополистический капитализм в России. Очерк истории. М.， 1939. С. 64； Цукерник А. Л. Синдикат «Продамет». М.， 1958. С. 79 – 80； Кубицкая А. О. Становление паровозостроительной монополии в России （1900 г. – 1907 г.） // Самодержавие и крупный капитал в России в конце XIX – начале XX века. М.， 1982. С. 135.

② РГИА. Ф. 564. Оп. 1， 1904 – 06. Д. 103. Л. 35.

巴黎设立了一个驻外代表处。1912～1913年，该代表处与巴黎当地媒体、法国交通部建立了联系，并与在土耳其和阿根廷拥有特许权的法国雷吉兴铁路公司举行谈判，但产品外销收入并未成为公司收入的主项①。

因此，在20世纪初俄国大型工业公司最重要的融资工具中，首先应关注的是欧洲证券市场的融资业务。当产生资金需求时，这种求助证券市场的操作十分必要。20世纪初银行对俄国冶金行业的渗透明显增强。常见的新型贷款是“金融重组”，其目的是注销部分股份资本，通过银行或提供贷款的银行业联盟购买新发股票来满足大型银行主要债权人和企业融资的需要。南俄冶金工业重组就是这类重组的一个例子，在巴黎和布鲁塞尔多家银行的参股下，1906年重组为南俄第聂伯冶金工业公司②。

三 俄国与欧洲证券市场的相互影响：俄国股票在欧洲交易所的行情动态

19世纪末20世纪初，俄国证券市场的研究无法逾越俄国和欧洲交易所相互联系这一课题。俄国证券市场的一个显著特点是禁止任何外国有价证券在俄国交易所上市流通。许多研究者认为，在整个大背景下，这一禁令可以被视为俄国政府经济政策中的保护关税政策，同时还禁止外国银行在俄国开立自己的分支机构。无论上面哪一种情况，都可以找到论据来论证这类限制和禁令的

① Бовыкин В. И. Финансовый капитал накануне Первой мировой войны. М., 2001. С. 43－44.

② Ванаг Н. Н. Указ. соч. С. 107－109.

真实性。外国银行进驻俄国市场，这将威胁整个俄国民族银行体系的安危，因为和欧洲银行的实力相比，俄国银行还相当弱小，外国有价证券在俄国交易所上市流通有可能导致国内资本倾向于投资外国有价证券，给俄国私人有价证券和国家信贷体系带来危害。但是，这项保护关税政策并不意味着俄国证券市场与欧洲证券市场彻底绝缘，实际上，俄国证券市场同欧洲证券市场积极互动并相互影响。同时，正如利祖诺夫指出的，许多金融领域的专家认为，禁止外国有价证券进入俄国证券市场上市流通本身就是一种落后的陈腐观念，这“对俄国经济发展极为不利”。由于这个禁令的实行，财政部和圣彼得堡交易所已经没有更加有效的手段保护在外国交易所上市流通的俄国有价证券①。圣彼得堡交易所牌价表上没有出现外国有价证券，这实际上使“圣彼得堡交易所失去了对抗外国投资者以及某些左右和操控世界金融市场势力范围的机会”②。因此，关于颁布禁令禁止外国有价证券进入俄国证券市场上市带来的后果众说纷纭，对此的评价充满矛盾。在这方面，历史编纂学尚未研究的俄国股份公司股票在圣彼得堡交易所和欧洲各大金融中心交易所行情动态的联动性问题真正地引发了人们的兴趣。

本节将研究在欧洲主要交易所和圣彼得堡交易所挂牌上市的俄国工业企业股票行情的动态变化，以探求欧洲和俄国两地交易所的相互联动性达到什么程度。是否可以说，圣彼得堡交易所的股票价

① Лизунов П. В. Санкт – Петербургская биржа и российский рынок ценных бумаг. . . С. 423.

② Лизунов П. В. Санкт – Петербургская биржа и российский рынок ценных бумаг. . . С. 423.

格取决于欧洲证券市场相同股票价格的行情变化趋势？或者相反？

尽管禁止外国有价证券在俄国上市流通，但是，俄国证券市场并不缺乏对这些外国有价证券的了解，俄国投资者和交易人对这些外国有价证券始终兴趣浓厚。1899 年财政部公务便签上曾解释说："我们并没有关于外国股票和债券是否构成交易所场外流通交易对象的信息。没有发现任何持有价证券海关过境的拘留案件，但这些有价证券可以不按普通商品而是作为贵重物品通过邮件，比如用挂号贵重包裹自由邮寄。一旦这些有价证券进入俄国内部，就很难追踪它们是否成为交易主体，因为：首先，这些债券是不记名证券，它们从一个人转到另一个人名下可以通过简单的交付手续完成；其次，这些债券的担保可以通过家庭内部交易契约完成；最后，没有关于俄国货币单位是否对外国债券设定平价的信息。由于这些债券是私人印刷厂印制的，因此平价债券票面文本中的现金文字是完全随机的。"①

令人充满信心的交易所行情动态与工业领域各部门扩大生产规模关系密切，伴随着工业企业有价证券发行活动的蓬勃开展，并一直持续到 1911 年秋季。当时，由于受到政治时局动荡的影响，股票价格稍有波动。正如 1911 年 9 月媒体交易所通讯专栏报道的："交易一度陷入紧张的情况，这种状况是由政治事件所引发。处于这样的形势下，股市成交量不可能不受到影响。"

当俄国有价证券开始在欧洲证券市场挂牌上市时，俄国证券持有人对其产生了浓厚兴趣。早在 1861 年农奴制大改革前，俄国股份公司股票就已经进驻国外证券市场。但是，直到 19 世纪末，俄

---

① РГИА. Ф. 20，оп. 4.，д. 4231. 1899. Л. С. 195 – 195 об.

国有价证券才成为西欧证券市场的主要交易对象①。巴黎交易所成为俄国有价证券主要向往的中心。在巴黎交易所上市的俄国有价证券多半是冶金工业股票和机械制造业股票：在总计 71 只股票中，冶金工业股有 28 只，这些冶金工业公司的总股份资本达 2.5938 亿卢布②。20 世纪初，俄国石油工业股票开始进军巴黎证券市场。例如，有 12 只俄国石油公司股票在巴黎交易所发售③。一战前夕，在巴黎交易所上市的俄国有价证券共计 140 只，总市值 85.4786 亿卢布④。在欧洲证券市场中，上市的俄国有价证券数量排在第二位的是布鲁塞尔交易所，其次是伦敦交易所和柏林交易所。

当然，俄国的这些股票持有人时刻关注他们手中的红利股票在境外证券市场的命运走向。各类文献中有大量史料可以证实这一点。正如 Ю. Б. 索洛维约夫指出的："关于某只俄国股票未来可能在巴黎交易所上市的消息一旦传出来，该只股票在圣彼得堡交易所的牌价就会立即抬升，民众就会争先抢购。"⑤ 利祖诺夫写道："大量事实表明，巴黎和圣彼得堡交易界联系密切。那些圣彼得堡交易

① Лизунов П. В. Русские ценные бумаги на российских и европейских фондовых биржах（конец XIX – начало XX в.）// Экономическая история. Ежегодник. 2001. М.，2002. С. 221.

② Лизунов П. В. Русские ценные бумаги на российских и европейских фондовых биржах（конец XIX – начало XX в.）// Экономическая история. Ежегодник. 2001. М.，2002. С. 227.

③ Лизунов П. В. Русские ценные бумаги на российских и европейских фондовых биржах（конец XIX – начало XX в.）// Экономическая история. Ежегодник. 2001. М.，2002. С. 228.

④ Лизунов П. В. Русские ценные бумаги на российских и европейских фондовых биржах（конец XIX – начало XX в.）// Экономическая история. Ежегодник. 2001. М.，2002. С. 225.

⑤ Соловьев Ю. Б. Русские банки и французский капитал в конце XIX в. // Французский ежегодник（1974）. М.，1976. С. 144.

巨头对巴黎交易所事务了如指掌，总是会在权衡巴黎交易所行情的情况下，准确无误地出手，迅速地解决‘巴黎交易所套路’问题。巴黎交易人也十分乐于锁定俄国红利股票为自己的利益目标。”①

正如《金融工商时报》指出的：“现代经济生活方式导致了历史事件具有全球重要意义，那些历史事件乍看起来只触及一个国家和民族的利益，但实际上令最遥远的邻居都倍感兴趣，促使他们做出反应。”②

俄国有价证券在欧洲金融市场的行情动态充分考虑了来自圣彼得堡交易所的有关俄国国内政治经济生活的时事新闻。例如，科科夫佐夫曾回忆在法国借款签约时的复杂性，当时巴黎－荷兰银行代表爱德华·涅茨林通告他：“俄国国内的政治事件，战争的挫败，尤其是1月9日爆发的工人大罢工，给法国证券市场留下极其不好的印象，带来了不良后果，我们的行情急转直下，没有任何维稳市场以摆脱灾难性下滑走势的可能。”③

1906年，由于对外国证券市场过度专注，第一次国家杜马会议召开。科科夫佐夫在自己的回忆录中写道：“会议召开后接下来几天，杜马成员对外国交易所表现出更多的担忧，又出现了许多新的关注焦点，在对俄国踏上资本主义立宪之路大加赞美一番后，人们开始越来越多地听到政府与人民代表之间进行斗争的危险的声

① Лизунов П. В. Русские ценные бумаги на российских и европейских фондовых биржах（конец XIX – начало XX в.）// Экономическая история. Ежегодник. 2001. М.，2002. С. 229.

② См.：Вестник Финансов，промышленности и торговли，1905，№ 43. С. 246.

③ Коковцов В. Н. Из моего прошлого. Воспоминания 1903 – 1919 гг. Т 1. М.，1992. С. 69.

音，形势一度倒向人民代表这一方，但这种局面仅维持了相当短的一段时间，很快就被对年轻杜马代表的危险和诱人的口号越来越强烈的指责声所取代。应当说，某些外国权威报刊记者的可敬之处是，较之一些俄国同行的巧言惑众，这些外国记者中的绝大多数人发出的预警声越来越高。这一切给交易界留下了深刻印象，市场上群众的呼声越来越高，交易所骚动混乱的局面还远未结束。或许，政府面临的任务就是提升自我解决问题的能力。俄国股票行情，特别是在巴黎交易所挂牌上市的俄国股票的行情开始急剧下降。1906年4月新订立的借款合同利率，从5月末开始迎来最大跌幅。合同价格下降到88%，继而降到75%，继而到70%，到杜马解散的时候价格跌到68%。合同价格在这个水平稍做停留后，又开始了新的跌势。债券发行财团坚决要求我做到以下两点：一是维持新债券利率的稳定；二是对新债券出售施压……杜马解散后，给我留下的印象是一切是灾难性的、毁灭性的。从10日晚开始，我几乎淹没在铺天盖地的电报海洋里，发报人歇斯底里般向我诉说着这一切。"①

由于俄国杜马和政府之间的矛盾，凡是涉及杜马活动的政治事件，在国外交易界都产生了很大的反响。继续讨论1906年7月9日杜马解散的后果时，科科夫佐夫曾写道："杜马解散后的第一周，外国货币市场之前表现的恐慌渐渐平息，俄国有价证券持有人停止大量抛售手中的证券，这样局部有助于本应引起完全矛盾后果的形势快速平复。我指的是维堡呼吁书。众所周知，民众并没有因

① Коковцов В. Н. Из моего прошлого. Воспоминания 1903 – 1919 гг. Т 1. М. , 1992. С. 193 – 194.

为这个呼吁书而陷于混乱中，没有停止纳税，也没有任何明显的抗拒服兵役行为发生。但之所以出现了这样的呼吁书，其事实本身表明了西方舆论界的政治素养及敏锐洞察力。毫无疑问，事态向暴动趋势发展，因此，政府不可能不采取自救措施。舆论界起初没有公开发表自己的看法，但是，我们的驻外记者，特别是驻巴黎和柏林的记者对我说得十分清楚。至于俄国政府对走上和权力部门对峙的杜马所持有的态度及其所采取的行动，公众开始表示理解，认为这是正确之举。公众一直想从我这里得到保证，声明我们有能力稳固市场行情。随着局势的变化，我越来越有理由得出乐观的结论，尽管前期股市行情谨慎追涨，但是，俄国证券，特别是首发的5%债券，市场面开始呈现稳定的反弹趋势。”①

反过来，俄国证券市场同样对欧洲金融市场的进程保持高度警惕。圣彼得堡交易所每日时事新闻专栏不断地报道欧洲金融市场的行情动态。这类新闻都是20世纪初出版的各种期刊做出的专题报道。从媒体材料中我们经常能感受到欧洲金融市场的情绪变化，以下是1905年2~5月俄国《交易公报》中的几则消息示例②。

“今日股市非常强劲，情绪活跃，由此产生的买入需求是巨大的，并有力地促进了成交额明显上升。从冶金工业证券看，受加尔特曼股票成功在巴黎交易所上市消息的刺激，加尔特曼股票买入信号最强。”③（№31，2月8日）

---

① Коковцов В. Н. Из моего прошлого. Воспоминания 1903 – 1919 гг. Т 1. М.，1992. С. 194.

② 第二版的《交易公报》被引用。还应指出的是，报纸的一期描述的是前一个交易日，即3月6日刊出了3月5日的市场行情分析报告。

③ 这里指的是加尔特曼工业公司的股票。

“今天早盘，受关于在巴黎交易所俄国有价证券稳固行情的电报消息的影响，圣彼得堡交易所的投机活动更加活跃。”（№36，2月13日）

“今日股市交易平静地进行，部分原因是巴黎交易所的俄国工业证券价格走势发生了逆转。”（№52，3月2日）

“巴黎交易市场和柏林交易市场昨日行情大幅下跌，这给俄国国债和红利股票留下了深刻的印象。今日圣彼得堡交易所开盘表现不佳。”（№56，3月6日）

“今天交易所开盘表现非常活跃，有时甚至有点激动人心。特别值得一提的是，交易所开盘之初持续的投机交易活动引发了市场极大的需求，这一需求的支撑点是昨日巴黎交易所稳固的上涨行情，以及部分冶金工业证券在巴黎交易市场指数的上扬。”（№100，4月23日）。

“今天的股市情绪似乎更强烈，主要是因为巴黎交易所上市的俄国工业证券指数上升。正是这个原因，圣彼得堡交易所的加尔特曼股票早盘表现出强劲需求。”（№127，5月25日）

正如所见，圣彼得堡交易界一直在关注欧洲金融市场的动态。商业媒体对需求做出回应，越来越多关于国外事件和交易市场情绪的材料见诸报端。现在参考《金融工商时报》编辑与巴黎记者的通信，并允许我们引用1906年2月9日编辑的一段通信：

“关于巴黎交易所状况的电报信息由圣彼得堡电报局邮寄给我们。这些电报相对完整地描述了巴黎交易所的行情趋势和牌价波动，但由于它们较简洁，故不能涵盖较详细的信息。由于交易所里流传的信息不受报纸报道的关注，如果您愿意承担责任通过通信方式让我们了解这些事件，我们将非常高兴。关于某一问题的通讯稿不应该是定期的或覆盖确定的时间段，最好仅就交易所发生的事件，特别是对俄国商界具有普遍意义或特殊意义的事件，及时报道和提供信息，而且必须提供比电报函件更为详尽的信息。这对于俄国商人而言，及时了解这些信息是十分必要的。还要注意的是，在这些通信中指出巴黎交易所对俄国证券市场重大政治事件所持态度，这一点十分重要。通信还解释了为什么巴黎交易所以这种或那种方式做出反应。除特殊的具有财务性质的资料信息，还需要了解与俄国商界直接相关的工商业领域的股份制信息，比如在俄国注册的法国股份公司业务开展情况、法国企业在俄国设立分支机构情况等。

不用说，我们的报社是一个非常务实的商业机构，我们无须报道无用的新闻，只需报道俄国商人真正感兴趣的和与其实际利益有关联的那些时事新闻。这些报道，无论其内容多么丰富，都应尽可能认真地反映有关所述事件详情和原因等，必须确保新闻稿件不失吸引力，最好在有关所述事件或谣言发生的当天将其写下来，并立即送交圣彼得堡《工商报》。”①

全部这些史料说明，俄国实业界对本国红利股票在国外证券市场的行情走势深感兴趣，当然这是出于商业利益的考虑。我们经常会在文献资料里找到圣彼得堡交易所和欧洲交易所如巴黎交易所行情变化的直接联系。同时，科科夫佐夫在报告《1913 年初货币市场状况》中指出：“过去几年，圣彼得堡交易所的业务经营范围明显扩大。证券市场存量增长，签约活跃，成交量上升，契约对象的种类及数量增加，圣彼得堡和巴黎两大交易所之间建立

---

① РГИА. Ф. 564，оп. 1. 1906，Д. 693. Л. 1.（作者由法文译出）。

了稳固的经常性的联系，这就使得许多俄国红利股票在巴黎交易所成功地挂牌上市交易。1912 年，在巴黎交易所上市的俄国红利股票达到最大量，有时甚至影响巴黎交易所红利股票的整个价格走势。首先，巴黎交易所的行情明显影响到圣彼得堡交易所的有价证券定价。”① 不清楚的是，财政大臣这里指的是巴黎交易所整体的行情走势还是只针对俄国有价证券的牌价。但是，总体而言，上面列举的证据可以证明，圣彼得堡交易所有价证券和在欧洲各大交易所上市的俄国有价证券的关联性明显向不对称和不均衡的方向发展：欧洲证券市场的行情对俄国证券市场的行情产生影响（而不是相反）。

圣彼得堡交易所对俄国有价证券的现值估价是否真正在追随这些有价证券在欧洲各大交易所挂牌上市后的动态趋势？

可资利用的史料中没有足够的证据来回答这个问题，金融史上有时候直接引用数字更可靠。对在欧洲交易所上市流通的俄国有价证券行情与在圣彼得堡交易所上市流通的红利股票行情展开比较研究时，优先考虑的是史料选择问题。

大部分俄国证券在巴黎交易所上市，紧随其后的是布鲁塞尔交易所②，因此，我们将重点考察这两家交易所。20 世纪初在巴黎交易所和布鲁塞尔交易所上市的俄国证券牌价信息主要源自比利时具有代表性的《有价证券行情信息资料通报》③，该通报每周公布欧洲各大交易所不同国家的证券价格。从在圣彼得堡交易所、布鲁塞

① РГИА. Ф. 563，оп. 2. 1912. Д. 501. Л. 14.

② Русские биржевые ценности，1914 – 1915. Пг.，1915. С. 96，115.

③ 俄罗斯图书馆收藏不全。俄国股票在巴黎交易所和布鲁塞尔交易所的系统性行情信息收藏在法国国家图书馆（巴黎）。

尔交易所和巴黎交易所三大交易所同时上市的俄国证券中，我们选取了布良斯克冶金工业公司的股票。此外，从在巴黎交易所上市的俄国证券中我们选取了巴库石油公司的股票①。这一选择使我们能够分析大工业企业股票的行情动态，它们代表了两组最“畅销”的工业证券——石油概念股和冶金、机械概念股②。

圣彼得堡交易所每周股票价格根据《交易公报》里的数据收集。由于这些证券价格采用卢布计价，而巴黎交易所和布鲁塞尔交易所的证券均采用法郎计价，因此，我们将比较分析同一只股票在不同交易所的报价动态，使用其标准化百分比值（摘取某一交易日在相关交易所上市交易的100%股票价格）③。

现在以俄国优质股票之一的巴库石油公司股票为例，关注该只股票在圣彼得堡交易所和巴黎交易所的行情动态（见图3－1）。

对图3－1所示的两组动态序列进行可视化分析，结果揭示它们的动态变化存在惊人的相同性。很难预料，巴库石油公司股票在巴黎交易所和圣彼得堡交易所的行情动态具有如此高度的一致性。为了更加详细地考察这一图形观察结果，我们转向更短时间间隔内的相同股票动态变化（1912年4月至1914年4月）。

---

① 这些证券在不同年份被输入牌价表，因此，我们会考察每只证券在不同时间间隔内的行情动态。

② 我们注意到，选择的证券是圣彼得堡交易所上市工业板块中最优质、最稳定、最具流动性的证券。在石油概念股中，巴库石油公司股票排在第一位。在冶金概念股中，布良斯克冶金工业公司股票排在普季洛夫冶金工业公司股票之后，列第二位。См.：Лизунов П. В. Русские ценные бумаги на российских и европейских фондовых биржах（конец XIX – начало XX в.）// Экономическая история. Ежегодник. 2001. М.，2002. С. 211 –212。

③ 此外，还考虑到圣彼得堡交易所按照儒略历法公布牌价和欧洲证券市场按照格里高利历法公布牌价之间的时序差异。

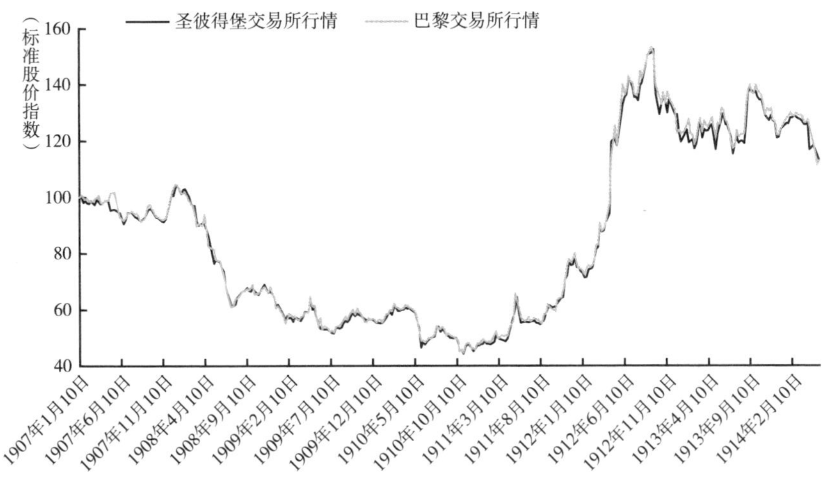

图 3－1　1907 年 1 月至 1914 年 2 月巴库石油公司股票在巴黎交易所和圣彼得堡交易所的行情动态

注：设定 1907 年 1 月 10 日股票价格为基期价格。

资料来源：Биржевые ведомости，1907－1914；Moniteur des Intérêts Matériels，1907－1914。

图 3－2 从总体上证实了圣彼得堡交易所和巴黎交易所的行情动态具有高度协同性，然而，仅凭视觉观察是不够的。

为了更严格地验证巴库石油公司股票在巴黎交易所和圣彼得堡交易所股价变化的相关性，让我们转向行情动态序列与滞后的相关性分析。这种简单技术方法的实质如下。假设存在两个动态序列，并且通过向右移动 3 个点从第一列获得第二列。现在计算第二列同第一列的相关系数，然后将第一列向右移动一个点（滞后为 +1）并再次计算二者的相关系数，然后执行相同的滞后计算，结果依次为滞后 +2、滞后 +3 等。显然，在这样的实验中，对于结果等于 +3 的滞后（第一列向右移动 3 个点）将获得最高相关值（$r = 1.0$）。

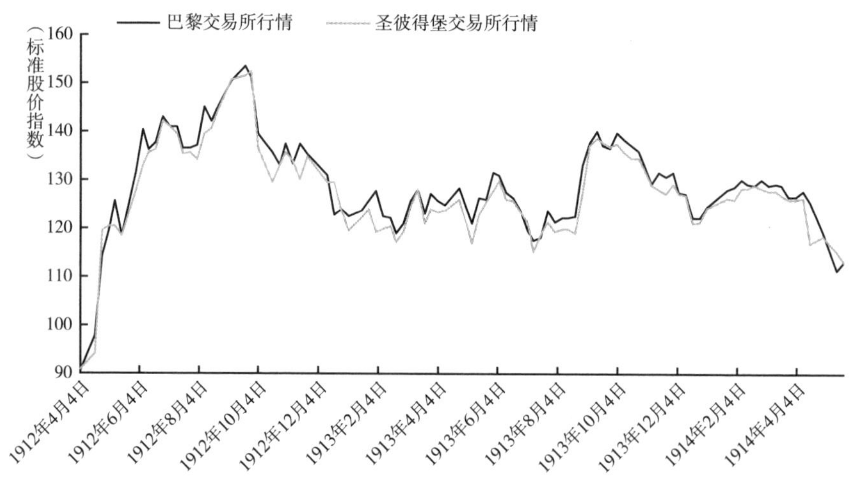

图 3－2　1912 年 4 月至 1914 年 4 月巴库石油公司股票在巴黎交易所和圣彼得堡交易所的行情动态

注：设定 1912 年 4 月 4 日股票价格为基期价格。

资料来源：Биржевые ведомости，1912 － 1914 гг.；Moniteur des Intérêts Matériels，1912 － 1914。

在这种情况下，所分析的交易所行情动态序列步骤是一个交易周（例如，移动两个点意味着滞后两周）。我们在计算中使用了交易所自然的行情动态序列（没有消除趋势），因此，如果序列具有明显的接近度，我们应该期望得出的相关系数值很高①。需要补充的是，该技术方法包括两个滞后相关性计算系列：首先记录下巴黎交易所的行情动态序列，然后将圣彼得堡交易所的行情动态序列向左和向右移动几个点，最后双方互换角色。这样的操作程序提高了结论的可靠性（事实是，在计算转换期间，第一列的第一点和第二列的最后一点落在计算之外）。这种计算方法的应用结果记录在表 3－7 中。

① 随机余数序列（即去除趋势之后获得的那些）相关系数的计算不会定性地改变本节讨论的结果。

表 3 – 7 1907 ~ 1914 年巴库石油公司股票牌价在巴黎交易所和圣彼得堡交易所的相互联系（滞后相关系数）

记录的序列	滞后(周数)						
	–3	–2	–1	0	+1	+2	+3
巴黎交易所牌价	0.982	0.989	0.995	**0.999**	0.996	0.989	0.984
圣彼得堡交易所牌价	0.984	0.990	0.996	**0.999**	0.995	0.989	0.982

注：带有“+”号的滞后系数表示第二序列相对第一序列向右运动；带有“–”号的滞后系数表示向左运动。

表 3 – 7 的数据表明，同一周圣彼得堡交易所牌价和巴黎交易所牌价之间的最高相关系数确定下来。这里出现一个问题，即是否一直呈现这种相互依存关系？叙述体史料运用各种方法解释巴黎交易所与圣彼得堡交易所牌价的相互影响。在不同年代，这些相互影响存在差异。上面谈到的叙述性方法论被应用于巴库石油公司股票1907 年分别在圣彼得堡交易所和巴黎交易所较短时期内的变化序列，该只股票出现在《巴黎交易公报》上，其 1907 年和 1913 年的收益情况如表 3 – 8 所示。

表 3 – 8 1907 年和 1913 年巴库石油公司股票牌价在巴黎交易所和圣彼得堡交易所的相互联系（滞后相关系数）

1907 年							
记录的序列	滞后(周数)						
	–3	–2	–1	0	+1	+2	+3
巴黎交易所牌价	0.625	0.739	0.812	**0.869**	0.771	0.380	0.121
圣彼得堡交易所牌价	0.386	0.531	0.770	**0.869**	0.815	0.603	0.329

续表

1913 年							
记录的序列	滞后(周数)						
	-3	-2	-1	**0**	+1	+2	+3
巴黎交易所牌价	0.513	0.654	0.807	**0.961**	0.867	0.710	0.547
圣彼得堡交易所牌价	0.584	0.718	0.864	**0.961**	0.807	0.642	0.485

从表3-8可以看出，这里列出的相关系数低于表3-7的相关系数，记录每一组序列时获得的系数数值有明显差别。一般而言，在向较短时间序列过渡时（甚至还要考虑到数据空白处的某些数字），应该能预料到会发生这种情况。最高相关系数再次表明零滞后的价格。

考察另一组有价证券后，我们补充说明了巴库石油公司股票这个例证。为便于比较，现在举冶金工业股中最畅销、最优质的布良斯克冶金工业公司股票的例子，图3-3指出该公司股票在布鲁塞尔交易所、巴黎交易所和圣彼得堡交易所这三大交易所1909~1914年的行情动态。

我们使用的文献资料确定了圣彼得堡交易所和布鲁塞尔交易所第一至第四次发行的面值100卢布的股票牌价以及巴黎交易所面值100卢布的优先股牌价。

优先股的牌价在时间上明显有别于同等面值的普通股牌价，这一切通过曲线图反映出来。曲线图揭示了相较于巴黎交易所优先股的牌价变化而言，布鲁塞尔交易所和圣彼得堡交易所普通股牌价变化存在较明显的相似性①。

① 请注意，在布鲁塞尔交易所牌价表上显示出时间“分段”，即股票几周内没有改变的时间间隔。这些时间节点的特点是布良斯克冶金工业公司股票没有买卖交易。

图 3－3　1909～1914 年布良斯克冶金工业公司股票在布鲁塞尔交易所、巴黎交易所和圣彼得堡交易所的行情动态

注：设定 1909 年 7 月 15 日股票价格为基期价格。

资料来源：Биржевые ведомости，1909－1914 гг.；Moniteur des Intérêts Matériels，1909－1914。

但是，与其说是股价差别，不如说是牌价动态的协同效应更能引起我们的兴趣。

和巴库石油股的情况相同，图 3－3 说明布良斯克冶金工业公司股票在三大交易所的牌价变化动态极为相似。关于其中关联性的结论使我们能够进行结果相关性分析。例如：布良斯克冶金工业公司股票 1909～1913 年在巴黎交易所和布鲁塞尔交易所牌价的相关系数为 0.979，这个数值说明了两者之间存在密切联系。布良斯克冶金工业公司股票在圣彼得堡交易所的牌价同巴黎交易所和布鲁塞尔交易所牌价的相关系数数值计算得出了零滞后下的最大值，这与巴库石油公司股票的情况完全相同（见表 3－9 和表 3－10）。这意味着，在圣彼得堡交易所以及欧洲交易所挂牌上市的俄国证券价格在同一交易周的时间段协同变化。

表 3-9　1909～1913 年布良斯克冶金工业公司股票牌价在巴黎交易所和圣彼得堡交易所的相互联系（滞后相关系数）

记录的序列	滞后(周数)						
	-3	-2	-1	**0**	1	2	3
巴黎交易所牌价	0.942	0.960	0.975	**0.987**	0.979	0.966	0.949
圣彼得堡交易所牌价	0.950	0.966	0.979	**0.987**	0.974	0.959	0.940

表 3-10　1909～1913 年布良斯克冶金工业公司股票牌价在布鲁塞尔交易所和圣彼得堡交易所的相互联系（滞后相关系数）

记录的序列	滞后(周数)						
	-3	-2	-1	**0**	+1	+2	+3
布鲁塞尔交易所牌价	0.968	0.982	0.986	**0.987**	0.978	0.966	0.952
圣彼得堡交易所牌价	0.954	0.967	0.978	**0.987**	0.986	0.982	0.968

表 3-9 和表 3-10 中的数据说明俄国证券交易所与欧洲证券市场实质上已经踏上一体化进程。这一切至少关系到战前经济高涨时期部分俄国工业股票的行情。但如上所述，从交易所发展的趋向性看，这一时期的行情动态并不完全相同。我们可以关注 1909～1913 年俄国工业快速发展的几年中每一年所做的相关性分析（滞后）结果，详细分析每一家工业公司股票在巴黎交易所和圣彼得堡交易所价格变动的相互关系（见表 3-11）。

表3－11　1909～1913年巴库石油公司股票和布良斯克冶金工业公司股票在巴黎交易所和圣彼得堡交易所的行情动态相关系数（滞后相关系数）

年份	股票	交易所	滞后（周数）						
			－3	－2	－1	**0**	1	2	3
1909	巴库石油公司股票	巴黎交易所	0.356	0.667	0.744	**0.946**	0.764	0.621	0.383
		圣彼得堡交易所	0.373	0.611	0.763	**0.946**	0.740	0.664	0.347
	布良斯克冶金工业公司股票	巴黎交易所	0.705	0.762	0.804	**0.809**	0.767	0.681	0.614
		圣彼得堡交易所	0.629	0.677	0.770	**0.809**	0.793	0.714	0.638
1910	巴库石油公司股票	巴黎交易所	0.804	0.886	0.948	**0.994**	0.962	0.897	0.823
		圣彼得堡交易所	0.806	0.888	0.961	**0.994**	0.950	0.893	0.822
	布良斯克冶金工业公司股票	巴黎交易所	0.775	0.800	0.851	**0.941**	0.864	0.836	0.850
		圣彼得堡交易所	0.806	0.823	0.861	**0.941**	0.853	0.812	0.837
1911	巴库石油公司股票	巴黎交易所	0.825	0.896	0.959	**0.987**	0.971	0.906	0.858
		圣彼得堡交易所	0.824	0.889	0.967	**0.987**	0.964	0.911	0.854
	布良斯克冶金工业公司股票	巴黎交易所	0.683	0.777	0.871	**0.948**	0.889	0.766	0.612
		圣彼得堡交易所	0.695	0.797	0.895	**0.948**	0.860	0.740	0.591
1912	巴库石油公司股票	巴黎交易所	0.928	0.955	0.979	**0.996**	0.974	0.940	0.904
		圣彼得堡交易所	0.927	0.950	0.977	**0.996**	0.976	0.941	0.899
	布良斯克冶金工业公司股票	巴黎交易所	0.338	0.621	0.816	**0.934**	0.826	0.644	0.408
		圣彼得堡交易所	0.325	0.611	0.820	**0.934**	0.807	0.642	0.434
1913	巴库石油公司股票	巴黎交易所	0.512	0.650	0.807	**0.961**	0.863	0.708	0.548
		圣彼得堡交易所	0.584	0.717	0.864	**0.961**	0.797	0.633	0.482
	布良斯克冶金工业公司股票	巴黎交易所	0.211	0.444	0.632	**0.842**	0.792	0.687	0.533
		圣彼得堡交易所	0.525	0.679	0.786	**0.842**	0.630	0.432	0.199

同样，可以根据布良斯克冶金工业公司每年股票牌价在圣彼得堡交易所和布鲁塞尔交易所的动态变化数据进行计算。但是，这类计算结果显示，布良斯克冶金工业公司股票行情动态变化没有规律性的那些年关联性很小，1910 年和 1911 年的相关计算结果显示相关性较大（见表 3－12）。

表 3－12　1910 年和 1911 年布良斯克冶金工业公司股票在布鲁塞尔交易所和圣彼得堡交易所的行情动态相关系数（滞后相关系数）

1910 年							
记录的序列	滞后(周数)						
	－3	－2	－1	**0**	＋1	＋2	＋3
布鲁塞尔交易所牌价	0.826	0.802	0.833	**0.870**	0.751	0.748	0.777
圣彼得堡交易所牌价	0.703	0.724	0.744	**0.870**	0.836	0.808	0.851
1911 年							
记录的序列	滞后(周数)						
	－3	－2	－1	**0**	＋1	＋2	＋3
布鲁塞尔交易所牌价	0.724	0.823	0.900	**0.981**	0.910	0.804	0.659
圣彼得堡交易所牌价	0.726	0.828	0.914	**0.981**	0.894	0.796	0.650

表 3－11 和表 3－12 表明，整个战前经济上升时期，我们所研究的两家公司股票在圣彼得堡交易所同在巴黎交易所和布鲁塞尔交易所牌价的相关性，在零滞后时达到最大值，经济高涨时期的每一年都证实了这一结论是正确的。在所分析的每一年，巴库石油公司股票在圣彼得堡交易所和巴黎交易所的牌价关系较为密切，尽管法国投资给予强力支持的恰恰是布良斯克冶金工业公司的股票。

战前工业快速发展时期，在圣彼得堡交易所和欧洲交易所挂牌的俄国股票在同一周内的价格变化是协同一致的，该结论的正确性再次得到证实。这一结论并不在我们意料之外。但是，这个结论让我们转而关注下一个话题：是否可以检验如下的假说，即影响同时在国内外上市的俄国股票牌价变化的主导趋势是什么？换言之，圣彼得堡和巴黎两个交易所中究竟哪一个能够更加确定俄国工业股票行情动态的性质？这一问题的研究基础是股票每日价格的数据信息①。

比利时布鲁塞尔出版的《有价证券行情信息资料通报》（该出版物是本书研究俄国有价证券在巴黎交易所和布鲁塞尔交易所牌价信息的主要史料）含有每周行情走势的数据信息，固定在一周里的一个交易日（周三）记录。我们将摘取的同一周内每日圣彼得堡交易所牌价和周三的巴黎交易所牌价做一番比较。比较前，我们先选取整个经济高涨时期所考察的两只股票的相关数据（见表 3－13 和表 3－14）。

表 3－13　1909～1913 年巴库石油公司股票价格在巴黎交易所和圣彼得堡交易所的相关性（巴黎价格按周三数据，圣彼得堡价格按同一周每日数据）

周一	周二	周三	周四	周五
0. 9977	0. 9979	0. 9990	**0. 9993**	0. 9989

表 3－14　1909～1913 年布良斯克冶金工业公司股票价格在巴黎交易所和圣彼得堡交易所的相关性（巴黎价格按周三数据，圣彼得堡价格按同一周每日数据）

周一	周二	周三	周四	周五
0. 9828	0. 9861	0. 9868	**0. 9880**	0. 9781

① 显然，20 世纪初，电报通信对确定有价证券在欧洲交易所的牌价起到重要的作用，同一日之内股市行情可能瞬息万变。

我们注意到，当 p =0.05 时，表 3 –13 和表3 –14的相关系数差不具有统计意义。不过，系数最大值（表中黑体标出的数值）却发生在周四，这意味着我们观察到巴黎交易所的行情有一些变化趋势，而圣彼得堡交易所的行情走势迟滞了一天。自然，这一结论并不具有统计意义，因为巴黎交易所周三的价格同圣彼得堡交易所的价格（一周五天中每日价格）的相关系数很高，超过任何情况下的 0.97 这个数值。

因为上述指出的考察时期存在着不同一性和不均匀性等因素，我们再来分析指定股票每一年在巴黎交易所和圣彼得堡交易所的股价行情相关性（见表 3 –15 和表 3 –16）。

从表 3 –15 和表 3 –16 可以得出如下结论：巴库石油公司股票最高相关系数恰好在巴黎交易所周三牌价和圣彼得堡交易所周三或周四牌价的结合点上。对于布良斯克冶金工业公司股票来说，其巴黎交易所周三牌价与圣彼得堡交易所周四或周五牌价有着较高的相关性。我们发现，在绝大多数情况下这一结论具有统计意义（p =0.05）。

表 3 –15　工业快速发展时期（1909 ~1913 年）巴库石油公司在巴黎交易所和圣彼得堡交易所每一年股票价格相关性（巴黎价格按周三数据，圣彼得堡价格按同一周每日数据）

年份	圣彼得堡交易所同一周每日数据				
	周一	周二	周三	周四	周五
1909	0.826	0.905	**0.934**	0.882	0.907
1910	0.985	0.992	0.993	**0.996**	0.989
1911	0.983	0.985	0.990	**0.995**	0.992
1912	0.988	0.988	0.995	**0.998**	0.996
1913	0.932	0.931	**0.962**	0.948	0.950

表 3-16　工业快速发展时期（1909~1913 年）布良斯克冶金工业公司在巴黎交易所和圣彼得堡交易所每一年股票价格相关性（巴黎价格按周三数据，圣彼得堡价格按同一周每日数据）

年份	圣彼得堡交易所同一周每日数据				
	周一	周二	周三	周四	周五
1909	0.814	0.815	0.801	**0.872**	0.854
1910	0.924	0.936	0.959	0.963	**0.967**
1911	0.941	0.941	**0.958**	**0.958**	0.957
1912	0.880	0.935	0.932	**0.935**	0.763
1913	0.818	0.901	0.850	0.902	**0.913**

布良斯克冶金工业公司在布鲁塞尔交易所和圣彼得堡交易所的股票牌价相关系数根据 1910~1911 年的数据采用同一方法计算得出。计算结果得出与上述相似的结论：最高相关系数落在布鲁塞尔交易所周三牌价与圣彼得堡交易所周三或周四牌价的结合点上。

因此，俄国工业股票在欧洲各大交易所的牌价动态比较结果表明，俄国股票在俄国证券市场和欧洲证券市场行情的拟合程度较高。圣彼得堡证券市场的俄国股票行情动态依赖于这些股票在欧洲证券市场的行情动态，这一点已得到透彻考察。但是，仅凭这些还不能断言欧洲证券市场行情具有优先权。应该指出的是，本书并未触及欧洲交易行情总体上影响俄国证券市场这个较为普遍的问题。显然，哪怕就圣彼得堡交易所的地位明显低于伦敦交易所、巴黎交易所以及柏林交易所等欧洲几大主要交易所这一点来说，这一影响同样具有实质意义。

还应该指出的是，俄国股票在圣彼得堡交易所的行情动态对欧洲证券市场行情动态变化的依附性具有统计学意义，即这种依附性代表着一定的发展趋势。从上面列举的实例中我们还可以观察到，1913 年典型的交易行情发展趋势体现出一定的矛盾性。《泰晤士报》俄文版副刊 1913 年曾报道，俄国交易所“充满了积极活跃的气氛，每日成交额很大，境外交易所的行情动态有时甚至参照俄国交易所的行情动态”①。

***

本章得出如下结论。第一，欧洲证券市场是决定俄国工业板块证券行情动态的重要因素之一，俄国股票持有人整体来看都有在欧洲交易所买卖交易的打算。按照利祖诺夫的观点，在欧洲证券市场上市的所有俄国证券几乎都是绩优股，都是经营效益优良的工业企业发行的头等优质股票，它们也深得欧洲资本家和食利者的青睐。这些俄国绩优股，与在欧洲证券市场上市的诸如意大利、阿根廷、希腊、塞尔维亚、葡萄牙以及其他国家的股票有着重大区别。第二，俄国冶金工业股和石油工业股就基础经济因素对股票行情走势的影响程度来讲存在重大的行业部门差别。总体上应该认同的是，俄国证券市场存在相当严重的投机交易成分。

证券市场行情动态对许多外部因素的实质性依附是不存在的，究其本身而言，这一点并不是其他内部因素起到明显作用的有力

① Антонов С. С. Биржевая деятельность в России // The Times Russian Supplement. 1913, №2. Цит. по: Лизунов П. В. Указ. соч. С. 219.

证据，需要运用专业方法对这类内部因素所起到的作用加以分析。近些年，协同理论和数学混沌理论在金融市场动态研究上得到广泛有效的应用，其中一些小概率波动有可能影响整个交易过程。我们将在下一章运用这些理论研究和分析证券市场交易的动态变化情况。

第四章

混沌还是预见？20世纪初俄国圣彼得堡交易所行情的协同效应分析

前几章主要研究了影响股票行情动态的政治、经济等外部因素。人们将交易所比喻成赌场绝非偶然。此外，交易所还是一个投机博弈、买空卖空的操作平台，决定这一切的是内部因素。本章将对影响交易所行情动态的内部因素展开详尽分析。

一　交易投机是一场不可避免的灾难？

提醒大家下面的事实显然是一种多余：对于 19 世纪到 20 世纪初的交易所而言，交易投机并不像后期被赋予如此多的否定语义。我们研究证券市场交易契约的基本类型，关注焦点停留在投机业务上。

20 世纪初，证券市场最流行的契约形式是期货交易。期货交易契约按照《场内交易要旨》的中心思想编制而成，它们成为投机交易的基础。应该将大投机商与普通股民区分开。鉴于官方交易所开市交易的时候，只有那些圣彼得堡交易所证券部的正式会员才能直接参与投机交易，而余下其他人员，甚至那些获准权力固定光顾交易所的人员，也只能通过证券经纪人订立自己的交易契约。任何一位不属于圣彼得堡交易所证券部正式会员的交易人，都应该为自己选出证券经纪人或某位银行家代理业务，不过，在这些证券经纪人或银行家中介作用的助推下，投机交易更是成为一种可能。大体上，普通股民借助银行及银行分理处从事投机活动。诚然，选择证券经纪人代理业务要比选择银行家更为有利，这是因为证券经纪人无权以个人投资做投机生意，他只负责执行别人发出的委托指令。无论是理论上还是实践上，证券经纪人都不应该对接收的委托指令内容产生兴趣①。交易所投机方面的教学参考书作者 A. A. 瓦西里耶夫认为："任何时候，任何条件下，那些将希望寄托在银行家中介者身上的客户，就如同一个不擅长开车或长途旅行中总迷失方向的人。"② 由于十分熟悉交易所实务，瓦西里耶夫建议普通股民永远只相信自己的观察，自始至终要谨慎小心："常常是从女人嘴里，也不乏从男人口中，我不止一次地听见人们在谈论位于莫斯科花园街、海军路以及其他街道的银行分理处的事情，每天阅读的也是含有每日股市行情、交易牌价等方面信息的报道。人们读到了某家银行经洗矿厂同意，不仅按照市价，甚至还按照高出市价的价格销售其股票：自己的客户指定每股 240 卢布，而这家代理银行抛售的价格却是每股 247. 5 卢布。诚然，这些证券的买入价还是要低于大盘牌价的。因此，这类客户手里的股票利差很大，几乎稳赚不

---

① Васильев А. А. Биржевая спекуляция, теория и практика. СПб. , 1912. С. 98.

② Васильев А. А. Биржевая спекуляция, теория и практика. СПб. , 1912. С. 97.

赔。多家报纸在股市交易日震荡时将这类客户评论为‘我们股市眷顾的宠儿’。当然，这些股市的幸运儿会购买公债中奖，但是也不排除买亏赔本的可能。有的人想依托投机交易发财，最后很可能是毫无结果地忙碌一番，空欢喜一场，其行为看上去相当幼稚。凡是那些没有认真思考，既不明白交易内在实质又不懂得场内交易技术层面知识的人，那些单纯地寄希望于某位代理银行家并认为其能抵过千军万马的人，其在股市的行为举止就不仅仅是幼稚那么简单的事了，他们甚至算得上是傻瓜。”①

自然，人们在交易所从事投机活动，目的是赚取股价差额。股价差额利润极具诱惑力，以至于交易所里总是人头攒动。《商业大百科》（圣彼得堡，1900）里将从事投机交易的企业主划分为如下几类人群。

（1）大型银行、信贷机构的行长、董事长，著名银行家和大资本家。他们本人并不亲自从事投机交易，但是依托代理业务赚取佣金，有着相当丰厚稳固的收益。

（2）交易所职业经纪人，他们只负责履行自己所代理客户的委托。但毫无疑问，这些职业经纪人同样受投机交易的蛊惑，他们能够对投机交易活动施加影响，即使他们不能亲自参与投机，在许多情况下，他们也能在一定程度上影响个别证券的咨询与报价方面的信息。

（3）临时投机商，通常是交易行情特别火爆的时候才出现在交易所操作业务。

---

① Васильев А. А. Биржевая спекуляция, теория и практика. СПб. , 1912. С. 97.

（4）职业投机商，交易所里往往有大批专业从事投机活动的人员。这些人没有太多资金支持，主要依靠订立期货交易契约赚取牌价差额。

（5）特殊群体，即小交易代理人。究其实质，这就是那些没有官方正式会员身份的经纪人。由于小型商贸圈人脉关系广，彼此选择业务客户时并不挑剔，可以完全不加选择。总的来说，这些小交易代理人具有丰富的实践经验，有许多相当重要的事务经由他们处理。先前政府对这些小交易代理人施行严格的监察制度，现在对他们从事的活动已经放宽态度，绝大多数交易所对这些小交易代理人不仅不再监管，而且有时候还任用他们担任证券经纪人的助手①。

《商业大百科》描述了各种获得投机利润的可能性，还对那些人为改变行情走势的投机商和操盘手的经济手段做了分类。在揭示20世纪初投机交易的机制时，关于投机商和操盘手使用的经济手段统计表引起了我们的兴趣②。

（1）收购股票。在拥有足够的资本后，投机商尽全力收购某一类股票，以便引起股市这类股票量少价升，市场买入需求相应地井喷。

（2）散布各种小道消息和传言。投机商没有忽略这个策略。在这种情况下低劣的、鄙俗的手段全部用上了：收买报界合作者、散布虚假不实消息等。所有采用的这一切都属于相当特别的方法，

---

① Коммерческая энциклопедия М. – Ротшильда. Под ред. С. С. Григорьева. Том Ⅲ. СПб.，1900. С. 322 – 323.

② Коммерческая энциклопедия М. – Ротшильда. Под ред. С. С. Григорьева. Том Ⅲ. СПб.，1900. С. 325 – 326.

只为引起股市一时波动。

（3）虚化股份公司财务年度报表信息。对抬升股价感兴趣的企业负责人往往亲自对外虚报高出实际数额的利润所得。

（4）邀请名人显贵加入股份公司的领导人行列（目的是提升企业名气，这是有利于股市上涨的惯用手法，而且总是行之有效）。

（5）挖掘政治、行政管理方面交易所尚未知晓的重大举措。相应地，订立的交易契约隐含这类秘密信息，随后也是以契约这样一种形式对外公开消息，以便给人们留下特别深刻的印象。

诚然，上面的几种经济手段并不能覆盖投机商和操盘手惯用的全部手段。今天保存下来了多幅描绘20世纪初俄国证券市场投机活动的典型速写画。下面就是一则为了投机交易游戏的需要而大肆散布的传言："1910～1911年以及1912年上半年，面值100卢布的普季洛夫冶金工业公司的股票牌价剧烈波动，这就给投机商一个可操作的空间。在一个交易日里，股票时涨时跌，有时候甚至跌5～6卢布。1911年2月，这只股票上涨14卢布。1911年全年这只股票的价格从58卢布涨到150卢布。1912年，该只股票市价猛涨到205卢布。买卖普季洛夫冶金工业公司的股票会有很大的收益，如果某一个交易日操作顺利，仅仅投入200～400不等的卢布，在2～3个小时的交易时间里操作，投机商就能稳赚75～100卢布。"普季洛夫冶金工业公司董事会成员在其中起到了重要作用。银行成为他们投机交易的平台，可以说银行就是他们的交易所。这些董事十分清楚股市行情时涨时跌的秘密所在，实际上他们也在操纵着股市的行情动态，操盘制造股市行情的波动起伏。《交易日》和其他各家报纸的"工商时事"专栏为那些小股民刊登了一则十分含蓄的关于工厂经营状态不佳的报道，字里行间流露出悲伤的口吻。报道下面还附上了极其严肃的述评，纷纷指出国内金属加工工业确实陷入困境。随即这类行业的股票价格开始波动。银行①开始出手按照较低价格从惊慌失措的股东手里大笔收购股票。经过短暂的几个交易日，又让人意想不到地公开宣布，工厂经营状况逆转，一切向好的一面发展。这时代替长吁短叹的便是催人振奋的语调。股价再次提升，交易所再次迎来上涨期，又给小股民提供了一个不大的炒股空间②。

在讨论类似的经济手段（特别是比较低劣的手段）时，《商业大百科》指出："并不存在太多的实际手段限制交易所采取这些低劣的行径。"③ 同时，作者在"有价证券交易"这一章总结里写道："但是，毫无疑问，最终正是在交易所这个平台，股票才能按照其实际价值定价。"④

投机商尽一切努力干扰针对交易所交易的相关法律规定。《商业大百科》第 597 页"交易所交易法规"中谈到了破坏交易规则的惯用手段。对于这种情况，交易所委员会有权动用手中权力进行法律追责，使投机商失去投机交易的机会，限制期一年。这些惯用手段包括破坏交易所秩序、打破安静的交易所环境、在交易所散布虚假消息和谣言、不按合同履约等种种违法违规行为。《刑法典》内含整个系列的关于制裁和责罚破坏交易法规及证券经纪人违规行

---

① 这里主要指俄亚银行，也是普季洛夫冶金工业公司的最大股东。

② Мительман М. И.，Глебов Б. Д.，Ульянский А. Г. История Путиловского завода. 1801 – 1917. М.，1961. С. 394.

③ Коммерческая энциклопедия，С. 326.

④ Коммерческая энциклопедия，С. 326.

为的法令法规。第1277条规定，对于在交易所恶意散布虚假消息和制造谣言并危害交易进程的行为实行严惩；这种情况下的犯罪行为要判处8个月至1年零4个月监禁，连带丧失某些特权和优先权。最后，非法经纪人，也就是没有获得正式交易所经纪人身份的非法中介人员，处以最高罚款600卢布，拘捕7日（第1278条）。但是颁布施行的所有这些措施收效甚微，投机交易活动仍在继续①。

交易所投机商很少关注如何合理有效地配置资金的问题，他们最感兴趣的就是如何投资以实现利润最大化。交易活动有能够获利的一面，同时，交易活动明显也是“不受任何拘束地投机和买卖计息证券的一种行为”。当代人指出，交易所的特点是“对任何股市风云以及不信任做出的反应都异常敏锐，极具判断力，并且在这种情况下，全部有价证券都会快速贬值”②。为抬升行市而采取的措施、付出的努力往往徒劳无益，毫无结果可言。

另一方面，交易所和交易业务是市场经济不可分割的部分，正如当代学者指出的：“如果没有交易所的存在和运转，那我们就无法组建需要巨额资金投入的大规模现代化工矿企业。”③ 国家公债以及私营债券仅在圣彼得堡交易所挂牌上市。其中，相对少量的是那些固定不变的交易契约对象，只有部分证券成为投机商追逐的目标。按照当代学者的观点，任何情况下都不应该拒绝承认交易所

① О распространении ложных слухов в прессе с целью воздействия на курсы ценных бумаг см.: Лизунов П. В. Санкт - Петербургская биржа и российский рынок ценных бумаг（1703 - 1917 гг.）. СПб., 2004. С. 349 - 397.

② Васильев А. А. Биржевая спекуляция, теория и практика. СПб., 1912. С. 47.

③ Судейкин В. Т. Биржа и биржевые операции. СПб., 1892. С. 99.

“在扩大生产规模或加速生产交换等方面，对国民经济发展所起到的巨大推动作用”，因而，期货交易业务也成为一种必需，投机交易活动进而成为其必然后果。正如菲利波夫指出的：“我们不应该将投机交易与投机倒把或买空卖空行为混为一谈。如果没有了投机交易，交易所就不能履行自己真正促进国民经济发展的功能，即其作为巨大的资本供求矛盾调节器的作用，同时投机交易也是市场价格形成的有利影响因素。正是由于这一切，政府及其管理部门施行旨在根除交易所投机行为的工商政策，这其实是悲哀的、不理性的政策行为。”①

二　信息报道、交易行情、投机行为

交易所对所传入信息报道的反应，是证券市场领域一个典型的研究细节。本书第二章和第三章列举了许多这方面的史料加以论述，这些史料援引自《交易公报》及其他期刊。概括和总结交易所刊物的报道成果时，我们可以揭示外部政治事件对 20 世纪初期圣彼得堡交易所行情动态产生影响的几种方式。整个交易日当天交易所对发生的外部政治事件有以下 3 种反应：交易所行情不受外部政治或经济消息的影响，不受其左右；交易所行情受外部政治或经济消息的影响；交易所行情最初由外部政治或经济消息的性质所决定，随后发生了变化，行情出现拐点，恢复到先前水平。

可以假定的是，从整体上看，交易所行情并不由政治或经济消

① Филиппов Ю. Д. Биржа. Её история，современная организация и функции. СПб.，1912. С. 4.

息的性质所决定（即使是从军事作战区传来的消息报道）。用局部性史料检验这一假说，这是本章各节研究的重点。

***

“证券投机”这个词产生以后，我们不可能不提及交易气氛这个问题，即交易聚会经常处于什么样“气氛”的笼罩下？如果离开“气氛”这个词语，交易所里的一切都变得不可能。无限制地散布谣言，散播未经检验的消息，或者散播与官方政策保持一致的信息，这是交易生活必然具备的属性和特征。同时，经常有反映国内外政治经济生活外部事件的消息报道传递到交易所。

现在，基于《交易公报》第二期刊载的史料，我们试图评价这些报道对圣彼得堡交易所行情的影响。

本着这一目的，我们首先关注报刊刊载史料的方法问题。该方法旨在对所研究的内容进行具体的形式上的分析。从这些文字资料中我们划分出概括性的种类和数据指标（言语的意义单位），然后统计分析这些意义单位使用的频率。得到的频率数据可用于实质性描述和阐释所研究的文字材料（交易所纪实）。我们的任务是揭示交易所行情及投机行为对某些传递到交易所的信息报道的依赖程度。根据所提出的研究任务，从这一消息来源的可靠性和完整性角度出发，详尽分析引起我们关注的报道文字资料。

在评价圣彼得堡交易所证券部所刊登信息的真实性时，应牢记《交易公报》的商业性质，报界管理层与某些金融界的合作可能导致信息扭曲。不应忽略的一点是这里的报刊负责人对某一消息的个人兴趣何在。关于《交易公报》出版商 C. M. 普罗珀的从业道德及其采用的手段等问题，作为第二版编辑之一的 И. И. 亚辛斯基曾指出："在圣彼得堡交易所证券部向那些拒绝刊登公告的公司宣布它们无偿贷能力的同时，他还要跑去进行一番威胁和恫吓。"① 不过，只是普罗珀担任《交易公报》负责人的早期发生过类似情况。随后，当报纸具有了相当大影响力的时候，特别是当政界出面支持和帮助普罗珀以后②，没有发现还有哪些金融部门躲避刊登公告的问题发生。将《交易公报》刊登的信息报道与其他期刊的交易所新闻专栏报道进行对比分析，结果表明信息源具有高度的真实可信性。

对于报纸的股票部门刊出信息的真实性这个问题，完全可以积极解决，但评价信息完整性这一问题较为复杂。诚然，交易所新闻专栏编辑无法将交易所事件的完整报告全部刊登在专栏页面上，而且也不总是需要这样做。记者的注意力主要集中在最重大的交易所事件上，这意味着将有部分信息丢失。遗憾的是，要想恢复类似的空缺信息实际上也不可能做到。

交易所新闻专栏编辑报道的主要内容，要么是外交政治事件，要么是欧洲证券市场行情动态。很少有专栏刊登报道某家企业股票行情起伏变化的原因，这主要是因为交易所新闻专栏自身开本的大小：首先说明整个事态进程的特点，然后报道个别行业部门的经营状况及所发行股票的行情信息。在关注"畅销的"和"最受欢迎的"红利股票后，记者一直试图借此提供给社会一幅交易所全景

① Ясинский И. И. Роман моей жизни. М.；Л.，1936. С. 238.

② 因此，1914 年 3 月，在所谓的"报纸战争"期间，反映最高军界观点的文章《俄国准备好了》发表在《交易公报》上。См.：История внешней политики России. Конец XIX – начало XX века. М.，1997. С. 423。

图，但报纸版面有限。

我们收集到的史料（能够反映《交易公报》提出的关于股市行情波动原因的见解和看法的图表）覆盖了1904～1905年这两年交易所运行的情况，其中包含500多份股市交易行情记录，这些史料是《交易公报》记者简短报道的真实历史再现。

记者通常在自己的工作总结中开宗明义，先是描述交易所整体运行情况，紧接着指出出现类似行情的原因。总结里还要具备一个要素，即对股票买卖信息变化趋势做出分析。有一点要强调指出的是，我们运用的《交易公报》信息资料反映出圣彼得堡交易所每日股市新闻专栏的情况，记录下每日股市的“瞬息万变”。

为将股市新闻专栏编辑的观察结果系统化，我们用表格形式进行分析组别划分，这些表格反映了从所分析史料中区分出来的基本参数。首先令我们感兴趣的是股市行情以及卖方市场行情走势（投机交易行为）。

运用报刊内容分析法，我们区分出4种交易所新闻专栏报道记者指出的投机交易行为：股票发售；“滞销”（小额买卖契约）；对股票有需求；看涨投机交易（存在一度活跃的行情，试图左右股价上扬或下跌，更经常的是股价上扬，“买空”）。

为描述交易所整个行情，我们划分出11类行情走势：①行情受打压、走低，销售（全线销售）；②行情不大有利、不令人满意；③行情受抑制、不活跃、弱势；④行情不稳、令人难以定夺；⑤行情基本令人满意，无大起大落；⑥行情冷清、低落；⑦行情平稳；⑧行情相当有利；⑨行情振奋，有所作为；⑩行情活跃；⑪大单交易稳固活跃。每一种类证券的行情走势都会使用各大报纸已有的具体术语明确表述出来。

上面举出的是时事政治与证券市场投机行情之间直接关联性的实例。但是，有时也会遇到即使记者也难以解释清楚的股市幕后“黑手”行为，诸如对政治事件单一描述、市场情势突变等，这一切都没有影响交易所早市或下午市的交易行情，投机交易采用大单交易方式买入，例如，俄国舰队在对马海战中严重失利的消息爆出后，股市呈现的行情就属于这种。这只是其中一个例子，原以为政治事件会影响交易所的投机交易，但事实上丝毫没有影响股市交易。

从另一个角度讲，交易所对各类谣言、传闻十分敏感。例如，1905 年 4 月 29 日：“今日早市在行情较为波动的形势下开盘，随后，红利股票的盘面无疑呈现疲软状态。今日股市，曼塔舍夫公司股票行情助推了市场整体行情呈相反方向运动的走势……下面的传言是造成股市下跌的动因，有违于人们所期待的，或许，上一年度曼塔舍夫公司根本就没有发放股票红利。上述传闻的可信度有多大，时至今日仍难以评说。”①

正如所见，有时可靠消息不会给交易行为带来影响，而在另一些情况下，不利传闻和负面报道会消极地影响股市行情的走势。

分析报纸刊出的资料，我们能够将场外政治事件，也就是影响股市行情的外因系统化：①战区传来的消息；②政府的行动、国家政治生活；③暴动、罢工；④国家债券的变化、新国家公债发行公

① Биржевые ведомости. 1905. 30 апреля. С. 4. Интересно, что через 12 дней на бирже появились другие слухи: о том, что “дивиденд окончательно установлен правлением в размере 7 р. на акцию”, тогда как биржа до этого рассчитывала на максимальный дивиденд в 5 р. Но несмотря на это, манташевские снова понизились. (Там же. 13 мая. С. 4).

告等；⑤境外交易所的有利行情；⑥境外交易所的不利行情；⑦节假日（节假日对股市的影响显而易见）。

交易所行情（根据上面指出的11种类型）、交易行为（根据上面指出的4种类型）同各种外因的关系，已经在表4－1中体现出来，该表充分反映了1905年上半年俄国股市的行情动态。

表4－1　1905年上半年俄国交易所行情、投机交易行为同政治事件的相互关系

政治事件		交易所行情											买卖交易行为			
标记	数量	行情类型											交易行为类型			
		1	2	3	4	5	6	7	8	9	10	11	1	2	3	4
		发生频率														
+	23	1	1	—	—	2	—	4	4	5	1	5	2	4	11	6
－	32	2	6	4	3	4	2	5	3	1	1	1	10	8	3	11
0	72	1	3	5	9	10	10	9	11	4	7	3	13	28	13	18

1905年上半年的俄国风云变幻，时局动荡基本与第一次俄国革命和远东战事密切相关。积极性的和消极性的政治事件分别使用相应符号“＋”和“－”标识出来，如果交易行情类型或买卖交易行为变化的交易日并没有发生什么政治事件，则在表格中标记为0。

表4－1说明，无论交易所行情还是买卖交易行为，实际上它们并不总是与某种外部政治事件有着直接联系。

为阐释表4－1展示的内容分析结果，我们认为，编码1～4标明的是交易所行情类型；5和6两个编码表示“行情基本令人满意，无大起大落”和“行情冷清、低落”；编码7～11标明交易行情上涨即股票需求看涨。上面列举的这些交易所行情归纳类型同政治事件的关系十分明显：消极性政治事件在46.5%的情况下同交易所的交易下跌行情紧密相关，在 34.4% 的情况下与交易上涨行情紧密相关；至于积极性政治事件，则在 82.6% 的情况下同交易所的交易上涨行情相关，只有在 8.9% 的情况下与交易下跌行情相关。我们注意到，没有政治事件发生在 47.2% 的情况下与交易上涨行情相关，在 25.0% 的情况下与交易下跌行情相关。

类似地，第一种、第二种买卖交易行为可以划归到“滞销”（小额买卖契约）和“股票发售”两个种类，第三种、第四种买卖交易行为可以划归到“对股票有需求”这个种类，股票交易积极有效。可以得出结论：带有消极性质的政治事件在 56.3% 的情况下与投机商的不良心态和交易行为的低效性相关，而在 43.7% 的情况下与投机商的积极心态和交易行为的高效性相关。同时，有 73.9% 的积极性政治事件关系到积极有效的交易，只有 26.1% 的消极性政治事件与萎靡不振的交易行为有关。有趣的是，当积极的或消极的消息缺失时，交易所的买卖交易行为有向弱趋势，这种情况的比例达 56.9% 。

因此，如果交易所对积极性政治事件的反应还算相对明了，那么，交易所受消极性政治事件影响的表现就不那么明确了。毫无疑问，当消极性政治事件带来负面影响时，交易行情呈下滑趋势；同样，当积极性政治事件爆发时，绝大多数情况下，交易将呈现上涨行情。因此，我们可以得出这样的结论：交易行为的性质同媒体报道的积极或消极的政治事件存在着联系，但只呈现一种趋势，之间并没有固定的联系。

我们强调的是，如果可以这样表达的话，上述分析反映的只是交易所对外部因素的“瞬时”反应：某一事件发生后，交易所分析专家会确定交易所相应的行情与买卖交易行为。在许多股市参与者中，自我组织的影响会导致不稳定、非线性轨迹的行情动态以及雪崩效应。非正式交易人员交易行为的混乱无序将引发严重股灾。影响交易行情动态的这些内部因素在一定时间范围内可能和外部因素同样重要。

三　非线性动力学方法在回溯股票交易过程分析任务中的应用

对证券市场行情动态系列的分析是一项艰巨复杂的工程，必须考虑太多复杂的、矛盾的内部和外部因素。

正如前文指出的，研究证券市场的动态有两种主要观点。其中一种观点认为，证券市场就是一个大赌场，“幸运女神”和富有经验的玩家掌控这里的一切，在投机交易过程中形成了股票价格，并没有任何合理的理由和依据可言①。另一种观点来自有效市场理论。根据该理论，证券市场是一个敏感的信息存储装置，它对每一个存储单元的信息会迅速做出反应，它能够改变股票的实际价格。基于该观点框架积累的经验由著名经济学教科书的作者做了归纳和总结：“当出现有利的经济报道时，大多数股份公司的股票价格上涨；如果传来的是坏消息，股票平均价格会下降。”② 然而，大家知道，人们对有效市场理论的现实性存在疑虑。例如，研究证券市场发展史理论的经济学家提出了一个问题：交易所得到的新信息是否真的能够影响到交易行情的剧变？П. 萨默尔森（诺贝尔经济学奖获奖者）和 В. 诺德豪斯认为，纽约证券交易所从 1987 年 10 月

① Фишер С.，Дорнбуш Р.，Шмалензи Р. Экономика. М.，1993. С. 352.

② Фишер С.，Дорнбуш Р.，Шмалензи Р. Экономика. М.，1993. С. 352.

15 日（“黑色星期一”）到 10 月 19 日股市价格暴跌的现象与这一问题有关。① 从有效市场理论角度出发，纽约证券交易所出现这一“崩盘”现象的原因可以解释为是重大经济事件的发生。那么，这究竟是什么性质的经济事件呢？同样是诺贝尔经济学奖获奖者的Дж·托宾指出了这其中的原因：“在这几个交易日，并没有什么明显的因素能够引发股票价格下跌 30%。”②

关于证券市场非理性和混乱性的结论可以追溯到 Дж·凯恩斯的理论观点。凯恩斯认为，证券市场上充斥着关于未来几日可能出售的价格的消息，交易商展开全凭幸运不讲技术的冒险赌博，在交易当日按有利的价格抛售股票③。近些年来，越来越多的人了解到金融大鳄 Дж·索罗斯提出的反射理论。索罗斯认为，信息自我组织过程对金融市场具有核心意义④。随着信息流量的大量增加，模拟往往成为能够站得住脚的证券市场合理战略，但是模拟容易造成像“期望的繁荣”这样不稳定的行情，模拟还容易为形成诸如“金融金字塔”这样的结构和金融工业财团的快速成长创造条件⑤。

① Samuelson, P. and Nordhaus, W., *Economics*. 14th Edition. NY. 1992. p. 521.

② Samuelson, P. and Nordhaus, W., *Economics*. 14th Edition. NY. 1992. p. 522。与此同时，仅在黑色星期一的 6 小时内，纽约证券交易所总市值损失了 22%。然而，我们注意到，在过去 6 年中，股票价值指数稳步上升（从 1982 年到 1987 年上涨了 300%）。Samuelson, P. and Nordhaus, W., *Economics*. 14th Edition. NY. 1992. p. 518。

③ Фишер С., Дорнбуш Р., Шмалензи Р. Экономика. М., 1993. С. 352 - 353.

④ Сорос Дж. Алхимия финансов. М., 1996.

⑤ Воробьев Ю. Л., Малинецкий Г. Г., Махутов Н. А. Управление риском и устойчивое развитие. Человеческое измерение // Синергетика. Труды семинара. Том 4. Естественнонаучные, социальные и гуманитарные аспекты / Ред. Иванов О. П., Буданов В. Г. М., 2001. С. 51.

Э·彼得斯认为，有效市场理论不能保证股市行情变化预测应有的可靠程度。传统的建模技术无法操控证券市场非线性发展过程的复杂性①。作者写道，非线性的、不稳定的特性是股票、债券和外汇市场显而易见的现象②。

上述问题对于十月革命前俄国证券市场研究人员的重要性也反映在财政大臣科科夫佐夫施行的金融政策以及俄国国家银行采取的行动方针中。科科夫佐夫写道，国家金融机制失去稳定性是相当危险的。另外，为稳定红利股票行市，在国家经济危机年代，俄国国家银行继续通过圣彼得堡银行辛迪加对证券市场施加影响（关于这一点详见第二章）。

协同理论是一种新的科学范式，该理论创建了一种分析方法，可用于证券市场不稳定行情、演变过渡过程、混沌化和随机化发展选择，以及社会和自然各不同学科的研究中。近年来，无论俄罗斯国内还是国外都努力将这一理论应用于史学研究。协同理论与非线性动力学方法、混沌理论和灾难理论密切相关。

正如金融市场非线性和混沌动力学最权威的研究专家X. 基赫林指出的，从混沌理论近20年的应用研究成果看，其被认为“最有进展的”经济理论③。考虑心理效应和组织效应是回顾性金融市场发展行为模型制定的基础（例如，对先前市场变化以及行情暴涨的反应）。在这方面最受关注的是长期投资者和股票投机商的行

① Петерс Э. Хаос и порядок на рынках капитала. Новый аналитический взгляд на циклы, цены и изменчивость рынка. М., 2000. С. 25.

② Петерс Э. Хаос и порядок на рынках капитала. Новый аналитический взгляд на циклы, цены и изменчивость рынка. М., 2000. С. 25.

③ Kiehling, H., Nonlinear and Chaotic Dynamics and its Application to Historical Financial Markets // Historical Social Research, 1996, 21 (2). p. 3.

为差异，包括不同投资期的行为差异以及市场反应时间的差异①。25 年前，灾害突变理论研究家、英国数学家齐曼建立了第一个证券市场非线性动态模型，涵盖的正是上面指出的各种内外因素分析②。建模旨在解释和说明导致金融市场“崩盘”的机制。

T·勒克斯在其专著《投机市场社会经济动态》中创建了一个模型，重点是解释证券市场经纪人及其他操作人员的行为。勒克斯还分析了两个相互作用的群体，即投机商和投资者两大群体，运用了公众心理学的协同观和研究方法③。这个模型产生了基于混沌理论的混沌操作法。

20 世纪 90 年代，人们开发出了积极反馈投资交易模型，模型中金融市场动态具有混沌性。这些模型能够成为重构和阐释过去几个世纪证券市场各种交易动态效应的理论基础。例如，M. 拉雷恩运用凯恩斯的观点（包括滞后平衡的概念，即依附于以往行进的路径）模拟创建了证券市场有价证券利率混沌模型④。Ш·沙菲尔运用模型证明，固定股息率与投资边际效应下降的组合（有一定

① Frank, M., Stengos, T., Chaotic Dynamics in Economic Time Series // Journal of Economic Surveys. 1988, 2 (2); Goodwin, R. M., Chaotic Economic Dynamics. Oxford, 1990; Lorenz, H. – W. Strange attractors in Multisector Business Cycle Model//Journal of Economic Behavior and Organization. 1987 (8); Rosser, J. B., From Catastrophe to Chaos: A General Theory of Economic Discontinuities, Kluwer Academic Publishers, Boston, 1991.

② Zeeman, E. C. On the Unstable Behavior of Stock Exchanges // Journal of Mathematical Economics. 1974 (1).

③ О модели Т. Люкса см.: Kiehling H. Nonlinear and Chaotic Dynamics and its Application to Historical Financial Markets // Historical Social Research, 1996, 21 (2). p. 11.

④ См.: Peters E. E. Chaos and Order in the Capital Markets. New York, 1991. p. 187 – 191.

参数值的情况下）可能导致交易过程动态系统中产生混沌成分①。

正如T·瓦加指出的那样，现代经济学运用了“市场准效应”这个概念，市场准效应关系到交易指令的混沌行为：应该快速判断随机性信息（交易信号），但是连带着“混沌的”反应。交易所可以对好消息做出反应，对坏消息忽略不计（反之亦然）。“如果在交易所传来好消息的情况下股票价格反而下跌，那么这就是弱市表现；如果收到坏消息时股票价格上扬，那我们面对的则是一个健康稳健的市场。”② 瓦加建立的非线性结构模型解释了证券市场各种发展状况同经纪人相关类型行为的关系（牛市经纪人和熊市经纪人往往操纵市场行情走势，买空卖空）以及行为类型之间的过渡情况③。瓦加认为：“很明显，一个混沌市场会带来很大风险，表现为交易恐慌、交易狂躁、金融崩溃等形式。”按照瓦加的看法，不太明显的是非线性理论的预测，即最佳获利时机（盈利策略）并不一定伴随着相应的高风险的到来④。

金融市场动态模型表明，在一定条件下存在着起决定作用的混沌现象。获得有关这一切的证据后，近年来研究人员更深刻地揭示了经验时间序列中的混沌性，这些经验时间序列反映了证券交易所职能发挥的各种指数动态变化系统，为此使用了19～20世纪的史料。有一整套各种不同的时间序列曲线可用于“诊断”其混沌性。

① Shaffer S. Structural Shifts and the Volability of Chaotic Markets // Journal of Economic Behavior and Organization. 1991（15）.

② Vaga T. Profiting from Chaos. Using Chaos Theory for Market Timing, Stock Selection, and Option Valuation. McGraw-Hill, New York, 1994. p. 18.

③ 英语文献中通用的术语是“bull” market 和“bear” market。

④ Vaga T. Profiting from Chaos. Using Chaos Theory for Market Timing, Stock Selection, and Option Valuation. McGraw-Hill, New York, 1994. p. XIV.

关于这一点将在下文详细展开。

与此同时，我们注意到在经验时间序列识别混沌性的研究中存在一个重要限制，即这些序列应该有足够的长度，也就是说包含足够数量分析的测量值，目的是说明混沌性存在的证明参数具有一定可靠性。就可容许的最小序列长度这一问题，专业文献提出了各种观点，可以从150点到10000点甚至更多。例如，M. B. 塔拉宁研究了一个最著名的同时也是最简单的非线性模型攻关路径，即包括罗斯勒三元微分方程组在内的路径①。

作者确定，随着编程数列的加长，当评估利亚布诺夫指数（一种主要混沌指令）数值为λ且序列长度为150～200点时，估值能够平稳下来。许多德国研究专家指出，当序列长度为200～500点时，我们可以直接得出利亚布诺夫指数符号λ的结论②。另外还有许多实验性工作的实例，这些实验工作者认为，500点能够保证相当可靠的混沌检验系数评价③。

然而，最流行的观点是，为安全可靠地观察混沌性，一个序列应该包含2000～3000点④。这一条件设置在很多情况下解释了，为什么

---

① Таранин М. В. Обнаружение хаоса в социально－экономических системах // Математическое моделирование исторических процессов / Ред. Л. И. Бородкин. М.，1996.

② Loistl，O.，Betz，I.，Chaostheorie：Zur Theorie Nichtlinearer Dynamischer Systeme. Oldenburg，Munich and Vienna. 1993；Buzug T. Analyse chaotischer Systeme. BI-Wissenschaftsverlag. Mannheim，1994；Steeb W.－H. A Handbook of Terms Used in Chaos and Quantum Chaos. BI-Wissenschaftsverlag. Mannheim，1994.

③ Kiehling，H.，Nonlinear and Chaotic Dynamics and its Application to Historical Financial Markets // Historical Social Research，1996，21（2）. p. 32.

④ Kiehling，H.，Nonlinear and Chaotic Dynamics and its Application to Historical Financial Markets // Historical Social Research，1996，21（2）. p. 21－33.

恰恰是金融时间序列引起有关社会系统动态混沌性的研究人员的特别兴趣？这是因为其他社会经济活动领域很难找到高精度测量的常规长期数据。另外，正是金融市场的本质和证券交易所职能的发挥机制才使人们有足够理由期望这些金融机构指令发出的动态中存在混沌状态。

已知的几项研究（主要是过去20年）都旨在揭示历史时间序列动态的非线性和混沌性，这些序列基于欧洲和美国金融市场记录下来的常规数据而构成。B. 皮尔和П. 亚达夫分析了1921年1月至1923年9月德国恶性通货膨胀期间伦敦交易所（现货外汇交易牌价）英镑对德国马克汇率（所谓的即期汇率）的变化情况①。原始基数包括824个每日汇率观察数据和140个每周汇率观察数据。尽管数据有限，但作者得出了存在混沌特征这一结论。彼得斯在自己的系列著作里研究了1928～1990年标准普尔交易指数S&P 500②的日常测量动态③。将这一历史时期划分为10个时间段（平均每个时间段2600点）后，尽管所分析的10个历史时间分段具有鲜明的对比性，这10个时间段将大萧条、3次战争、2次石油工业震荡、1929年及1987年证券市场崩盘等事件融合在一起，但是作者揭示的混沌性指令数值出人意料地平稳。У·布洛克、Д·谢霍姆和Б·列巴拉诺姆同样分析了这个指数的混沌动力时间序列，但是序列建模的基础是依据每周数据（因为几位作者认为，在这种情况下数据含有的“干扰

① Peel, D. A., Yadav, P., The time Series Behaviour of Spot Exchange Rates in the German Hyper-Inflation Period: Was the Process Chaotic? // Empirical Economics. 1995 (20).

② 标准普尔500指数是500家美国最大公司股票价值的综合指数。

③ Peters, E. E., Chaos and Order in the Capital Markets (Wiley Finance Edition). New York, 1991.

因素”较少）①。彼得斯做了同样类似的序列分析，其序列是根据日本、德国和英国 1950～1989 年的数据建模，确定了这些序列具有混沌性。对各大公司（IBM、美孚石油等）同一时期（450 点）股票价格的每月数据进行分析，学者们得出了类似的结果②。通过对美国1962～1985年证券市场每日成交量数据展开分析（5200点），X. 沙茵克曼和Б. 列巴隆揭示了非线性动态和混沌成分③。

上述例证远未穷尽回顾性金融序列动态的非线性研究经验和成果④。通过分析上述研究著作可以得出重要结论，这类序列不能借

---

① Brock, W., Hsieh, D. A. and LeBaron, B. D., Nonlinear Dynamics, Chaos, and Instability: Statistical Theory and Economic Evidence. Cambridge, Massachussets, 1991.

② Peters, E. E., Chaos and Order in the Capital Markets (Wiley Finance Edition). New York, 1991.

③ Scheinkman, J. A. and LeBaron, B., Nonlinear Dynamics and Stock Returns. In: Journal of Business. Vol. 62, 1989.

④ См., например: Frank M., Stengos T. Chaotic Dynamics in Economic Time Series // Journal of Economic Surveys. 1988, 2 (2); Barnett, W. and Chen, P., The Aggregation-theoretic Monetary Aggregates are Chaotic and Have Strange Attractors: An Econometric Application of Mathematical Chaos. In: Barnett, W., Berndt, E. and White, H. (eds.). Dynamic Econometric Modelling. Cambridge: Cambridge University Press. 1988; Enright A. J., Searching for Chaotic Components in Financial Time-series. 1992; Hsieh D. A., Chaos and Nonlinear Dynamics: Application to Financial Markets // Journal of Finance. 1991, vol. XLVI, №5; Joerding W. Are Stock Prices Excessively Sensitive to Current Information? // Journal of Economic Behavior and Organization. 1998 (9); LeBaron, B., Chaos and Nonlinear Forecasting in Economics and Finance. Madison, 1997; Philippatos G. C. Instabilities and Chaotic Behaviour of Stock Prices in International Capital Markets // Managerial Finance. Vol. 20, № 5/6; Willey T. Testing for Nonlinear Dependence in Daily Stock Indices // Journal of Economics and Business. 1992, 44 (1); Winch K. F. Chaos Theory in Financial Markets: Overview and Annotal Bibliography. Washington, 1995.

助通常的线性模型展开研究，并且在绝大多数情况下，序列包含动态的混沌性。

揭示所研究的反映金融市场动态的某个时间序列混沌状态，这意味着，可能没有必要试图寻求金融市场某些事件或变故的具体原因。但尝试“识别发展过程的内部动态”是有道理的，把内部动态从许多方面同金融市场证券从业者行为的心理方面联想起来并证为同一，这是可取的具有意义的一种尝试①。

受内部因素和外部因素的影响，非线性动力系统能够进入混沌阶段。这意味着金融市场（以及其他社会经济系统）可以在不受外部冲击的情况下表现出混乱的无规则行为。至于内部决定因素，它们不会导致金融市场组织结构以及交易所从业人员的心理发生变化，经济决定论起到了主导的作用。特定金融市场的“内部环境”因素通常解释了其在职能发挥和“正常”运行时期的行为。然而，有些时候，失业、政治选举以及大罢工等“外部环境”因素会发挥主导作用②。这时期金融市场的行为是不稳定的。魏玛共和国时期的德国金融市场的指标动态剧烈波动，与所研究历史时期前后相比，外部因素变化幅度较大，这一点可以说是上述外因主导作用的直观体现③。

金融市场史学文献中占主导地位的学术观点是，对极端形势下的市场起决定性作用的并非经济因素，而是与所研究市场从业人员

① Kiehling, H. , Nonlinear and Chaotic Dynamics and its Application to Historical Financial Markets // Historical Social Research, 1996, 21 (2) . p. 35.

② Kiehling, H. , Nonlinear and Chaotic Dynamics and its Application to Historical Financial Markets // Historical Social Research, 1996, 21 (2) . p. 36.

③ Kiehling, H. , Nonlinear and Chaotic Dynamics and its Application to Historical Financial Markets // Historical Social Research, 1996, 21 (2) . p. 36.

的业务活动相关的直接环境。危机时期，职业投机商应该遵循人群法则（从众效应）①。受一部分交易所“交易主体”的打压，来自某些群体的压力越来越大，他们对证券市场的“期望”越来越高，“病态”交易行为是对蓬勃的交易所生活的有力描述。随着个人心理学的发展，20 世纪 90 年代的一些研究得出了对证券市场动态轨迹的观察结果②。在这方面，基赫林提到了“交感效应”，当一个人处在极度紧张的状态下，他感知信息的能力有限，这一点解释了市场从业人员在金融市场崩溃时行为的本质特点③。

分析信息互动在社会结构自我组织过程中的作用时，Г. Г. 马利涅斯基指出，证券市场行情涨跌起伏的基本机制不难解释，“大规模资本的初始投资，能够让第一批参与者安心，可能会引发‘期望的繁荣’，可是关于即将面临崩盘的传闻打碎了这个泡沫。就是这样的一种情形，即真实信息和虚假报道、真诚的期望和不良意图都变成了一种‘物质力量’。似乎，从各种不同历史背景出发去研究这类社会不稳定因素以及数学建模是重大研究专题”④。在概括总结历史金融市场模型时，基赫林得出的结论是，混沌理论能

---

① Galbraith, J. K., The Great Crash 1929. 6th ed. Boston, 1988; Aschinger G. Börsenkrach und Spekulation: Eine ökonomische Analyse. München, 1995; Kindleberger C. P. Manias, Panics and Crashes: A History of Financial Crises. 2nd ed., New York, 1989.

② Kiehling, H., Nonlinear and Chaotic Dynamics and its Application to Historical Financial Markets // Historical Social Research, 1996, 21 (2). p. 38.

③ Kiehling, H., Nonlinear and Chaotic Dynamics and its Application to Historical Financial Markets // Historical Social Research, 1996, 21 (2). p. 38.

④ Малинецкий Г. Г. Нелинейная динамика и “историческая механика” // Общественные науки и современность. 1997. № 2. С. 106.

够使我们把握住形式化却灵活多变的理论创建脉搏，该理论能够解释历史上金融市场长期动态变化的原因①。

四　20世纪初圣彼得堡交易所非线性行情动态研究：不稳定程度分析

有许多证据表明，无论外部因素还是内部因素都对20世纪初的俄国证券市场产生了影响。本节将检验与交易所投机商相互干扰造成的市场不稳定、自我组织效应相关的内部因素起到重要作用的假说。

旨在揭示动态序列中混沌成分的定量分析法，今天得到积极发展，但是理论研究尚未成熟。可以说，至今对混沌的检测，就是某种程度上的“诺浩”（Hoy xay），是专有技术。其中，能否获得令人信服的成果，取决于研究人员从混沌理论工具箱中应用各种工具的能力。不过，现代统计学和非线性理论分析成功地运用了一系列标准算法，使新手研究人员能够轻松地研究这一课题。这里涉及建立特征函数和计算参数，这两点在具有决定性的混沌理论中具有完全确定的意义。因此，它们属于指定区间的事实，是支持所分析的动态序列混沌性质的重要论据。

所分析的时间序列可以被看作该序列几个组成部分的总和：①系统在较长时间范围内的动态变化引起的主要趋势或倾向；②混沌成分；③“干扰”，即纯粹的偶发事件、随机过程或动态系统固

① Kiehling, H., Nonlinear and Chaotic Dynamics and its Application to Historical Financial Markets // Historical Social Research, 1996, 21 (2). p. 42.

有的波动（长期趋势预报分析）。消除干扰并从中区分出混沌成分，这种混沌成分是通过一系列算法实现的，只能在小干扰幅度下完成计算，并且在一般情况下这不是一个明确的过程。因此，对混沌的特征将继续讨论下去，并旨在表明确定性混沌这一概念究竟在多大程度上应用于该时间序列模型。也就是说，混沌成分对干扰的影响程度有多大。

如果动态系统没有趋势，即由于数据是常设的、静止的，并且在恒定值附近波动，那么我们可以直接开启识别混沌的程序。但是通常现实情况并非如此。动态系统存在某种趋势，为消除这一趋势，需要运用校平序列数据的方式从原始数据中减去校平的数据以求得余数。

里亚布诺夫指数是对分析过程的非线性特征做出的最重要描述。该指数被定义为与时间相反的数值（与时间成反比）。在这段时间里，两个临界的轨迹彼此完全失去接触（吸引子轨迹的“离散化”时间）。换言之，如果我们取两个轨迹 X_1（t）和 X_2（t），它们最初来自附近的两个点 X_1（0）和 X_2（0），那么接下来，这些点之间的相位空间距离将呈指数增长。

$$|X_1(t) - X_2(t)| > Ae^{\lambda t}$$

这里的λ就是里亚布诺夫指数。对于轨迹离散化的混沌状态来说，λ永远大于0。如果该轨迹始终保持稳定性，则 $\lambda < 0$。根据现有时间序列计算里亚布诺夫指数的算法相当复杂。

因此，如果研究序列的非线性基本参数具有与确定性混沌参数相同的特征，那么这些参数就可能成为利于识别序列动态存在混沌成分的重要依据。至少，严格地说，这样的假设是不可否认的，而违反任何条件都会使序列动态陷入混乱。

股票牌价序列中存在确定性的混沌因素，这一切表明证券市场参与者存在大量严重的短期投机交易行为。其结果是，在没有明显因素的作用下，个别证券价格变化几十个百分点并不罕见。

***

本节主要用计算机分析大型股份公司股票的牌价序列动态，基本是 1900～1914 年圣彼得堡交易所上市的大型股份公司有价证券，包括科洛缅斯克机器制造公司、普季洛夫冶金工业公司、加尔特曼工业公司和 4 家俄国重要的石油公司。本书前几章分析的正是这些序列和模型。在整个研究的历史时期，这些大型股份公司有价证券的每个行情动态序列都包含了 2000 多点，每一点就是一个交易日。

本节研究的主要目的是识别与投机商互动有关并引起交易所行情动态变化的内部因素的相对作用。正如前文指出的，近年来，对金融制度不稳定行为进行分析的有效方法之一与协同理论、混沌数学理论有关，即具体情境下小概率的涨跌可能对事态进程会产生深远影响。在这种“动态”下产生“混沌”意味着，变化过程的动态系统从内部讲（而不是由于外部原因）是不可预测的①。

如上所述，正确检测混沌的程序需要满足和执行一系列条件。此外，有待研究的时间序列还应该满足一个条件，即应有足够的长

① 这里适当回顾一个相当普遍的观点，即“如果证券市场正常运行，那么原则上无法预测其变化动态”。См.：Фишер С.，Дорнбуш Р.，Шмалензи Р. Экономика. М.，1993. С. 348。

度（几百点，最好是几千点），这些时间序列的大数据量最好是微观的而不是宏观经济数据，两个临界值的时间间隔必须足够短（例如，几日或几周）①。

本书选取并采用的20世纪初俄国大型工业公司股票市值的时间序列符合这些条件。

对经济动态研究者来说，根据具体的历史档案文献分析并确定是否存在混沌状态具有重大意义，在这种情况下可以说，内部因素占据主导地位，当内部不稳定、小干扰和波动或随机事件可能导致重大灾难性后果时，所研究的证券市场的动态发展性质急剧转变。

今天，协同效应分析系统工具包含了一整套识别所研究过程动态中混沌状态的计算机程序②。在这项工作中，我们使用了"*Chaos Data Analyzer*：*The Professional Version*"软件（接下来—CDA）③。这是美国物理研究所"物理科学软件"计算机项目的一部分。前面研究19世纪末20世纪初④俄国工人罢工运动动态时我们曾经对这套软件做过测试。我们强调的是，与采用统计方法测试

---

① Finkenstaedt，B. Ibid. p. 3.

② См.，напр.：Малинецкий Г. Г.，Потапов А. Б. Современные проблемы нелинейной динамики. М.，2000.

③ 这个软件于1995年开发，它是美国物理研究所"物理科学软件"计算机项目的一部分。

④ Andreev，A.，Borodkin，L.，Levandovski，M.，Using Methods of Non-Linear Dynamics in Historical Social Research：Application of Chaos Theory in the Analysis of the Worker's Movement in Pre-Revolutionary Russia. In：Historical Social Research，vol. 22，1997. No. 3/4；Andreev，A.，Borodkin，L.，Levandovski，M.，Applying Chaos Theory in the Analysis of Social and Economic Processes in Tsarist Russia. In：Data Modelling，Modelling History. Proceedings of the XI International Conference of the Association for History and Computing. Eds. L. Borodkin and P. Doorn. Moscow，2000.

假说的常规方法不同，如果必要条件满足，在计算某个标准值并将其与阈值进行比较时，动态混沌的识别需要计算几个指标，对多个图形依赖的类型进行定性评估。分析圣彼得堡交易所行情动态时，我们几乎使用了 CDA 程序包的所有功能来检测并发现混沌模式（里亚布诺夫指数值、相关维度、动态级数相图、光谱、自相关函数等）。

我们将使用混沌检测技术来分析所研究的股票价格序列。这些序列的长度和规则性完全符合上述非线性金融市场动态分析的实践标准。例如，普季洛夫冶金工业公司股票价格动态包括 2611 点，加尔特曼工业公司股票价格动态包括 2301 点，科洛缅斯克机器制造公司股票价格动态包括 2002 点。

现在分析一下冶金工业公司的股票。在第一阶段，需要对一般数据类型进行分析（详见附录）。这 3 个序列清楚地表明了在所考察的 10 年中证券市场行情的不稳定性：股票价格的下跌被长期上升（1905～1906 年）所取代，然后出现一定程度的下跌，最终再次呈现上升行情①。这就是这 3 个序列的总体动态，我们面对的问题是，它们是否反映了宏观经济和政治因素（如国内经济形势、相关行业发展趋势、国内外政治外交事件等）对证券市场行情的影响。如前所述，我们不可能发现证券市场行情动态与这类因素之间的显著关系，我们倾向于假设动态系统内部特性（内部因素）具有显著作用。

考虑到在经验级数动力学中识别混沌模式是一项复杂的数学任

① 应该指出的是，对科洛缅斯克机器制造公司股票行情动态的分析要求对相应时间序列进行初步“缝合”，因为 1907 年 10 月初，该股票的票面价值两次贬值。

务，需要了解现代“非线性科学”的方法，读者可以参考我们这部专著，其中包括对方法论细节的讨论①。本书分析了证券市场所有行情动态序列的光谱功率，这 3 种光谱都是连续的和递减的，就像在确定性混沌中应该出现的那样。该序列相关维度的计算证实了存在确定性混沌的假设，而股票价格的动态可以用具有 6 个变量的模型来描述。

里亚布诺夫指数的计算显示，加尔特曼工业公司的股票价值为$\lambda=0.074\pm0.014$，科洛缅斯克机器制造公司的股票价值为$\lambda=0.098\pm0.017$，普季洛夫冶金工业公司的股票价值为$\lambda=0.081\pm0.013$。所有这些数字都是正数，它们显示了初始近似轨迹的指数分离速度，这表明 3 个序列中都存在混沌的假设。考虑到与λ成倒数的 T 值被称为市场动态过程的“记忆”深度（或可预测性范围），可以说圣彼得堡交易所冶金工业证券价值的报价水平允许平均预测 10～14 个交易日（换句话说，交易所在规定的时间内“忘记”了这些报价水平）。

在相应的相空间中，研究的多个引力之间的每一个序列都显示出“迁移”的轨迹，这一点证实了动态系统存在一个奇怪的吸引区，这是证券市场行情不稳、存在混沌状态的另一个佐证②。

---

① Андреев А. Ю., Бородкин Л. И., Коновалова А. В., Левандовский М. И. Методы синергетики в изучении динамики курсов акций на Петербургской бирже в 1900 – х гг. // Круг идей: Историческая информатика в информационном обществе. М., 2001.

② Андреев А. Ю., Бородкин Л. И., Коновалова А. В., Левандовский М. И. Методы синергетики в изучении динамики курсов акций на Петербургской бирже в 1900 – х гг. // Круг идей: Историческая информатика в информационном обществе. М., 2001. С. 108 – 109.

因此，运用CDA程序包开发的普季洛夫冶金工业公司、科洛缅斯克机器制造公司及加尔特曼工业公司的股票行情时间序列模型，为确定20世纪最初10年圣彼得堡交易所工业红利股票的价格行情存在混沌状态提供了极具价值的论据。不仅如此，我们在认识这一动态的内部因素的重要作用方面迈出了重要一步，这些因素与协同效应有关，这些效应决定了证券市场对小波动的依赖性。因此，我们可以再次证实之前提出的假设，即内部因素和外部因素对20世纪初圣彼得堡交易所行情动态的短期和长期趋势产生影响。

让我们看看石油工业公司股票序列分析的结果。

表4-2　里亚布诺夫指数值

股份公司	里亚布诺夫指数值(λ)
巴库石油公司	0.353 ±0.054
里海石油公司	0.489 ±0.062
曼塔舍夫石油公司	0.432 ±0.052
诺贝尔兄弟联营公司	0.489 ±0.064

所获得的所有里亚布诺夫指数值（λ）均为正值，并显示初始近似轨迹的指数离散率，这表明所有4个序列中存在混沌的假设。

然而，所分析序列的一些定性特征并不能证实这一假设的存在。与冶金工业公司股票价格动态的分析结果相比，对上述4个序列的一些定性特征分析结果不太能够证实1904～1907年在圣彼得堡交易所上市的石油股票行情动态存在混沌的假设。

诺贝尔兄弟联营公司合伙股份的行情动态是个例外，其计算参数和定性特征确切地表明存在混沌状态。在对圣彼得堡交易所的石油股票价格行情动态分析中我们发现了前文指出该序列具有的这一特点①。

尽管如此，应该注意到1904～1907年圣彼得堡交易所的石油工业股票和冶金工业股票的整个动态图明显相似。例如，1904年1月宣战后，冶金工业股票贬值幅度为22%～34%，石油工业股票的贬值幅度为15%～35%。下一个时期，即1905年10～11月的结果是，冶金工业股票②行情下跌22%～34%，石油工业股票行情的跌幅为20%～45%。

因此，冶金工业股票和石油工业股票行情具有不同程度的稳定性，冶金工业股票价格行为的可预测性普遍较低。与此同时，与冶金工业股票相比，石油工业股票较大程度地受外部事件、外部因素影响而做出反应，当中存在的差异前文已尽可能地做出解释。

我们认为，上述研究结果是理解20世纪初俄国经济和政治性质的具体事件和情况对证券市场所起作用这一问题的关键。俄国金融市场的发展是个动态过程。俄国工业股票市场的不稳定程度可以解释证券市场突然崩溃和行情暴涨、交易过程中不可预测的波动以及交易过程“摆盘”的根源所在。

① 因此，诺贝尔兄弟联营公司股票具有极为典型的特征，其在整个1907年都保持稳定上升趋势，是证券市场表现积极的投机交易对象。

② Бородкин Л. И.，Коновалова А. В. Дивидендные бумаги на Петербургской бирже в 1900 - х гг：влияние русско - японской войны и первой русской революции // Экономическая история. Ежегодник. 2001. М.，2002. С. 249，253.

结　语

到第一次世界大战爆发，圣彼得堡交易所已步入世界最大证券交易所行列，但明显逊色于伦敦交易所和巴黎交易所。对圣彼得堡交易所证券部建立、职能发挥以及交易规则制定等相关史料分析结果表明，俄国股份制和证券市场已发展得相当成熟，但在很大程度上由国家政府监管调控，其程度明显高于20世纪初北美及西欧国家对本国证券市场的监管调控程度。然而，对圣彼得堡交易所职能发挥机制的分析，以及对能够决定圣彼得堡交易所行情动态各种因素的分析，长期以来并不是史学研究者关注的焦点。有关大型冶金和石油工业股份公司股票牌价的数据使我们能够重绘这些公司股票行情的动态走势，因为这些工业股份公司是20世纪初期俄国工业经济领域的排头兵。

建立覆盖冶金和石油各大企业每日股市行情动态变化的数据库，为我们分析交易所对各种信息做出何种直接反应创造了便利条件。结果表明，20世纪最初10年，俄国工业股票交易动态曲线图的性质，在很大程度上由诸多内外部因素决定。不断爆发的政治事件在短期内（不过交易所很快就“忘却”了这些外部因素）对交易行情变化造成一定影响，但长期看（往往是以数月计量），对交易行情走势起主导作用的还是内部因素，这些内因主要与交易所那些爱冒险的投机商的投机活动有关。对比分析冶金和石油工业股票价格动态变化的结果表明，这两大工业部门之间存在显著差别。依照我们的观点，这一情况源于以下两大因素：一是两大工业市场行情变化的典型特点以及劳动力雇用的冲突，二是交易投机商的利益集团千差万别。有一点可以明确，即冶金和石油工业股票行情具有不同特点，对冶金工业企业的股票行情做出的预判总体而言水平较低，同时，与冶金工业股票价格相比，石油工业股票行情在很大程度上受外部条件影响。

对 19 世纪末 20 世纪初交易所行情动态较长时期变化趋势的分析结果表明，基础性因素在其中起到了决定性作用，首先就是经济周期循环变化这一因素。1899 年 9 月爆发的交易所危机成为俄国 20 世纪初经济危机的先兆。1904 ~ 1905 年，冶金工业股票行情大幅上涨显然出人意料。1905 年 8 月，日俄战争结束再度提升了冶金工业本就很高的股价。一战时对冶金工业品的持续旺盛需求、对圣彼得堡交易所出现持续看涨行情的期待，以及欧洲证券市场的上涨行情，共同导致了这一市场效应的产生。

股市风云变幻早已表明，石油股市涨跌互现。按传统观点，当革命政治事件爆发时，交易所呈现稳中下跌行情，这是交易所的一种条件反射。1904 ~ 1905 年，石油股票价格变动的主要趋势是下跌。从逻辑上讲，引发跌势的原因正是行业市场动荡以及社会冲突尖锐。日俄战争期间，石油公司股价下跌行情的具体情况如下所述。1904 年 1 月，俄国宣布对日开战，整个石油公司的股票价格下跌 15% ~ 35%。1905 年 10 ~ 11 月，由于突发革命事件，社会矛盾激化，石油工业股票价格下跌20%～45%。这一切足以令我们坚信，石油工业公司股票价格的动态变化受交易所投机交易以及当时整个战争事态发展的影响程度较小。

20世纪初交易所行情动态变化研究中有一个主要问题，即欧洲证券市场对圣彼得堡交易所行情的影响程度如何。比利时极具代表性的交易所出版物史料内含20世纪初期俄国有价证券在巴黎交易所和布鲁塞尔交易所行情变化的数据，这一情况使我们能够对许多企业在圣彼得堡和欧洲一些国家证券市场上的股票价格动态变化进行相关性分析，但是要考虑到时间滞差的问题。其结果揭示了俄国证券市场和欧洲证券市场具有高度的关联性，对于所分析的每一只股票来说，在圣彼得堡交易所、巴黎交易所和布鲁塞尔交易所这3家交易所的行情走势完全一致。

总之，上述研究分析使我们有足够的理由认为，到20世纪初，圣彼得堡交易所与欧洲证券市场日益一体化，圣彼得堡交易所成为一种相当有效的融资机制，它是十月革命前俄国实现融投资目标最重要的渠道之一。

附录

财政大臣 П. Л. 巴尔克关于1894～1914年俄国金融和证券市场危机的国情报告*

最近，由于行情下跌，社会各界以及大众化媒体和专业性媒体一再表示担忧我们的证券交易所运行状况。

为阐明这一问题，本着对全体国民负责任的态度和崇高义务感，向伟大的陛下简要概述过去20年我国金融和证券市场危机。

1894年和1895年前期，俄国证券市场运转良好，各家交易所涨势如虹，这是我们工业总体增长的自然结果，特别是1895年下半年行情加速上扬，延续上涨走势，但这时已经具有了纯粹投机活动的特征。

广大民众参与投机交易成为市场行情进一步升温和股价上扬的推手，而这些价格根本不符合其内在价值。自然，这种情况不会持续太久，因为它缺乏任何真正的理由。1895年8月，交易所的动态反应带来了所有的负面后果。市场出现回调风险，全线证券价格

---

* РГИА. Ф. 583. Оп. 19. Д. 95, 1914. Л. 1 – 6.

大幅下跌，完全不在广大民众意料之中，民众很少能捕捉到交易所实际的信息，对市场现状知之甚少，于是纷纷要求立即以无利可图的价格清算交易，抛售持股套现，及时止损，但还是造成个别人走向破产。由于无法给予市场乐观的前景预期，加之货币市场通货紧缩，这一切造成证券市场受打压、产生普遍不信任感及交易签约受制。正如之前证券价格急剧上涨的行情并没有真正的基础一样，随后的大幅下跌也不符合工业经济活动的总体状况，实际上在此期间工业活动仍在不断获得集约化发展。

1895 年的危机纯粹是一场交易所危机，鉴于其清算业务不需要采取任何紧急措施，因而这场交易所危机没有伴随国家信用危机的发生而对国家信贷体系造成严重冲击。尽管如此，时任财务大臣维特认为，为缓解货币市场压力并更快地消除危机，为国家提供新资金，而不诉诸紧急措施临时发行信用券，这是有益的做法。但这一补救措施可能被解释成对我们不利，特别是在国外。鉴于此，从 1895 年 9 月中旬开始，俄国国家银行受委托办理大规模以金币结算的贴现贷款业务和存款收据业务。当时财政大臣维特得到陛下的信任。

这一措施无疑取得了预期的效果，而且随着国家经济的持续增长，交易流通额一时间紊乱的状况很快被成功地扭转。

在接下来的几年里，俄国经济生活持续稳定发展，股份公司的发展更加迅猛，股份制覆盖了各种行业和部门，铁路等基础设施建设进一步加强，这一切需要健全有效的投融资体制并向社会资本开放。不断增长的资本需求导致 1898 年末证券市场过度饱和。随着投机风潮的掀起，有价证券发行业务的增强加剧了人们的恐慌心理，人们更有理由担心可能发生另一场危机，全球证券市场的状况堪忧，特别是西欧货币市场困境加重了原本不安的情绪。

这种世界货币市场紧缩造成的尴尬局面没有丝毫改变。世界货币市场紧缩不仅引起新资金流停止从境外流入，造成俄国国内资金严重紧张，而且还引发了部分先前投资到俄国的短期资金大量流出，这反过来迫使国内银行削减商业和工业企业贷款规模并开始清算计息证券抵押贷款。与 1895 年事件形成鲜明对比的是证券交易所危机的爆发，1899 年秋，俄国交易所危机的爆发不只是由于内部因素，部分还由于全球经济危机。在评价交易所危机可能带来的后果后，为止跌和缓解危机，财政部成立了由“圣彼得堡最著名的银行及银行家们”组建的“交易所辛迪加”，并得到沙皇最高恩准，原始股本为 535 万卢布，主要用于购买红利股票，这笔款项经陛下恩准由俄国国家银行预先划拨。1911 年 4 月，辛迪加最终清盘时，俄国国家银行无亏损地完成了购买红利股票的费用计算。考虑到货币市场的整体恶化将直接影响行业的生产经营活动，经陛下特别恩准，俄国国家银行向急需扶持的工业企业提供总计 10921.15 万卢布特别援助贷款以解燃眉之急。随后几年，随着总体经济形势的逐步改善，俄国国家银行收到 6476.64 万卢布回款，而 2386.6 万卢布因为已确定无法收回而被认为可以累计到上述这笔回款里，余下债务总计 2057.91 万卢布，目前是俄国国家银行利润覆盖的债务。

上个世纪末危机如此漫长，呈现旷日持久的性质，直到 1903 年证券市场行情才有所抬头，股价再次上升，至年中达到了空前水平。例如，国家无期公债牌价 1903 年 1 月为 97.75%，7 月上涨至 99.5%。但是，同年秋季，由于远东局势第一个令人震惊的消息传来，无期公债市场牌价开始有所降低，到 1904 年初，由于面临的政治形势不确定，股价逐渐降低，到 1904 年 1 月 28 日，国家无期公债牌价降为 93%。

考虑到俄国大部分国债都是无期公债这种形式，因而无期公债在圣彼得堡交易所的牌价已成为评估俄国交易所财务状况的一个重要指标。无期公债牌价大幅下跌是不受欢迎的，这不是人们所期望的事情，给国际市场留下了非常不好的印象，从而使敌对的投机活动更加猖狂。到目前为止，在这些考虑因素中，我们认为有必要通过前一天以极低价格订立无期公债交易契约的方式来防止这种下降，就像以前做出的防范那样，但是只适用于最大限度的例外。不言而喻，当购买无期公债时，俄国国家银行打算与其他公债和基金的现有价格相匹配，整个业务操作在财政部管理人员的直接监督下适时进行。

关于红利股票牌价，如上所述，俄国国家银行继续通过 1899 年成立的特别组织，即交易所辛迪加对其施加影响，即使是非常适度的资金支出也给证券市场带来了极大的不平静。同时，由于市场行情大幅下跌，为避免借款人陷入困境，1904 年 1 月 30 日这一日，陛下还是很高兴地恩准俄国国家银行不必按原来要求的那样支付相应的计息证券抵押贷款补缴款。无论如何，财政部还是于 1904 年 1 月 29 日发表了一份特别声明，向证券持有者解释了席卷证券市场的恐慌毫无根据可言，并建议他们保持克制和冷静。这种解释是无条件的，在与日本决裂后的最初几天，人们看到的是更冷静的情绪，而不是以降低价格出售证券的强烈情绪。

同日本持续的战争和接下来结束战争需要支付巨额军费，俄国内部的无秩序性长期令国内货币市场处于非正常运转状态。国家经济生活经历了如此艰难的岁月，在此情况下，国家工商企业发展停滞，典型的国情是证券市场极度受打压，货币市场严重通货紧缩。固定收益的计息证券和红利股票的价格继续下跌，国家 4% 无期公债 1907 年的牌价触碰前所未有的低点，年均价格仅约为 72%。

这些年财政部的首要任务是为货币市场提供资金，保障货币供应量。考虑到这一点，财政委员会认为可以拓宽私人银行信贷通道，将私人银行贷款放宽到可靠的票据、谷物粮食、计息证券等担保的抵押贷款，并认为这一措施将最大限度地缓和这场危机带来的令人担忧的严峻形势。但是，在决定采取这一紧急措施时，财政委员会不得不强调在发放计息证券抵押贷款时要特别小心，如果对这类贷款监管不力，可能会被私人银行利用去从事牟取暴利的不良投机。

从 1908 年开始，随着国内经济恢复平静，无期公债和红利股票重新迎来稳步上升行情。俄国证券市场行情进一步稳固得益于 1909 年和 1910 年接连两年的粮食大丰收，这一重大利好引起新货币资金大量注入俄国国内市场，为工商业的繁荣发展创造了有利条件。这些年来，俄国总体经济增长的一个明显指标是国家无期公债牌价稳步上升，年均价格在 1911 年达 93.75%，比 1907 年年均水平高近 22 个百分点。余下固定收益的计息债券和红利股票总体上处于上行通道。

俄国证券市场的稳固行情一直持续到 1911 年秋季，当时在摩洛哥出现复杂政治局势的影响下，交易所情绪有所波动，价格略有下降，但在 1912 年 1 月，这种暂时的跌势被一种明确的上升趋势所取代。1912 年粮食喜获丰收引发的经济向好形势促进了证券市场这一行情继续巩固性上行。然而，特别值得一提的是，个别红利股票大幅飙升与其内在价值并不相符，毫无疑问这是由交易所的投机活动引起的。显然，这种投机利用了国内市场资金的富足和廉价。鉴于这一点，有可能预见在不久的将来证券市场会做出反应，交易所牌价会达到与相应证券收益更相符的水平。这种合理渐进的市场牌价调整不会对俄国的货币流通量造成任何损害。然而，不幸的是，巴尔干半岛的政治局势复杂化，来势迅猛，恰逢俄国交易所牌价不正常地高位运行。在这种情况下，交易所危机无法避免，随之而来的行情快速下跌超出了局部正常调整的范围。

然而，值得注意的是，证券市场总体行情下滑对红利股票的价格产生了尤为不利的影响，其对俄国有价证券和抵押物价值的触动要小得多，但是对投机交易十分不利。尽管如此，在俄国证券市场的艰难时期，考虑到巴黎交易所行情动态对确定俄国有价证券整体价格走势具有的指导意义，财政部还是通过媒体的力量直接对在巴黎交易所挂牌的全部俄国有价证券行情施加影响。特别是为扶持圣彼得堡交易所的红利股票价格，1912 年 10 月圣彼得堡最著名的银行和银行家联合组建了银行辛迪加，目的是预防交易所偶发恐慌时有价证券极度下跌甚至崩盘的情况发生。银行辛迪加最高资本金为 3000 万卢布，一直工作到 1913 年 4 月，购买的有价证券全部获利清盘。到这一时期，大部分有价证券价格抬升屡创新高，某些种类的有价证券只是重拾先前的最高点，这势必引发交易所极危险的不稳定的过热需求。

鉴于这种形势，财政部开始采取早在 1912 年俄国国家银行就已经施行的一系列积极有效措施，部分有价证券微涨的行情证明了这些政策是压缩透支账户流动资金规模的有效手段。

随后，由于巴尔干战争和伦敦会议的影响，证券市场行情略有波动。1913 年 6 月，随着盟国爆发相互敌对的军事行动，欧洲所有交易所，特别是柏林交易所、维也纳交易所和圣彼得堡交易所的行情都大幅下滑。罗马尼亚和土耳其对第二次巴尔干战争的干预加剧了本已令人担忧的股市状况，投机交易没有得到有效抑制，市场价格进一步人为下跌。

考虑到无论是多年依托国家订单支撑的俄国工业，还是国内货币市场的环境，我们都无法忽视任何导致股市行情下跌的实际理由和真正原因。财政部再次采用高压手段阻止跌势，个别情况下可能关闭俄国国家银行的信贷通道。与此同时，国家再次启动特别银行辛迪加出手推动红利股票行情上涨，在接下来的 3 个月此举消耗成本约 1000 万卢布。

巴尔干半岛军事停战给国际商业发展带来了较为平静稳定的环境，这势必引发 1913 年 8 月圣彼得堡交易所新一轮的上涨行情。然而，随着巴尔干战争的结束及欧洲强国对军费投入的增长，以及军工行业的发展，货币市场资金需求量剧增，这一点立即影响到全球证券市场所有证券价格的涨跌趋势。

尽管通货紧缩的风波已经过去，但是欧洲和俄国证券市场仍然不够稳定，这种局面一直持续至今。这一事实的存在在欧洲主要国家的内部生活事件中得到了解释。法国新金融法的出台和竞选活动，英格兰的阿尔斯特运动，弗兰西斯·约瑟夫皇帝重病，总是质疑外交政策可能发生变化的两位一体双重君主制，以及墨西哥事件等都助长了证券市场的过度敏感，为卖空投机交易活动培育了土壤、创造了有利条件。特别值得一提的是，圣彼得堡交易所行情疲软，在一定程度上源于俄国国内货币市场过度饱和，这是 1910～1912 年过度发行纸币超过 25 亿卢布引发的恶果，部分原因是货币市场过量的现金流尚未给自己找到安身之地。

鉴于目前的情况，越来越多的人要求财政部不仅要出面力挺证券市场交易价格，而且还要干预银行对其客户往来透支账户的清算业务。

由于没有任何合法理由干涉银行同其客户的私人法律关系，财政部现在只能借助银行辛迪加才能对证券市场的价格水平施加某些影响。不过这一措施并不能被视为一种恢复交易所健康运行的正常方式。因此，根据陛下最高恩准的今年 4 月 11 日财政委员会意见书，金融机构建议，一旦价格的总体上升趋势成为有利条件，就停止特别银行辛迪加的活动。更重要的是调节银行颇感兴趣的工业企业的有价证券发行问题，而不必担心目前它们发售的可能性问题。

但是，由于 1901 年成立的圣彼得堡交易所证券部没有达到预期的效果，财政部现在开始修改调节和监管证券市场的法规。

金融机构为自然制衡交易所自身组织的下行趋势而计划采取的措施中，首先计划准许交割月月中和交割月上一个月期货合约的签订，在这方面我们有欧洲交易所累积的经验和教训。

财政大臣　彼得·巴尔克

图书在版编目（CIP）数据

20 世纪初俄国证券市场 / （俄罗斯）列·约·鲍罗德金，（俄罗斯）安·弗·科诺瓦洛娃著；刘玮，李旭译. --北京：社会科学文献出版社，2020.4

（俄国史译丛）

ISBN 978 -7 -5201 -6363 -7

Ⅰ.①2… Ⅱ.①列… ②安… ③刘… ④李… Ⅲ.①证券市场 - 经济史 - 研究 - 俄罗斯 -20 世纪 Ⅳ.①F835.129

中国版本图书馆 CIP 数据核字（2020）第 039455 号

·俄国史译丛·

20 世纪初俄国证券市场

著　　者 / [俄] 列·约·鲍罗德金　安·弗·科诺瓦洛娃

译　　者 / 刘　玮　李　旭

出 版 人 / 谢寿光

组稿编辑 / 恽　薇　高　雁

责任编辑 / 颜林柯

出　　版 / 社会科学文献出版社·经济与管理分社（010）59367226

地址：北京市北三环中路甲 29 号院华龙大厦　邮编：100029

网址：www.ssap.com.cn

发　　行 / 市场营销中心（010）59367081　59367083

印　　装 / 三河市东方印刷有限公司

规　　格 / 开　本：787mm × 1092mm　1/16

印　张：19.25　插　页：2　字　数：214 千字

版　　次 / 2020 年 4 月第 1 版　2020 年 4 月第 1 次印刷

书　　号 / ISBN 978 -7 -5201 -6363 -7

著作权合同登记号 / 图字 01 -2020 -0990 号

定　　价 / 158.00 元